Olaolu Fajembola
Tebogo Nimindé-Dundadengar

Mit Kindern über Diskriminierungen sprechen

Olaolu Fajembola
Tebogo Nimindé-Dundadengar

Mit Kindern über Diskriminierungen sprechen

BELTZ

MIX
Papier aus verantwortungsvollen Quellen
FSC® C089473

Klimaneutral
Papier
ClimatePartner.com/13732-1910-1001

Dieses Buch ist erhältlich als:
ISBN 978-3-407-86791-9 Print
ISBN 978-3-407-86794-0 (EPUB)

1. Auflage 2024

Lektorat: Judith Roth, Frankfurt/Petra Dorn
Umschlaggestaltung: www.anjagrimmgestaltung.de
Illustration: Iryna Auhustsinovich/Stocksy

Herstellung und Layout: Sarah Veith
Satz: Publikations Atelier, Weiterstadt
Druck und Bindung: Beltz Grafische Betriebe, Bad Langensalza
Beltz Grafische Betriebe ist ein klimaneutrales Unternehmen (ID 15985-2104-100)
Printed in Germany

Weitere Informationen zu unseren Autor:innen und Titeln
finden Sie unter: www.beltz.de

Für all jene, die trotz allem Hoffnung haben.
Haltet die Hoffnung.
Dann können wir es schaffen.

Inhalt

Einleitung

Eineinhalb Jahre sind vergangen, seit unser erstes gemeinsames Buch *Gib mir mal die Hautfarbe. Mit Kindern über Rassismus sprechen*[1] veröffentlicht wurde. Nun sitzen wir uns wieder gegenüber, tauschen Gedanken aus, wälzen Literatur und schreiben. Und das, nachdem wir nach der Arbeit an dem ersten Buch das Gefühl hatten, wir sind leer. Wir haben alles gesagt, was es von unserer Seite aus zu sagen gibt. Ein gutes Gefühl. Keine Versuchung, direkt den nächsten Buchvertrag zu unterschreiben.

Wir waren außerdem überwältigt vom Erfolg des Buches. Spiegel-Bestseller-Liste, Einladungen auf diverse Panels, Lesungen und Interviews folgten. Einerseits fühlt es sich natürlich gut an, Anerkennung für die eigene Arbeit zu bekommen, gleichzeitig liegt uns das Thema antirassistische Erziehung am Herzen. Wir sind uns sicher, dass wir vor zehn Jahren weder ein solches Buch hätten veröffentlichen können, noch dass es diese Aufmerksamkeit bekommen hätte. Es hat sich also etwas getan in deutschen Landen.

Wir haben damals die Frage aufgeworfen, ob die Black-Lives-Matter-Bewegung nur ein Trend sei. Das konnten wir zu der Zeit natürlich nicht beantworten. Doch während wir diese Zeilen schreiben, hat es eine rechtsextreme Partei geschafft, mit absoluter Mehrheit eine erste Landratswahl in Sonneberg, Thüringen, für sich zu gewinnen. Und in den Landtagswahlen in Bayern und Hessen konnte sich die Partei klar als Gewinnerpartei durchsetzen und zeigen, dass sie für Deutschland zu einer wählbaren Partei für Viele geworden ist. Ein Schock für viele Menschen, vor allem aber für marginalisierte Menschen und Menschen of Color. Und nur eine Woche darauf wurde ein Mitglied eben dieser Partei zum hauptamtlichen Bürgermeister gewählt. Ist das schon der vielbeschworene Dammbruch? Die Studie *Muslimfeindlichkeit. Eine deutsche Bilanz*[2] erreicht uns druckfrisch und zeigt – leider wenig verwunderlich – ein düsteres Bild der weitverbreiteten Muslimfeindlichkeit in der deutschen Gesellschaft. Diese Momente zeigen: Die Auseinandersetzung mit Rassismus und anderen Formen der Diskriminierung(en) ist kein nice-to-have Accessoire, das nur zu besonderen Tagen (etwa anlässlich von Vorfällen wie in Hanau oder Halle, Black-Lives-Matter-Momenten oder Wahlen) hervorgekramt werden muss. Die Taten sind auch keine Einzelfälle, sondern zutiefst in unser aller DNA verwoben. Die Auseinandersetzung mit den verschiedenen Diskriminierungsformen sollte zu den Kulturpraktiken gehören, die wir alle von Kindesbeinen an lernen. Sie sollte zum Kanon der Allgemeinbildung zählen. Diskriminierung sollte zu den Themen gehören, über die wir gesellschaftlich, bildungspolitisch und privat gemeinsam diskutieren, reflektieren, mit denen wir einen sensiblen Umgang üben. Diskriminierungen gilt es zu überwinden. Und es ist nicht die Aufgabe der sogenannten »Betroffenen« allein, Expert*innen zu diesen Themen zu sein, sondern die Aufgabe aller. Denn die Menschen, die von diesen Diskriminierungsformen betroffen sind und am stärksten darunter leiden, sind müde. Sie können (oft) nicht mehr und wollen sich (noch häufiger) nicht mehr in Dauerschleifen des Erklärens, Beschwerens, Anmerkens und des Empörens verfangen.

Wie wir miteinander leben, wie wir übereinander sprechen (beispielsweise wenn Spitzenpolitiker zur besten Sendezeit junge Kinder als »kleine Paschas« diffamieren und kein Unrechtsbewusstsein dafür haben), was wir voneinander denken, dies zu verbessern, ist die Aufgabe aller an demokratischen Prozessen beteiligten und interessierten Menschen. Wir haben noch einen sehr weiten Weg zu gehen.

Und doch spüren wir leichte Veränderungen. Rassismus wird immer mehr nicht nur als ein Thema der Betroffenen wahrgenommen. Er wird, zumindest von einem Teil der Bevölkerung, als gesellschaftliches Problem verstanden. Die Fragen und der Blickwinkel haben sich geändert. Während wir früher beim Thema Rassismus mitleidig von unserem Gegenüber angeschaut und gefragt wurden, was man denn für uns arme Betroffene tun könne, spüren wir nun einen Tatendrang und sehen die Übernahme von Verantwortung. »Wir als *weiße* Mehrheitsgesellschaft müssen etwas tun!« Das ist gut und richtig so und gibt Hoffnung in diesen krisengeschüttelten Zeiten.

Bei unserer unternehmerischen Tätigkeit, nämlich dem Vertrieb von diversitätssensiblen Kinderbüchern und Spielsachen auf unserer Onlineplattform Tebalou, können wir feststellen, dass die Repräsentation von Diversität in immer mehr Kinderbüchern zur Selbstverständlichkeit gehört. Während wir bei unserer Gründung 2018 buchstäblich nach der Nadel im Heuhaufen gesucht haben, wenn es darum ging, passende Produkte zu finden, so hat sich im Kinderbuchbereich einiges getan. Gleichzeitig sehen wir, dass es immer noch große Lücken gibt. Während es viel Vielfalt auf der illustrativen Ebene gibt, fehlt es an diversen Inhalten insbesondere für ältere Kinder. Kinder- und Jugendromane, die aus einer nicht-*weißen* Perspektive erzählt werden, sogenannte Own Voices, sind bisher meist Übersetzungen. So sind Bücher wie die von Andrea Karimé, die dieses Jahr den Preis der Jungen Literaturhäuser gewonnen hat, die von Chantal-Fleur Sandjon, deren Werk *Die Sonne so strahlend und Schwarz* den Deutschen Jugendliteraturpreis 2023 gewonnen hat, oder das Buch von Regina Feldmann, deren Debütroman für Kinder dieses Jahr erschienen ist, noch selten. Ihre Erfolge und die Qualität ihrer literarischen Arbeit geben uns Hoffnung.

Nach und nach hat sich die Idee für ein zweites Buch entwickelt. Teils aus den Fragen und Rückmeldungen der Zuhörenden bei Lesungen oder anderen Formaten. Hier war klar, es bedarf einer Vertiefung und Weiterführung des Themas. Nicht nur für die Lesenden, sondern auch für uns selbst. Als Mütter begleiten wir insgesamt vier junge Menschen dabei, durch den täglichen und schulischen Rassismus zu navigieren, während sie auch mit den tief eingreifenden Veränderungen durch die Pandemie zurechtkommen müssen. Gegenseitig unterstützen wir uns dabei, Dinge, die unseren Kindern oder Freund*innen geschehen, zu verarbeiten, nachzubearbeiten und zu klären. Ein Buch über Rassismus im kindlichen Kontext zu schreiben, heißt nicht immer automatisch zu wissen, wie wir agieren können, wenn die eigene Betroffenheit hinzukommt. Das müssen wir immer wieder schmerzlich feststellen.

Wir stellen aber auch fest, dass es so viele Gleichzeitigkeiten gibt. Wir können Opfer einer Diskriminierungsform sein und zeitgleich diskriminierendes Verhalten gegenüber einer anderen Gruppe an den Tag legen. Wie immer geschieht das einerseits vorsätzlich, viel öfter jedoch aus Unwissenheit. Und hier kommen wir direkt zum Kern dieses Buches. Es gibt so viele verschiedene Diskriminierungsformen, über die wir unsere Kinder aufklären möchten. Wir merken bereits, dass junge Erwachsene, beeinflusst von Social Media, viel mehr Wissen in bestimmten Bereichen haben, als wir es in ihrem Alter hatten. Dennoch klagen sie darüber, dass viele der Diskurse, welche sie bewegen, keinerlei Eingang in den Wissenskanon ihrer Schulen finden, oder dass sie oft auf Erwachsene treffen, die kein oder wenig aktuelles Wissen haben. Insbesondere nach zwei Jahren Pandemie knirscht es in unserem Bildungssystem an allen Ecken und Enden. Wir freuen uns über jede*n einzelne*n Pädagog*in, die oder der sich auf einen machtkritischen und diskriminierungssensiblen Weg macht. Insgesamt zeigt sich aber leider, dass Kitas und Schulen mit vielen Themen schlichtweg überfordert sind.

Angesicht des Faktes, dass wir in prädigitalen Zeiten aufgewachsen sind, mussten auch wir uns fragen: Sind wir diese unwissenden Alten? Sind wir darauf vorbereitet, unsere Kinder auch zukünftig und in Bezug auf verschiedenste Themen zu begleiten? Die Antwort lautet JEIN. Einiges wissen wir, vieles aber auch nicht. In unserem ersten Buch haben wir uns mit Anti-Schwarzem Rassismus beschäftigt. Wir können dazu schreiben, weil es uns selbst betrifft und wir uns auch akademisch mit diesem Thema beschäftigt haben.

Die meisten Themen, über die wir in diesem Buch schreiben, betreffen uns nicht direkt selbst, aber wir haben uns Antworten auf die vielen Fragen gewünscht, die wir haben. Daher haben wir einen Weg gesucht, über Themen zu sprechen, ohne den Blickwinkel von Betroffenen aus dem Auge zu verlieren. Aus diesem Grund haben wir insgesamt acht Expert*innen zu verschiedenen Diskriminierungsformen befragt. Sie sind Expert*innen aufgrund ihres Erfahrungswissens, ihrer aktivistischen Arbeit und/oder ihrer akademischen Beschäftigung mit dem jeweiligen Thema.

Unsere Expert*innen bringen vielfältige Erfahrungen und Perspektiven mit, die uns helfen, ein umfassenderes Verständnis von Diskriminierung und deren Auswirkungen zu erlangen. Wir haben auch zahlreiche Beispiele aus der Alltagspraxis und wertvolle Ratschläge von Menschen, die sich seit vielen Jahren mit diesen Themen befassen, in das Buch aufgenommen. Wir hoffen, dass dies dazu beitragen wird, unsere Leser*innen zu ermutigen, ihre eigenen Diskussionen mit ihren Kindern zu führen und sich mit den Herausforderungen auseinanderzusetzen, die sich bei der Vermittlung von Inklusivität und Gerechtigkeit ergeben können.

Als Grundlage für die Kapitel über die einzelnen Diskriminierungsformen haben wir jeweils Expert*innen-Interviews von bis zu drei Stunden geführt. Wir können sagen, dass diese zu den schönsten beruflichen, aber auch menschlichen Erfahrungen zählen, die wir je gemacht haben. Wir hatten das Glück, auf Menschen zu treffen, die sich uns geöffnet haben, ihr Wissen mit uns geteilt, mit uns gelacht haben und so tief in die einzelnen Themen eingestiegen sind, wie wir es uns nicht hätten vorstellen können.

Wir sind allen unseren Interviewpartner*innen unendlich dankbar für ihre Offenheit, Warmherzigkeit und Expertise. Und damit ziehen wir den Hut und verneigen uns vor: Tanja, Melodie, Tayo, Tanya, Zakariya, Raúl, Max und Toan. Danke!

An vielen Stellen findet ihr Zitate aus den Interviews mit unseren jeweiligen Expert*innen, an anderen sind ihr Wissen, ihre Haltung, ihre Erfahrungen in den Text eingeflossen. Mehr Informationen zu den Personen findest du immer am Ende des jeweiligen Kapitels.

Diese Gespräche haben uns unsere eigenen Wissenslücken aufgezeigt. Daraufhin haben wir unser eigenes Verhalten in der Vergangenheit kritisch hinterfragt und rückblickend unsere eigene Sozialisierung in Bezug auf gesellschaftliche Machtverhältnisse genauer betrachtet. Auch die Frage, ob und wie wir diese Themen bisher mit unseren Kindern verhandelt haben, mussten wir uns stellen. Denn in Bezug auf viele Machtdimensionen oder Merkmale, die sich machtpolitisch auswirken, sind wir privilegiert, was zur Folge hat, dass wir die Wahlfreiheit haben, uns mit diesen Themen auseinanderzusetzen oder eben nicht. Mit unseren Kindern darüber zu sprechen oder auch nicht.

Wir wissen, dass Gespräche über Diskriminierung mit Kindern schwierig sein können und dass es nicht immer einfach ist, die richtigen Worte zu finden oder angemessen zu reagieren. Insbesondere dann, wenn wir oder unsere Kinder selbst betroffen sind. Aber wir sind auch der Überzeugung, dass es in der heutigen Gesellschaft mehr denn je notwendig ist, diese Diskussionen zu führen und unsere Kinder darauf vorzubereiten, eine positive Rolle bei der Schaffung einer inklusiveren Welt zu spielen. Wir hoffen, dass dieses Buch dir dabei helfen wird, solche Gespräche erfolgreich zu führen und die nächsten Generationen dazu zu ermutigen, aktiv an einer gerechteren und inklusiveren Welt mitzuwirken. Lasst uns gemeinsam die nächste Generation empowern!

Diskriminierung hat viele Gesichter

Bevor wir zu den einzelnen Ausprägungen von Diskriminierung kommen, denen unsere Kinder in ihrem täglichen Leben begegnen, ein paar grundsätzliche Gedanken und Begrifflichkeiten vorab. Was genau ist Diskriminierung? Was bewirkt sie? Und: Welche Rollen können wir Erwachsenen einnehmen, um unsere Kinder bestmöglich vor Diskriminierung zu schützen?

Diskriminierungen sind Verhaltensweisen, durch die andere Menschen ganz konkret in ihren Grundrechten, in ihrem Recht auf Chancengleichheit, Gleichbehandlung und Unversehrtheit verletzt werden. Sie untergraben die Gleichberechtigung und schaden Menschen seelisch, mental oder geistig und körperlich.

Zusätzlich zu den in unserem Buch behandelten Diskriminierungsformen gibt es noch weitere, unter anderem machtstrukturelle Diskriminierungen. Diese sind vielfältig und vielschichtig. Sie treten meist nicht einzeln auf, sondern wirken intersektional miteinander. Weil wir uns in unserem Buch konzentrieren wollten, entschieden wir uns letztlich für die Diskriminierungsformen, um die sich die meisten Rückmeldungen und Rückfragen drehen, wenn wir uns in Workshops, bei Vorträgen oder auch im privaten Bereich mit dem Thema beschäftigen. Wir entschieden uns zur Auseinandersetzung mit folgenden Diskriminierungsformen: Rassismus (in verschiedenen Ausprägungen und Varianten), Körperbeschämung, Klassismus, Ableismus und Diskriminierung im Hinblick auf geschlechtliche Vielfalt.

Gerade mit dem Fokus auf Kinder zeigte sich häufig die Wirkungsmächtigkeit dieser Diskriminierungsformen. Sie untergraben ihr Selbstwertgefühl und ihre Selbstwirksamkeit und verhindern, dass sie ihr Potenzial ausschöpfen können – was fatale Konsequenzen für ihr ganzes Leben haben kann.

Hier können erwachsene Begleitpersonen, die sich mit diesen Dimensionen beschäftigen, wirkungsvoll eingreifen und schützend entgegenwirken. Dies kann einerseits dazu führen, dass Kinder sich der diskriminierenden Struktur bewusst werden und verstehen, dass diese nur das Ziel hat, sie zu verunsichern, ihnen Lügen ins Ohr zu flüstern und sie zu verletzen (und natürlich auch ganz konkret Chancen zu rauben, Türen zu verschließen und ihnen viel mehr Kraft abzuverlangen als anderen). Es soll ihnen aber auch erklären, warum sie immer wieder auf bestimmte Fragen, Blicke und Projektionen stoßen. Und vor allem geht es darum, Kindern den Blick auf sich selbst zu ermöglichen. Dieser Prozess des Empowerments zielt insbesondere darauf ab, die Selbstwirksamkeit der Kinder zu erhöhen und sie zum Zentrum ihrer eigenen Bewertung zu machen. Denn alle Kinder sollen erfahren, dass sie, so wie sie sind, ganz wunderbar sind.

Feine Unterschiede: Verletzung vs. Diskriminierung

In Gesprächen über diskriminierende oder andere abwertende Erfahrungen erlebten wir immer wieder, dass es zu einer Vermischung kam bzw. die Abgrenzung beider durchaus unschönen Erfahrungen unklar war. »Ich wurde früher auch immer wieder wegen meiner Brille gehänselt.« Einige Menschen bewerten ihre persönlichen Verletzungen, etwa durch Hänseleien ob ihrer roten Haare, als Diskriminierung und betonen, dadurch traumatisiert worden zu sein. Wir möchten hier keineswegs die Erfahrung dieser Verletzungen abwerten oder den dabei erlittenen Schmerz kleinreden. Trotzdem möchten wir die Gelegenheit nutzen, die strukturelle und inhaltliche Differenz zwischen den beiden Begriffen herauszuarbeiten.

Eine Verletzung findet durch auf individueller Ebene stattfindende Äußerungen oder Handlungen statt, die die Rechte und die Würde eines Menschen herabsetzen. Diese Verletzung kann selbstverständlich Auswirkungen auf das emotionale, psychische oder körperliche Wohlbefinden des Einzelnen haben. Kontinuierliche Herabwürdigungen können dazu führen, dass die Person in ihrem Selbstwert verletzt wird. Und es ist schrecklich, wenn das passiert. Doch dabei handelt es sich nicht um eine Diskriminierung. Sich dies klarzumachen, ist wichtig.

Bei einer Diskriminierung werden Menschen auf der Basis bestimmter Merkmale wie Hautfarbe, Geschlecht, Gewicht, Religion, Herkunft etc. bei gleichen Bedingungen schlechter behandelt. Das kann bedeuten, dass Menschen aufgrund ihres Geschlechts oder ihrer Herkunft auf dem Wohnungsmarkt oder dem Arbeitsmarkt benachteiligt werden. Andere Personen oder Gruppen sehen sich beispielsweise mit unverhältnismäßig hohen Hürden in ihrer Bildungsbiographie konfrontiert. Es gibt auch immer wieder Berichte von Männern of Color, denen wegen ihres Aussehens der Zugang in Clubs verweigert wird. Diese (rassistische) Verletzung verläuft auf einer strukturellen, systemischen Ebene. Eine Diskriminierungserfahrung raubt den Beteiligten die Möglichkeit, gleichberechtigt ihre Rechte auszuüben. Dies verstößt gegen Artikel 1 der *Erklärung der Menschenrechte*: »Alle Menschen sind frei und gleich an Würde und Rechten geboren.«[1]

Verletzungen und Diskriminierungen mögen auf der individuellen Ebene ähnliche Dimensionen der Verletzungen haben. Da aber Diskriminierungen eine strukturelle, systemische und vor allem historische Dimension haben, kann sich die dadurch benachteiligte Person dieser Erfahrung nicht entziehen. Darin zeigt sich die Wirkmacht von Diskriminierung und wie wichtig es ist, gegenwärtige Verstrickungen zu verstehen.

Mag ich wegen meiner Brille oder meiner Haare kontinuierlich verletzt worden sein, so erfahre ich keine strukturelle Benachteiligung aufgrund dessen. Weder werde ich deswegen schlechter bezahlt, noch wird mir darum eine Wohnung verwehrt. Diskriminierungen hingegen wirken sich systemisch und strukturell auf das Leben der betroffenen Menschen aus.

Wie Kinder Diskriminierung erlernen

In unserem ersten Buch *Gib mir mal die Hautfarbe. Mit Kindern über Rassismus sprechen* haben wir beschrieben, wie früh Kinder Differenzen, Stereotypen und Vorurteile in Bezug auf Rassismus erlernen. Bereits im Alter von drei bis sechs Monaten erkennen sie phänotypische Unterschiede zwischen Menschen.[2] Im Alter von drei bis fünf Jahren haben Kinder alle gesellschaftlich vorherrschenden Vorurteile erlernt. Ein anschauliches Beispiel hierfür ist der Doll-Test[3] des Psychologenpaars Mamie und Kenneth Clark aus den 1940er-Jahren, den wir später im Buch noch erläutern. Dass Kinder rassistisches Verhalten ausschließlich von ihren Eltern übernehmen, widerlegt Linda Christensen in ihrem Beitrag *Unlearning the Myths that Bind Us.*[4] Darin beschreibt sie, wie unter anderem durch Serien und Bücher Dominanz, Vorurteile und Diskriminierung gelehrt werden.

Das frühe Wahrnehmen von Differenzen ist zunächst unproblematisch und ist ein wichtiger Entwicklungsschritt. Problematisch ist erst die negative Bewertung dieser Differenzen, die in Stereotypen und Vorurteilen gipfelt. Diese Art des Erlernens problematischer Beurteilungsschemata bezieht sich jedoch nicht nur auf Rassismus. Auch bei anderen Diskriminierungsformen lernen Kinder früh und schnell, was als gesellschaftskonform gilt: Wer wird in unserer Gesellschaft als schön, kompetent und wertvoll angesehen und wer eben nicht?

Wie solche Ideen schon früh in die Vorstellungen von Kindern gelangen, wollen wir anhand von vier kurzen Beispielen vor Augen führen.

Mädchen, Junge, Menschenskind

Kaufen wir ein Geschenk für ein Kind, so ist die Wahrscheinlichkeit hoch, dass dessen Geschlecht die Wahl des Spielzeugs mitbeeinflusst. Immerhin wird uns die Aufteilung in Spielzeug für Jungs einerseits und Mädchen andererseits in den meisten Kaufhäusern bereits vorgegeben. Ohne böse Absicht senden wir damit Botschaften an das zu beschenkende Kind und alle Beobachter*innen: Mädchen und Jungen interessieren sich angeblich jeweils nur für spezifische Themen, die Präferenz für bestimmte Farben sei je nach Geschlecht unterschiedlich. Dieses eine Spielzeug wird ein Kind nicht in dem freien Ausdruck seiner Individualität einschränken. Diese und ähnliche Botschaften prasseln jedoch unentwegt und aus verschiedenen Richtungen auf Kinder ein. Dabei wird außerdem völlig außer Acht gelassen, dass es mehr als nur zwei Geschlechter gibt.[5]

In einem pädagogischen Fachtext beschreibt Caroline Ali-Tani folgende Situation:

»In der Verkleidungsecke gibt es neben unterschiedlichen Kostümen und Kleidungsstücken auch zwei Schulranzen, von denen einer als klassischer ›Jungenschulranzen‹ in den Farben blau und schwarz gehalten ist und der andere durch seine Rosa-, Rot- und Pinktöne die Mädchen als Zielgruppe hat. Aris, ein drei Jahre alter Junge und ei-

ner der Kleinsten aus der Gruppe, trägt bereits den ganzen Vormittag den rosa Schulranzen auf dem Rücken und ist ganz in sein eigenes Spiel vertieft. Nach einiger Zeit betreten Lukas und Anna (fünf und sechs Jahre alt) den Raum, bemerken Aris und bauen sich vor ihm auf. Lukas sagt: ›Das ist ein Mädchenschulranzen!‹ Aris schaut die beiden nur aus großen Augen an, erwidert nichts und Lukas und Anna kümmern sich nicht weiter um ihn. Ich beobachte Aris weiterhin. Als Lukas und Anna weg sind, schleicht er in die Ecke, in der die Ranzen liegen, setzt den ›Mädchenschulranzen‹ ab und nimmt sich den ›Jungenschulranzen‹.«[6]

Es bedurfte hier keines Hänselns, keiner Aufforderung oder Erklärung, warum dies ein »Mädchenranzen« ist. Aris hat verstanden: Wenn er ein »richtiger« Junge sein will, darf er nicht mit einem Mädchenranzen spielen. Geschlecht als Differenzierungsmerkmal und Marker für Identitätsbildung ist in unserem Alltag so dominant, dass auch ein Dreijähriger sich nicht der Gefahr aussetzen möchte, dem »falschen« Geschlecht zugeordnet zu werden.

Spargeldünner Hansel, nudeldicke Dirn

Mehrgewichtige Menschen werden in unserer Gesellschaft diskriminiert. Eine Studie[7] von 2021 konnte nachweisen, dass Lehrkräfte die Leistungen mehrgewichtiger Kinder schlechter bewerteten als die ihrer Mitschüler*innen. Dafür wurden die Daten von über 3 700 Schüler*innen aus siebten Klassen in Deutschland ausgewertet. Die Forschenden gehen davon aus, dass unbewusste Vorurteile gegenüber mehrgewichtigen Menschen (faul, undiszipliniert) zu der schlechteren Bewertung führen. Es zeigt sich, wie Vorurteile verstärkt werden, indem sie sich vermeintlich als wahr entpuppen. Kinder beobachten hier am Beispiel der schlechteren Noten, dass ihre mehrgewichtigen Mitschüler*innen anscheinend wirklich fauler und leistungsschwächer sind als ihre schlanken Freund*innen.

Hinzu kommen die abwertenden Bemerkungen, welche wir über unsere eigenen Körper machen, die Körperteile, die wir verstecken. Schon 1998 haben Forscher*innen festgestellt, dass bereits Dreijährige negative Einstellungen gegenüber mehrgewichtigen Körpern haben.[8] Die Abwertung mehrgewichtiger Körper ist gesellschaftlich so salonfähig, dass es nicht verwundert, wenn Kinder diese Art der Diskriminierung früh erlernen und nachahmen.

Ich habe was, was du nicht hast

2022 war jedes fünfte Kind in Deutschland von Armut bedroht.[9] Das ist für eines der reichsten Länder der Welt beschämend. Das Aufwachsen in Armut führt statistisch gesehen im Lebensverlauf zu einer ganzen Reihe von negativen Folgen wie Bildungsarmut, hier vor allem wenig formale Bildung, zu sozialer Ausgrenzung und einem schlechteren Gesundheitszustand.[10] Hinzu kommen Diskriminierung und ein verminderter Selbstwert. Bereits Kinder im Alter von vier bis fünf Jahren zeigen eine Präferenz für andere Kinder, die sie als materiell reicher einschätzen und schreiben materiell reichen Menschen höhere Kompetenz und Beliebtheit zu.[11] Gleichzeitig halten Kinder von Arbeiter*innen sich selbst für weniger talentiert als Kinder aus bildungsbürgerlichen Haushalten, wie die Sozialpsychologinnen Christina Bauer, Veronika Job und Bettina Hannover in mehreren erst kürzlich veröffentlichten Studien mit über 3 500 Teilnehmenden feststellten.[12] Es entsteht also bei Kindern aus materiell ärmeren und weniger angesehenen Herkunftsklassen ein Teufelskreis aus stigmatisierenden Zuschreibungen sowie schlechteren Selbsteinschätzungen, welcher sich auf deren Werdegang auswirkt. Alle Kinder, betroffene und nicht betroffene, lernen also früh: »Arm gleich weniger wert«, verinnerlichen dies und handeln dementsprechend. Bewusst wie unbewusst.

Wer behindert wen?

Wie die meisten Menschen in Deutschland hatten auch wir nicht das Glück, eine inklusive Kita oder Schule zu besuchen. Auch wir hatten dementsprechend wenig bis keinen Kontakt zu Kindern mit Behinderungen. Gleiches gilt für unsere eigenen Kinder. Schätzungsweise werden in Deutschland derzeit nur 10 Prozent aller körperlich oder geistig behinderten schulpflichtigen Kinder in einer Regelschule unterrichtet.[13] Das bedeutet, dass nicht behinderte Kinder und behinderte Kinder im Alltag kaum Kontakt miteinander haben.

Es gibt kaum Forschung zur Einstellung von kleinen Kindern gegenüber Menschen mit Behinderungen. Grundsätzlich lässt sich sagen, dass »jüngere Kinder bei der Begegnung mit Menschen, bei denen sie Besonderheiten feststellen, eine ›originäre Reaktion‹[14] zeigen, die sich noch unvoreingenommen in offener Neugierde äußert, während ältere Kinder und Erwachsene eine wahrgenommene Abweichung bereits mit tendenziell eher negativen Gefühlen verbinden«[15]. Die negative Haltung unserer Gesellschaft gegenüber Menschen mit Behinderung ist ausreichend belegt. Dies zeigt sich beispielsweise in Verhaltensunsicherheiten ihnen gegenüber, die oft zu einer Meidung führt. Genauso in Anstarren, übergriffigen Fragen oder Äußerungen von Unmut. Die Diskriminierung hat historische, strukturelle und institutionelle Dimensionen. So ist es nicht verwunderlich, dass Kinder im Rahmen ihrer Sozialisation nach und nach diese negativen Einstellungen übernehmen.

Ally werden – oder doch gleich Kompliz*in?

Kinder lernen durch Beobachtung, Nachahmung, durch Bilder und Worte, wie die Welt funktioniert, welche Personen welche Rollen haben, was gut und böse ist oder welche Verhaltensweisen als »normal« definiert werden und welche eben nicht.

In allererster Linie lernen sie von uns, den Eltern und erwachsenen Bezugspersonen, die Welt durch unsere Augen zu betrachten. Wie wir Menschen bewerten, Situationen deuten oder die Welt beschreiben, beeinflusst sie stärker, als wir uns bewusst machen können. Dieses unbewusste und in seiner Dimension kaum begreifbare Machtungleichgewicht, auch Adultismus, die Diskriminierung von Kindern durch Erwachsene, genannt und laut ManuEla Ritz eine der ursprünglichsten Diskriminierungsformen überhaupt, konzipiert Kinder als passive Empfänger*innen pädagogischer Maßnahmen[16], die keine Agenda, keine von den Eltern losgelösten eigenen Bedürfnisse und Identitäten haben. Im Kontext von Diskriminierungen kommen diese adultistischen Momente zur Oberfläche.

Aber Kinder haben ihre eigenen Identitäten und unabhängige Bedürfnisse, die losgelöst von der Erfahrungsdimension der Eltern sein können und es auch oft sind. Als Angehörige einer anderen Generation mit ihren eigenen Gesetzen, Kontinuitäten oder Logiken erleben sie Eltern nicht automatisch als Allies, geschweige denn Kompliz*innen. Vor allem wenn sie Erfahrungen machen, die sie nicht mit den Eltern teilen, sei es, dass sie mehrgewichtig sind oder aufgrund ihrer geschlechtlichen oder sexuellen Positionierung zum LGBTQIA*-Spektrum gehören. Oft haben ihre Eltern »keine Ahnung«, was sie erleben, wie sie sich fühlen, was für sie Empowerment bedeutet und wie sie sich bei und vor Angriffen schützen können. Diese in Teilen unwissenden Eltern befinden sich aber in der Machtposition, ihren Kindern möglicherweise Stolpersteine auf dem Weg zu ihrer eigenen Identität in den Weg zu legen, indem sie ihnen unbewusste Erzählungen, Glaubenssätze, Rassismen, Biases vermitteln, die Kinder letztendlich gegen sich selbst oder gegen andere wenden können.

Allyship vs. Kompliz*innenschaft:[17] »Alle Komplizen sind Allies, aber nicht alle Allies sind Komplizen.«[18] Immer mehr wird von Kompliz*innenschaft statt Allyship gesprochen. Der Unterschied liegt im Grad des Engagements. Während es bei Allyship vor allem darum geht, auf individuellem Niveau die eigenen Privilegien anzuerkennen und diese für marginalisierte Menschen zu nutzen, geht es Kompliz*innen eher darum, die machtkritische Struktur zu durchbrechen, also einen institutionellen und strukturellen Status quo zu beenden.

Aktionen von Allies sind zum Beispiel: Marginalisierten Stimmen aktiv zuhören, bei diskriminierenden Vorfällen intervenieren, Solidarität zeigen, bei rassistischen Äußerungen oder Handlungen intervenieren. Hier lauert die Gefahr der performativen Allyship, der es nur darum geht, als »woke« zu gelten, auch White-Saviour-Syndrom genannt: sich für die »armen« Betroffenen einzusetzen fühlt sich gut an.

Aktionen von Kompliz*innen sind unter anderen: Gatekeeper*innen sein; Expert*innen zum Thema für ihre Arbeit angemessen bezahlen; Expert*innen mit entsprechenden Förderungen und Stipendien unterstützen; eigene Position nutzen, um das Thema auf die Agenda zu setzen.

Eltern und pädagogische Fachkräfte sollten sich bewusst machen, dass sie nicht nur Begleitpersonen von Kindern sind, sondern auch Lernende und Beobachtende, die ihre Position und ihre eigenen Kenntnislücken reflektieren müssen, möchten sie Allies oder sogar Kompliz*innen ihrer Kinder und anderer sein.

Doch Kinder lernen auch von anderen Kindern. Und hier zeigt sich nochmal klar, dass wir Eltern uns alle in die kritische Position der Selbstreflexion begeben sollten. Insbesondere wenn wir Kleinkinder und junge Kinder erziehen und begleiten, müssen wir verstehen, dass wir einige ihrer Dimensionen, beispielsweise ihre sexuelle und geschlechtliche Identität, noch nicht kennen. Im Verhalten und im Spiel imitieren Kinder gesellschaftliche Bilder und Konventionen, ahmen ihre Bezugspersonen nach, reinszenieren die Rolle der Mutter und die des Vaters. Kindermund tut Wahrheit kund – wer kennt sie nicht, die Sprüche, die Kinder von sich geben und in denen sich klar die Haltung der Eltern widerspiegelt. Damit Kinder so weit wie möglich frei sein können von diesem langen Arm der Erwachsenen(-meinungen) ist es in pädagogischen Räumen wichtig, diese Äußerungen aufzugreifen und sie gemeinsam mit den Kindern und in Elterngesprächen zu beleuchten. Denn insbesondere dort, wo sich der Querschnitt der Bevölkerung in den Einrichtungen trifft, liegt die Chance, dass sich alle Kinder der verschiedenen Diskriminierungsformen und -momente bewusst werden und einen sensiblen Umgang damit erlernen. Es ist besonders wünschenswert, dass sie schon hier eine positive Einbettung von Vielfalt und Unterschiedlichkeiten erfahren. Damit auch sie Kompliz*innen werden und ihre eigene Identität erkunden können, angst- und sorgenfrei.

Anti-Schwarzer Rassismus – Colorism

»Gib mir mal die Hautfarbe« – wenn Kinder dazu auffordern, meinen sie mehrheitlich den rosé-/hellbeigefarbenen Stift für die *weiße* Hautfarbe. Für Kinder of Color, die sich mit anderen Tönen im Hautfarbenspektrum identifizieren, kann in diesem Moment die Tortur beginnen. Denn nun müssen sie umschreiben, welchen Farbton sie meinen, und nicht selten werden zu diesen Bezeichnungen vor allem bei dark-skinned Kindern Assoziationen mit Lebensmitteln oder Exkrementen hinzugefügt. Rassismus betrifft alle Kinder. Doch Kinder, die Schwarz positioniert sind, ungleich stärker. Und in einer Art Ranking, Colorism genannt, vor allem dark-skinned Schwarze Kinder und ihre Schwarzen Bezugspersonen.

Colorism ist ein Phänomen, welches in Deutschland bisher kaum Beachtung bekommen hat, in Schwarzen und PoC-Communities aber weltweit große Auswirkungen auf die Lebensrealitäten von betroffenen Menschen hat.

Colorism (nach Alice Walker) ist die Benachteiligung und Diskriminierung innerhalb einer Ethnie auf Grundlage von Hautfarbe, Haarstruktur (auch Texturism: die Hierarchisierung von Haarstrukturen, je europäischer das Haar, desto positiver die Bewertung), Gesichtszügen[1] (auch Featurism: die Hierarchisierung von Gesichtszügen, je europäischer die Gesichtszüge, also Nase, Lippen etc., desto positiver und schöner werden diese bewertet) und anderen Faktoren. Dabei gilt: Je näher diese Faktoren an ein *weißes* Schönheitsideal heranreichen, desto mehr Privilegien genießt eine Person und desto weniger ist sie, natürlich auch abhängig vom Kontext, von Rassismus betroffen.

In Deutschland hat insbesondere Aaliyah Adeyemi in einem auf Instagram im Sommer veröffentlichten Post Colorism in die öffentliche Debatte gerückt: *»Durch Colorism werden innerhalb der Schwarzen Community Machstrukturen für Leute, deren Eltern und Klancestors Colonizer sind, aufrechterhalten.«*[2] Dieser Post hat eine längst überfällige Debatte innerhalb der Schwarzen deutschen Debatte ins Rollen gebracht. Diese dauert an und ist schmerzhaft und aufwühlend. Denn, so schrieb Katja Musafiri bereits 2019 im *Missy Magazine*[3], das Gefühl von Einigkeit und Zusammenhalt im gemeinsamen Kampf gegen Rassismus erhält Risse. Man könnte auch sagen, diese Risse waren schon immer da, werden nun aber endlich auch von light-skinned Schwarzen Personen erkannt. Denn wie das bei Diskriminierungsformen so häufig der Fall ist: Sie sind nur denjenigen, welche unter ihnen leiden, schon immer bewusst.

Uns ist es unglaublich wichtig, über dieses Thema zu schreiben. Nicht nur, weil wir als in Bezug auf Colorism unterschiedlich positionierte Freundinnen, Co-Autorinnen und Geschäftspartnerinnen immer wieder mit dem Thema konfrontiert sind, sondern auch, weil wir sehen, welche Auswirkungen dieses Thema in Kitas, Schulen und damit im Leben unserer Kinder hat. Dass das Thema Colorism im Zentrum unserer Betrachtungen steht, heißt natürlich nicht, dass es das einzige Problem im Zusammenhang mit Anti-Schwarzem Rassismus ist – keineswegs! Nur hat es zum einen bislang im Schatten seines großen Bruders Rassismus kaum Beachtung erhalten, und zum anderen haben wir über den Anti-Schwarzen Rassismus ein ganzes Buch geschrieben: *Gib mir mal die Hautfarbe. Mit Kindern über Rassismus sprechen.* Dort findest du eine Menge weitere Informationen, Denkanstöße und praktische Tipps.

Was hat Colorism mit mir zu tun?

Olaolu: A dark-skinned perspective

Brown Skin Girl von Beyoncé[4]. Ich erinnere mich gut: Als dieses Lied 2019 veröffentlicht wurde, schlug es ein wie eine Bombe und zurecht! Ein Lied, das die braune und Schwarze Haut feiert, sie in Vergleich setzt mit wertvollen Rohstoffen wie Gold, Diamant, Perlen, die von der Schönheit dieser melaninreichen Haut spricht, eine Liebeserklärung ist an Schwarze Frauen, Kinder, Mädchen. Eine Gruppe, die popkulturell so wenig beachtet, geliebt, glorifiziert wird, wie kaum eine andere. Der Song ist eine verbale Streicheleinheit, wurde zur Hymne und Lehrstunde für Schwarze Mädchen.

Das Lied war für mich persönlich Balsam und augenöffnend, denn es sprach mich vor allem als dark-skinned, afrikanische, nigerianische Frau an. Das Video ist komponiert aus afrikanischen und afrodiasporischen Symbolen, Schönheiten, Farben, Stimmungen, Sounds und so viel mehr. Also, wenn ihr Schwarze Kinder habt, schaut es euch an, studiert es, lernt diese Liebessprache und rezitiert sie eurem Kind. Hört euch die Zeilen an, übersetzt sie falls nötig, speichert sie in eurem Herzen, nutzt sie als Medizin, wenn Menschen euch verletzen, eure Schönheit nicht erkennen.

Im Kontext von Colorism möchte ich mich zunächst positionieren: Ich bin eine dark-skinned Schwarze Frau mit nigerianischem Namen, Schwarzen Gesichtszügen und Afrolocken. Als Nigerianerin bin ich hier in Deutschland geboren, weiß, was es bedeutet, einen Aufenthaltsstatus zu haben, die Unsicherheiten einer befristeten oder unbefristeten Aufenthaltserlaubnis, die zum Teil traumatischen Erfahrungen bei der Ausländerbehörde zu ertragen. Diese Statusfragen, diese Projektionen auf mich und meinen Körper, dieser rassistische Schulunterricht zum Thema »Afrika« mit den Bildern der barbusigen Frauen und des »Africa porn« der Krankheiten, Armut und Dysfunktionalität, in denen ich mich selbst und meine Familie oder andere Schwarze Menschen sehen musste. All das verstörte mich und zwang mich dazu, mich innerlich distanzieren zu müssen von diesen Projektionen und letztendlich vom afrikanischen Kontinent und seinen Bewohner*innen.

All diese Momente und Erfahrungen haben mich geprägt und sich zu meinem Selbstbild über meinen Status und mein Aussehen verwoben.

Als dark-skinned Mädchen in einer mehrheitlich *weißen* Welt erkannte ich früh, welche Varianten von Schwarzsein als schön galten, welche Haarstrukturen zu sehen waren. Als Kind träumte ich viele Jahre davon, langes, fallendes Haar zu haben. Und erkannte, dass die Realitäten zwischen uns Schwarzen Menschen entlang vieler Paradigmen sehr unterschiedlich sind.

In meinem Körper in Deutschland aufgewachsen zu sein, Mutter eines light-skinned Schwarzen Mädchens zu sein, das Privileg, zwei Staatsbürgerschaften haben zu dürfen und damit meine geografischen und nationalen Bezüge nicht auflösen zu müssen, Ausländerin und Deutsche zu sein – all das sind Teile meiner Identität. Als Kind der 1980er-Jahre in Westdeutschland fühlte es sich selten gut an, afrikanische Bezüge zu haben. In der *weißen* Mehrheitsgesellschaft, in und unter der ich lebte und die kaum empowernde und die Komplexität der Lebensrealitäten abbildende Bilder, Gefühle oder Assoziationen zum Nachbarkontinent Afrika und dessen historischen Beiträgen hatte, galt es nicht als »cool«, afrikanisch zu sein. Das Schwarze Amerika mit seiner einflussreichen Schwarzen

Popkultur, bestehend aus Musik, Filmen, Fernsehserien, war in den 1980er- oder 90er-Jahren ein Fixstern, um Schwarzsein mit Stolz und Würde zu versehen.

Mit meiner Schwarzen Politisierung begann ein Prozess der Heilung, der mich zu mir selbst zurückführte und mich ins Zentrum meiner Träume, Möglichkeiten und meines Begehrens zurückbrachte. Und die Labels von »Schönheit« oder »Attraktivität« wieder weitete, das Auge sensibilisierte für die vielen Versionen und Varianten des Schwarzseins. Dazu gehörte auch, eine neue Sprache zu erlernen und zu entwickeln, um Schwarze Realitäten zu benennen. Aus den krausen und wilden Haaren wurden Afrolocken, die wundervoll vielseitig und stolz sind. Schwarze Haut, die alle Schattierungen des menschlichen Lebens aufweisen und vom hellsten Hautton zum dunkelsten reichen kann, zu lieben und ihre Stärken zu erkennen und wertzuschätzen. Sie schützt besser vor den Einwirkungen der Sonne (und sie benötigt trotzdem Sonnencreme).

Als Mutter eines light-skinned Kindes erinnere ich mich an die Äußerungen von Schwarzen und *weißen* Menschen in Bezug auf das Aussehen des Kindes. Einerseits hörte ich Hoffnungen heraus, das Kind möge so hell bleiben, wie es ist, die Haarstruktur behalten, die es hat, und ihre hellen, in allen Farben schimmernden Augen behalten. Diese Äußerungen verletzten mich als dark-skinned Person sehr. Ich erkannte früh, dass aus der Sehnsucht nach einem »exotischen« Schönheitsideal eine durch Colorism gefärbte Wahrnehmung sprach.

Dies traf auch auf die Projektionen von *weißen* Menschen zu. Sie übersahen, wie unendlich schmerzhaft es für viele Schwarze dark-skinned Eltern ist, wenn ihr eigenes Kind optisch nicht als ihres wahrgenommen wird. Wie zehrend es ist, immer wieder die Zugehörigkeit erklären zu müssen, von wildfremden Menschen die intimsten Fragen gestellt zu bekommen. Und ich fragte mich: Welche

Rolle spielt denn der Hautton bei *weißen* Kindern? Welche Gedanken machen sich denn *weiße* Eltern über den Hautton ihres *weißen* Kindes? Die meisten machen sich sicherlich keine Gedanken darüber. Die Realität, wie ungleich mehr wir als Schwarze Menschen uns Gedanken machen (müssen), stimmt mich sehr traurig.

Und auch die Schwarze Perspektive ist von Colorism und dem Leiden daran durchtränkt. Denn auch Schwarze Menschen haben viele rassistische Bilder internalisiert und wissen um die Privilegierungen von Kindern, die es aus vielen Gründen leichter haben, wenn sie deutsch klingende Namen tragen, so hell wie möglich sind, »unkomplizierte« aka glatte bis großlockige, fallende Haarstrukturen haben, Gesichtszüge, die europäischen Menschen ähneln etc. – kurz: so nah wie möglich an Whiteness herankommen.

Ich wünschte mir einfach nur, ein glückliches Kind zu haben. Und war müde von all den Kommentierungen, Komplimenten und Bewertungen meines Kindes. Und fragte mich, wie ich meinem light-skinned Kind beibringen könnte, sensibel, empathisch und vor allem solidarisch mit dark-skinned Menschen zu sein. Denn mir war klar, dass mein Kind, sollte es in Kita- oder Schulkontexten zu rassistischen Vorfällen kommen, relativ sicher nicht direkt davon betroffen wäre, solange Schwarze dark-skinned Kinder im Raum waren. Und ich wünsche mir, dass mein Kind um diesen Schutz weiß, der von anderen ungleich vulnerableren Kindern gestellt wird. Und ihn durch Solidarität honorieren lernt.

Tebogo: A light-skinned perspective

Beim Lesen der dark-skinned perspective traten mir Tränen in die Augen, denn ich spüre den Schmerz eines mir so lieben und wichtigen Menschen. Wir kannten uns nicht in unserer Kindheit, aber ich sehe Olaolu als kleines Mädchen vor meinem geistigen Auge und möchte sie in die Arme schließen, ihren Schmerz mindern und ihr sagen, zu welcher fantastischen Frau sie werden wird. Wie viele Herzen sie berühren wird und welches Geschenk sie für diese Welt ist.

In der Dichotomie von Colorism verorte ich mich am anderen Ende, nämlich als light-skinned Schwarze Frau. Ehefrau eines light-skinned Schwarzen Mannes und Mutter von drei light-skinned Kindern. Geboren in Botswana als Kind eines *weißen* deutschen Vaters und einer Tshwane Schwarzen Mutter hatte ich per Abstammungsrecht von Beginn an die deutsche Staatsangehörigkeit. Traumatische Besuche bei der Ausländerbehörde blieben mir dadurch erspart. Diese waren, wenn ich meine Mutter begleitet habe, trotzdem unangenehm und von Diskriminierung und Abwertung geprägt. Ich bin aufgewachsen mit einem deutschen Nachnamen, welchen ich, beispielsweise um zumindest die Einladung zu einer Wohnungsbesichtigung zu bekommen, auch fleißig genutzt habe. Bei meiner Hochzeit habe ich diesen abgelegt. Der Prozess meiner Politisierung war in vollem Gange. Ich habe den afrikanischen Nachnamen meines Mannes aus Trotz und Wut gegenüber einer Gesellschaft angenommen, die mich nie zu 100 Prozent als zugehörig gesehen hat. Aber auch, weil dieser Doppelname einen so viel schöneren Klang als mein deutscher Geburtsname hat. Seit ich denken kann und bis heute haben Menschen meinen Vornamen falsch ausgesprochen, sodass ich viele Jahre nur einen Spitznamen benutzt habe. Ich selbst habe die korrekte Aussprache, die richtige Betonung und Bedeutung meines Namens erst spät gelernt.

Dieses Thema ist mit so viel Schmerz und Scham behaftet, daher hier gleich die Bitte und Aufforderung: Gebt euch Mühe und fragt nach, wenn es um die korrekte Aussprache euch unbekannter Namen geht. Behandelt die Namen anderer Menschen mit Respekt. Dann ist es auch nicht so schlimm, wenn es beim ersten Mal nicht perfekt gelingt.

Denke ich an meine Kindheit und an meine Position zwischen meinen Eltern zurück, so fallen mir als erstes die unterschiedlichen Erfahrungen ein, die ich gemacht habe, abhängig davon, ob ich mit meiner Mutter oder mit meinem Vater zu Einkäufen in der norddeutschen Kreisstadt, in der ich aufgewachsen bin, unterwegs war. Während mein Vater ein gern gesehener Kunde war und zuvorkommend bedient wurde, konnte ein Einkaufsbummel mit meiner Mutter gerne auch im Büro des Kaufhausdetektivs enden, wo ihre Taschen – natürlich erfolglos – nach Diebesgut durchsucht wurden, und das obwohl sie in der Vergangenheit schon Hunderte von Mark in die Kassen ebendieses Kaufhauses hatte fließen lassen. Mit meiner Schwarzen Mutter unterwegs zu sein war lustig und sie hat mir oft das Gefühl gegeben, ihre Komplizin zu sein, was sich als kleines Mädchen großartig angefühlt hat. Gleichzeitig war es auch anstrengend und beängstigend. Die ständigen Blicke, die ich früh auszublenden lernen musste, die Unfreundlichkeit und die unausgesprochene Warnung »Benehmt euch gefälligst, ihr seid hier schließlich nur Gäste«.

Dabei muss ich schmunzeln, weil ich an einen Satz denke, den ich vor einiger Zeit gelesen habe: »Deutschland ist das einzige Land, in dem ›Du bist hier Gast‹ als Drohung zu verstehen ist.« Unterwegs mit meinem Vater war die Verortung als Gast und die Andeutung des Nichtdazugehörens abgemildert. »Eigentlich bist du ja schon irgendwie deutsch« ist ein Satz, der mir dabei sofort in den Sinn kommt. »Eigentlich« und »irgendwie« sind die beiden Worte, die als Kind bei mir hängen geblieben sind. Was soll das heißen und was sind die Konsequenzen?

Ich bin aufgewachsen mit light-skinned und dark-skinned Geschwistern, mit einem *weißen* Vater und einer Schwarzen Mutter. Wo und wie ich mich als Kind verortet habe, kann ich nicht hundertprozentig sagen. Es gab dafür ja keine Sprache und es wurde auch nicht über Themen wie Rassismus und Colorism gesprochen. Rückwirkend würde ich sagen: Es schwankte. Ich erinnere mich daran, wie einer meiner Brüder, wir müssen zwischen 10 und 12 Jahre alt gewesen sein, mich einmal fragte, ob ich mich eher *weiß* oder Schwarz fühle. Diese Frage löste einen inneren Tumult in mir aus und ich konnte ihm keine Antwort geben.

Die Welt hat mir dahin gehend sehr uneindeutige Signale gegeben und ich wusste nicht, dass ich das Recht habe, mich selbst zu positionieren. Nämlich als Schwarz, weil ich niemals *weiß* sein werde und im Schwarzsein all meine Solidarität liegt und die einzige Chance auf Heilung. *Weiß*sein war und ist verbunden mit Schönheit, sozialem Status und Sicherheit. Daher ist die Verlockung, alles Schwarze und Afrikanische abzustreifen, groß, auch wenn es natürlich nicht wirklich möglich ist. Und am Ende des Tages bin ich auch als light-skinned Person in *weißen* Kontexten nie hundertprozentig angenommen, werde nicht dazugehörig gesehen.

Schaue ich auf meine eigenen Kinder, sehe ich, wie stark Colorism wirkt. Wie es bei Geschwistern häufig der Fall ist, haben die drei große Ähnlichkeit. Gleichzeitig unterscheiden sie sich auch. So gibt es in unserer wie in jeder Familie unterschiedliche Hauttöne und Augenfarben. Auch Haarfarbe und Struktur sind unterschiedlich. Und es ist so, dass das Kind mit der dunkelsten Haar- und Augenfarbe die meisten Rassismuserfahrungen macht. Beobachte ich Kinder und Familien in unserem Umfeld, so sehe ich, dass Rassismuserfahrungen – sowohl in Ausprägung als auch Häufigkeit – in Korrelation mit der Nähe zum *Weiß*sein gemacht werden.

Welche Aufgaben und Herausforderungen ergeben sich daraus nun für uns als Eltern? Zunächst: Darüber zu sprechen. Die Mauer des Schweigens zu durchbrechen. Die Realität von Colorism zu verbalisieren und den Kindern Werkzeuge an die Hand zu geben. Ihren Blick, ihre Beobachtungsgabe und ihre Analysefähigkeit zu schärfen. Und das geschieht aus dem gleichen Grund, den Olaolu schon verbalisiert hat: Wir wünschen uns und erwarten von ihnen Solidarität mit Menschen, die stärker von Rassismus betroffen sind. Also mit Menschen und in ihrem Kontext mit anderen Kita- und Schulkindern, die in Bezug auf Colorism, aber natürlich auch hinsichtlich jeder anderen Diskriminierungsform, benachteiligt sind.

Auch innerhalb der eigenen Familie?

Wir haben ja bereits erläutert, was uns in Bezug auf Colorism in der Erziehung und Begleitung unserer eigenen Kinder wichtig ist. Nun möchten wir auf unterschiedliche Familienkonstellationen eingehen, in denen Colorism eine Rolle spielt oder spielen kann. Welche Möglichkeiten haben die einzelnen Familienmitglieder, die Wirkung von Rassismus und Colorism abzumildern? Denn trotz der Arbeit, die wir leisten, glauben wir, dass es, da wir in einer *weißen* Mehrheitsgesellschaft leben, kaum möglich ist, Kinder vor den negativen Auswirkungen von Colorism und Rassismus auf ihren Selbstwert komplett zu schützen. Es gibt aber einiges, das wir tun können.

»Mama, ja, ich weiß, ich bin richtig hässlich«

Neulich sprachen wir mit einer Freundin. Sie und ihre Tochter sind beide dark-skinned. Sie erzählte uns, dass sie sich am Tag zuvor mit ihrer sechsjährigen Tochter über irgendeine Kleinigkeit gestritten hatte. Plötzlich schrie die Tochter, für die Mutter völlig aus dem Zusammenhang: »Mama, ja, ich weiß, ich bin richtig hässlich!« Sie sei zutiefst erschrocken gewesen über die Heftigkeit des Ausbruchs und wisse weder, woher dies kam, noch wie sie damit am besten umgehen könne.

Das Woher konnten wir ihr leicht beantworten. Die Welt hat ihr und allen kleinen Schwarzen dark-skinned Mädchen immer und immer wieder gesagt, dass sie hässlich sind. Das muss gar nicht direkt geschehen. Es sind die Werbebotschaften, die Blicke, all die Komplimente, die an ihnen vorbei zu ihren Freundinnen wandern. Oft geschieht es aber auch ganz explizit: »Ich finde deine Haut/Haare/Nase etc. hässlich!« Später sind es Aussagen wie »Bei Schwarzen stehe ich nur auf light-skinned Frauen«, welche dark-skinned Frauen mit dem Verweis auf den persönlichen Geschmack immer wieder hören dürfen. Liebe ist nicht unpolitisch und Geschmack entsteht nicht im luftleeren Raum.

Zurück zu unserer Freundin: Was kann sie nun tun? Auf unsere Nachfrage, woher die Aussage ihrer Tochter denn rührte, zuckte sie die Schultern: »Ist auch egal. Ich gehe mit ihr zurück nach Ghana. Vor der Schule hier in Deutschland hab ich zu viel Angst.« Eine drastische Entscheidung, welche für die meisten aus einer Vielzahl von Gründen überhaupt nicht in Betracht kommt.

Das Gespräch hat in uns nachgeklungen. Neben den üblichen Empowerment-Strategien von positiver Repräsentation in Kinderbüchern und Medien, dem Aufzeigen individueller Schönheit muss es doch mehr geben. Ein theoretisches pädagogisches Framework. Dabei sind wir auf Critical Race Parenting (CRP) gestoßen. Cheryl E. Matias definiert CRP als eine pädagogische Praxis, die sowohl Eltern als auch Kinder in Prozesse des wechselseitigen Lehrens und Lernens über Race einbeziehen kann, insbesondere in solche, die dominante Botschaften über Race[5] und Rassismus entlarven.

Die Theorie ist recht komplex, wir möchten hier nur zwei Punkte aufgreifen: Zum einen, dass es um ein gegenseitiges Lernen geht. Angewandt auf unser Beispiel oben hat die Tochter ihrer Mutter etwas über die Realität von Rassismus beigebracht. Nämlich dass obwohl Mutter und Kind in einem sehr diversen Umfeld leben, obwohl die Tochter Zugang zu positiver Repräsentation in ihren Büchern und auch im echten Leben hat, die negativen Botschaften, die es über dark-skinned Menschen gibt, zu ihr durchgedrungen sind. Dies wird von Cheryl E. Matias racial realism genannt. Auch wenn wir die Möglichkeit haben, in einer Bubble zu leben, in der wir Kontakt mit Menschen haben, die aussehen wie wir, wir Kinderbücher lesen, in denen keine negativen Stereotype über uns reproduziert werden, wird die Realität, nämlich dass Rassismus existiert und wirkt, immer wieder zu uns durchdringen.

Der zweite Punkt der Theorie, den wir wichtig finden, wird counterstorytelling genannt. Also die Neu- oder Gegenerzählung von rassistischen Erfahrungen. Indem wir unseren Kindern gefiltert und kindgerecht von unseren eigenen Rassismuserfahrungen erzählen und erklären, warum wir diese Erfahrungen machen mussten, lernen sie, eigene Erfahrungen zu analysieren und einzuordnen. Wir mussten diese Erfahrungen machen, nicht, weil es stimmt, dass wir hässlich, inkompetent, zu laut oder im Unrecht waren, sondern weil Rassismus der Welt Lügen über uns präsentiert hat, die immer noch viel zu viele Menschen glauben. Die Tochter unserer Freundin kann dann lernen, bestimmte Bemerkungen über ihr Aussehen oder die negative Darstellung von Menschen, die aussehen wie sie, einzuordnen. Sie wird begreifen, dass es sich nicht um »die Wahrheit« handelt, sondern um eine durch Rassismus verzerrte Erfahrung.

Eines meiner Kinder wird von der Umwelt stark bevorzugt

Wir kennen viele Familien, in denen die einzelnen Mitglieder unterschiedlich positioniert sind. *Weiße*, Schwarze light-skinned und dark-skinned Menschen in einer Familie sind keine Seltenheit. Insbesondere die Geschichte einer Mutter, mit der wir nach einer Lesung sprachen, ist uns in Erinnerung geblieben.

Selbst dark-skinned ist sie Mutter zweier Töchter. Der Vater der älteren ist *weiß*, der Vater der jüngeren Schwarz. Sie berichtete, wie oft ihrer älteren Tochter Komplimente zu ihrem Aussehen im Allgemeinen, den schönen Locken und den grünen Augen im Besonderen gemacht werden. Während die jüngere diese Art von Komplimenten nicht erhält. »Ich habe solche Angst davor, was das in Zukunft mit der Geschwisterbeziehung macht.«

Der starke Einfluss, den die Beziehung zwischen Geschwistern auf die Entwicklung von Kindern hat, ist wohl unbestritten. Auch wenn Konflikte zwischen Geschwistern normal sind, kommt hier eine weitere Komponente, nämlich Colorism (in Form von Texturism und/oder Featurism), hinzu. Die strukturelle Benachteiligung im Außen wirkt sich selbst auf die intimsten Beziehungen aus. Auch hier ist eine offene Kommunikation innerhalb der Familie, in der Differenzen und ihre Auswirkungen benannt werden, von äußerster Wichtigkeit. Offenheit und das Einfordern von Solidarität sind wichtig, um einer Spaltung zwischen Geschwisterkindern entgegenzutreten.

Irgendwann erkennt mein Kind, dass ich *weiß* bin

Während wir es als unsere vorrangigste Aufgabe sehen, unsere Kinder zur Solidarität zu erziehen gegenüber Menschen, die aufgrund von Colorism stärker von Rassismus betroffen sind als sie, liegt der Schwerpunkt bei Eltern, die *weiß* sind und Schwarze Kinder haben, oft eher auf der Innenbeziehung.

»Irgendwann erkennt mein Kind, dass ich *weiß* und nicht negativ von Rassismus betroffen bin. Und dann?« Dies ist eine Angst, die wir so oder ähnlich formuliert schon öfter von *weißen* Eltern Schwarzer Kinder gehört haben. Zunächst ist es der erste richtige

Schritt, sich diese Frage zu stellen. Es bedeutet, ein Bewusstsein zu haben für racial reality. Das Thema ist äußerst komplex. Wir haben hier nur einige Punkte zusammengestellt, die einem *weißen* Elternteil mit einem Schwarzen Kind helfen könnten:

Auseinandersetzung mit Rassismus und die eigenen Privilegien verstehen

Viele *weiße* Eltern erleben mit der Schwangerschaft, der Geburt oder bei der Adoption eines Schwarzen Kindes das erste Mal, wie stark Rassismus in unserer Gesellschaft wirkt. Spekulationen darüber, wie hell oder dunkel die Haut des Neugeborenen sein wird, der Zweifel daran, dass es sich tatsächlich um biologische Verwandtschaft handelt, die ständigen Blicke und verletzenden Aussagen. Verwandte und Freund*innen müssen aufgeklärt und zurechtgewiesen werden. Es gibt viel zu lernen.

Wir legen allen *weißen* Eltern Schwarzer Kinder ans Herz, sich ausführlich mit Rassismus und den eigenen Privilegien auseinanderzusetzen, denn es ist vor allem die eigene Sozialisierung, die zu unreflektierten Handlungen und Aussagen führt, die diese Kinder schädigen können. Zusätzlich wird es leichter fallen, Rassismus im Alltag schneller zu erkennen und die Kinder dadurch besser zu schützen. Einen guten Einstieg in das Thema gibt Tupoka Ogette in ihrem Buch *Exit Racism*.[6]

Haarpolitik

Für viele scheint dieses Thema profan, aus eigener Erfahrung wissen wir aber, wie wichtig es ist. Die Haare Schwarzer Menschen brauchen eine andere Art der Pflege als glattes, europäisches Haar. Gleichzeitig sind die Möglichkeiten des Stylings schier unerschöpflich. Immer wieder sehen wir Kinder mit ungepflegten, ungestylten Haaren. Negative Kommentare und ein vermindertes Selbstwertgefühl sind damit fast vorprogrammiert. Inzwischen gibt es eine Vielzahl von Onlinequellen, mithilfe derer die Pflege von Afro-Haaren erlernt werden kann. Genannt sei hier für den Einstieg nur Jona Curly Hair Care.[7]

Mehrheitserfahrung

Es ist wichtig, dass Schwarze Kinder, insbesondere wenn sie in einer *weißen* Familie aufwachsen, Mehrheitserfahrungen machen können. In vielen größeren Städten gibt es Spielgruppen für Schwarze Kinder. In den sozialen Netzwerken oder im Internet lassen diese sich finden. Sollte es in eurer Nähe keine entsprechende Gruppe geben, könnt ihr euch mit anderen Eltern zusammentun und eine entsprechende Gruppe initiieren. Alle Gruppen haben genauso angefangen. Viele haben eingetragene Vereine gegründet, einige treffen sich weiterhin inoffiziell in regelmäßigen Abständen. Ausführliche Informationen dazu findet ihr in dem Buch *Afrokids*[8] von Olaolu.

»Ich habe kein Problem mit Hautfarbe«

Und was ist mit Familien, die vermeintlich nichts mit Rassismus oder Colorism zu tun haben? Nämlich jene, in denen alle Familienmitglieder *weiß* sind? Das größte Privileg – und das bezieht sich auf alle Diskriminierungsformen – ist es, sich nicht mit der Thematik beschäftigen zu müssen, da man selbst (scheinbar) nicht betroffen ist. Aber wir leben alle gemeinsam in einer demokratischen Grundordnung, deren Verfassung die Gleichheit aller Menschen garantiert. Und so wie Fammie Lou Hamer es bereits 1971 proklamierte: »Nobody's Free Until Everybody's Free!« Wir werden wahre Freiheit und Sicherheit für uns nur dann erreichen, wenn dies für jede Person gilt. Demokratie, Gleichheit und Gerechtigkeit gehen uns alle an. Ob wir nun persönlich betroffen sind oder nicht.

Wir nehmen auch regelmäßig die große emotionale Belastung von *weißen* Menschen wahr, wenn es darum geht, über Rassismus zu sprechen. Von Unsicherheit über Scham bis hin zu Tränen, Wut und Abwehr haben wir schon alles erlebt. Diese starken emotionalen Reaktionen bleiben aus, wenn auch *weiße* Menschen früh über racial realities aufgeklärt werden. In ihrem 2020 bei CNN erschienen Artikel *How to not raise a racist white kid*[9] beschreibt Jennifer Harvey das Schweigen *weißer* Eltern rund um das Thema Rassismus. Werte wie Toleranz und Bekenntnisse zu Vielfalt werden zwar proklamiert, die eigenen Verflechtungen, Privilegien und gesellschaftliche Strukturen finden jedoch keinerlei Erwähnung. Auch hier gilt es, ausführlich über das Thema Rassismus zu sprechen. Das kann damit beginnen zu erklären, warum man selbst nicht negativ betroffen ist und welche Gefühle dies auslöst.

Sehe ich, was ich nicht sehe?

Das menschliche Gehirn hat im Laufe der Evolution die Strategie entwickelt, sich aus den komplexen Informationen seiner Umgebung in Millisekunden ein Urteil, eine Bewertung zu bilden. Das hat sich evolutionär als überlebenswichtig herausgestellt, um rasch einschätzen zu können, ob eine Situation potenziell lebensbedrohlich ist. Man könnte auch salopp sagen, dass das menschliche Hirn schneller urteilt, als es denken kann. Denn wir sind uns dieser Bewertungen nicht bewusst, sie passieren automatisch und entziehen sich unserer Kontrolle.

Diese Urteile oder Bewertungen werden auf Basis von Assoziationsketten (Schwarzes Kind → Hemmschwellen→ Unsicherheit→ Fremdheit→ internalisierter Rassismus→ unbewusste Ängste→schnelle Schlussfolgerungen), Gefühlen, Stereotypen und anderen Kategorien gefällt. Diese werden als implizite Vorurteile (engl. biases) bezeichnet.

Eine Studie der Yale University aus dem Jahr 2016 untersuchte die Augenbewegungen von Schwarzen und *weißen* Pädagog*innen, die eine kleine Gruppe von vier Kindern beim Spielen beobachteten. Die Gruppe setzte sich aus einem *weißen* Kind, einem Kind of Color, einem Schwarzen dark-skinned Mädchen und einem Schwarzen dark-skinned Jungen zusammen. Die Studie wollte die Verhaltensmuster der Pädagog*innen bezüglich der Kinder untersuchen und dabei implizite Biases entlarven. Die Pädagog*innen sollten eine bestimmte Tastatur drücken, wann immer sie eine Verhaltensweise sähen, die das Potenzial habe, zu einem Problem oder Fehlverhalten zu führen. Durch die Beobachtung der Augenbewegungen der Proband*innen konnten die Studiendurchführenden feststellen, dass die Pädagog*innen ihren Blick sehr viel länger auf den Schwarzen Jungen ließen und ihn strenger bewerteten als die anderen Kinder. Zeitgleich zeigte sich, dass Schwarze Pädagog*innen besonders streng mit den Schwarzen Kindern waren, vermutlich um diese auf eine angenommene »harsche« Welt vorzubereiten.[10]

Das Ergebnis der Studie war, dass implizite Biases nicht erst mit Schwarzen Männern und der Polizei zu wirken begannen. Sie beginnen, laut des Ergebnisses der Studie, mit Schwarzen Vorschüler*innen und ihren pädagogischen Bezugspersonen, falls nicht sogar schon früher. Implizite Biases seien wie der Wind, so der Psychologie-Professor Walter S. Gilliam[11], »du kannst sie nicht sehen, aber du kannst die Effekte spüren«.

Pädagog*innen, die mit Kindern arbeiten, müssen sich ihrer Vorurteile bewusst sein und sich dahingehend kritisch hinterfragen. Denn diese impliziten Einstellungen färben die Art und Weise, wie sie in Beziehung mit den Kindern treten.

Biases wie der Mini-Me-Effekt (auch Ähnlichkeits-Bias genannt:

Menschen, die mir ähnlich sind, empfinde ich als sympathischer; bewerte sie positiver)[12], der Blind-Spot-Bias (Wenn ich davon ausgehe, dass ich unvoreingenommen bin, entgehen mir meine unbewussten Perspektivverengungen.) oder der Gender-Bias (Wenn ich an Erzieher*innen denke, welche Bilder habe ich im Kopf?) verhindern einen offenen Blick auf die Welt, auf Situationen oder Menschen.

Sich dies bewusst zu machen, kann schmerzhaft sein, verdeutlicht aber, wie wichtig es ist, sich das zu vergegenwärtigen.

Biases in Bildungseinrichtungen

Tebogo: »Ich erinnere mich, dass zu den Elternabenden immer mein weißer Vater ging. Meine Schwarze Mutter lehnte es unter dem Verweis ab, die Blicke und das Schweigen der anderen Eltern nicht aushalten zu können.«

Kitas und Schulen sind keine diskriminierungsfreien Räume. Immer wieder berichten Eltern von rassistischen Erfahrungen, die sie in Kitas und Schulen machen, und der Ohnmacht, die sie häufig verspüren, wenn beim Thematisieren ihrer Erfahrungen, diese als Missverständnisse abgetan werden, ihnen Überempfindlichkeit attestiert wird.

Bisher gibt es kaum Forschungen zu den Rassismuserfahrungen, die Kinder innerhalb der frühkindlichen Bildungsinstitution machen. Internationale Studien belegen, dass alle Kinder, unabhängig von ihrer eigenen Position, unbewusst *weiße* Kinder bevorzugen.[13]

Schon der sogenannte Doll-Test von Kenneth und Mamie Clark, ein sozialpsychologischer Test aus dem Jahr 1942, veranschaulichte deutlich, wie stark Schwarze Kinder rassistische Bewertungen verinnerlicht hatten.[14] Beim ersten »Puppen-Test« wurden 253 Schwarzen Kindern *weiße* und Schwarze Puppen, die sich nur durch die Hautfarbe unterschieden, vorgelegt. Nun sollten die Kinder auf folgende Aufforderungen reagieren: »Zeig mir die Puppe, mit der du gerne spielen würdest! Zeig mir die ›nette‹ Puppe! Zeig mir die Puppe, die ›böse‹ aussieht!« Dabei stellte sich heraus, dass die meisten dieser Kinder bei den positiven Attributen auf die *weiße* Puppe deuteten und bei den negativen Attributen auf die Schwarze Puppe. Dieses Experiment wurde seitdem auch mit *weißen* Kindern und in anderen Ländern mit gleichem Ergebnis wiederholt. Es veranschaulicht sehr drastisch, mit welch negativen Bildern und verinnerlichten Einstellungen Kinder gegenüber Schwarzsein bis heute konfrontiert sind.

Rassismus in der Kita

Bildungseinrichtungen haben den Auftrag, Kinder zur Akzeptanz von Vielfalt zu erziehen. Doch wie soll das gehen? Wie gehen Einrichtungen mit verinnerlichten Einstellungen um? Inwiefern tragen sie eine Mitverantwortung für implizite rassistische Einstellungen von Kindern?

In einer ersten (nicht repräsentativen) Pilotstudie hat das Deutsche Zentrum für Integrations- und Migrationsforschung (DeZim) im Jahr 2022 zwanzig Berliner Familien zu ihren Rassismuserfahrungen befragt. Fehlende und tendenziell negative Identifikationsfiguren in Büchern und Spielen zählten zu den Rassismusmerkmalen, die diese Familien formulierten. Zudem erlebten sie, dass vor allem muslimisch gelesene Elternteile mit rassistischen und sexistischen Zuschreibungen und Projektionen konfrontiert wurden.

Durch die Abwesenheit von positiven Identifikationsfiguren unterstützen Bildungseinrichtungen die »Verstetigung rassistischer Wissensordnungen«[15] und tragen damit zu einem rassistisch konnotierten Weltbild der Kinder bei. In Kinderbüchern würde, so Maisha Auma (2014), zumeist ein positiv konnotiertes westlich-christliches »Wir« einem negativ konnotierten »Rest« gegenüberstehen.[16] Bis heute gibt es kaum Forschung darüber, welche Auswirkungen diese fehlenden Identifikationen und damit das Vorenthalten eines realistischen Abbildes der gesellschaftlichen Diversität auf Kinder, insbesondere BIPoC-Kinder, hat. Und in Konsequenz, dass frühkindliche Einrichtungen ihrem Bildungsauftrag der Vermittlung von gesellschaftlichen Kompetenzen in Bezug auf Diversität und Teilhabe gerecht werden können.

Waren die erwähnten interviewten Eltern mit rassistischen Alltagspraktiken in der Kita konfrontiert, wandten sie verschiedene Strategien an, um mit problematischen Situationen (oder Handlungen oder Sprache) umzugehen. Im Folgenden werden diese kurz dargestellt:

- Hacking: Um potenzielle rassistische Konfrontationen zu umgehen, vermeiden Eltern beispielsweise die Angabe von diskriminierungssensiblen Informationen wie Name, Religion, Herkunft etc.
- Intervention: Eltern schlagen Veränderungsprozesse vor, indem Erzieher*innen auf bestimmte Situationen oder Sprache hingewiesen werden. Einige Eltern bringen beispielsweise eigene diversitätssensible Bücher mit, um positive Beispiele vorzuführen und den Lebensraum ihres Kindes zu verbessern.
- Schadensbegrenzung: Einige Eltern sehen ihre eigenen Limits und fokussieren sich darauf, in ihrem Privatleben rassistische Momente aufzugreifen und zu erklären. Der Fokus liegt hierbei vor allem auf Empowerment.
- Herunterspielen: Um die »guten« Beziehungen zur Kita und den Erzieher*innen nicht zu gefährden, entscheiden sich manche Be-

zugspersonen von Kindern of Color dazu, die rassistische Erfahrung runterzuspielen. Auch da sie mit ihrer eigenen Ohnmacht konfrontiert sind.

- Exit: Als drastische Reaktion kündigen betroffene Eltern den Betreuungsplatz und wechseln die Kita. Andere Strategien wie Hacking oder Intervention waren im Vorfeld bereits gescheitert, sodass das Vertrauensverhältnis zur Kita so zerrüttet wurde, dass ein Verbleib nicht mehr zu verantworten war.

Diese Studie verdeutlicht, wie problematisch die Situation oft ist und in welch machtvoller Position Bildungseinrichtungen sind. Einmal zeigt sich diese durch die individualisierten Methoden, mit denen Eltern auf rassistische Vorfälle reagieren. Es fehlt an ausgearbeiteten Handlungsplänen und Kommunikationswegen. Zum anderen zeigt sich, wie viel Ressourcen Eltern aufwenden müssen, um sich Gehör zu verschaffen und um ihr Kind in der Kita mit diversitätssensiblen Materialien zu umgeben. Sie verwenden viel Zeit, Energie und Kraft darauf auf, problematische Bilder und einseitige Geschichten, die von der Kita vermittelt werden, geradezurücken. Diese Studie zeigt aber vor allem, dass das Ansprechen von Rassismus in der Kita ein Risiko bleibt, das zu einer Kündigung führen kann. Ein krasser, aber durchaus nachvollziehbarer Schritt, wenn wir bedenken, wie klein und schutzbedürftig Kinder in der Kita sind und wie wirkungsmächtig Erzieher*innen in ihrer Position sind.

Wie reagieren Kitas und andere Bildungsstätten, wenn sie auf rassistische Strukturen innerhalb ihrer Einrichtung hingewiesen werden? Hier lassen sich vier Strategien herauslesen:

- 1. Ambivalentes Diversity-Management: Kitas erkennen die Notwendigkeit, Diversitätskriterien umzusetzen, an, entscheiden aber selbst, welche der Kriterien für sie legitim sind, z. B. gender, nicht race.

- 2. Blockieren: Wenn es zu rassistischen Momenten kommt, erleben Eltern, dass häufig vonseiten der Kita blockiert wird. Zudem gibt es keine Verfahrensweise, um das Thema zu bearbeiten. Damit liegt die Last der Arbeit auf einzelnen Individuen.
- 3. Verharmlosung: Wenn pädagogische Fachkräfte Rassismus als strukturelle Diskriminierung nicht erkennen und dessen Wirken verleugnen. Zum Beispiel stellen sie rassistische Erfahrungen infrage.
- 4. Aktive Exklusion: Einige Kitas reagieren bei Beschwerden mit der Auflösung des Kinderbetreuungsvertrags mit der Erklärung, dass das Vertrauensverhältnis durch den Vorwurf beschädigt sei.

Diese Studienergebnisse zeigen, wie wenig Fachkräfte und pädagogische Institutionen sich ihrer Verantwortung für die von ihnen betreuten rassifizierten Kinder bewusst sind. Denn es geht letztendlich ja um den Schutz von Kindern, also um einen ganz konkreten Schutzauftrag. Bevor Institutionen sich mit dem Hinweis auf bereits bestehende Strukturen oder Maßnahmen zurückziehen können, sollten sie sich zunächst folgende Fragen stellen:

- Ist die Bekämpfung von Diskriminierungen und explizit auch Rassismus in unserem Kinderschutzkonzept verankert?
- Haben wir ein Beschwerdemanagement bei rassistischen Vorwürfen und Vorfällen?
- Sind wir ausreichend sensibilisiert und pädagogisch geschult, um Rassismus zu erkennen und auch begegnen zu können?
- Mit welchen Materialien arbeiten wir? Wer wird darin abgebildet und wie?

- Bei Konflikten mit Eltern: Wie können wir Strukturen etablieren, die lösungsorientiert und vor allem kindzentriert sind?
- Was bedeutet Empowerment für alle Kinder in unserer Institution?

Erst wenn Kitas sich selbstkritisch mit ihrer Struktur, ihrem Leitbild und der Realität von Kindern, Elternschaft und Pädagog*innen auseinandergesetzt haben, wenn Pädagog*innen sich ihrer eigenen Schwächen bewusst werden, wenn sie die nötigen Schulungen als Teil ihres Arbeitsauftrags verstehen und erkennen, dass die Sensibilisierung kein nice-to-have-Thema, sondern essentielle Voraussetzung für eine kindeswohlrespektierende Arbeit ist, erst dann kann der gemeinsame Weg in Richtung eines diskriminierungssensiblen Kitalebens gelingen.

Und wie steht es hier um Colorism?

Light-skinned und dark-skinned Schwarze Kinder, die gemeinsam in eine Institution gehen, finden sich häufig in einem Spannungsfeld wieder. Einerseits erkennen sie ihre gemeinsame Positionierung. Dies kann positiv für sie sein und kann dazu führen, dass sie sich annähern. Oder sie erleben dies als einen unangenehmen Moment, der sie zwingt, sich mit ihrem Schwarzsein auseinanderzusetzen, einem Thema, mit dem sie eventuell bisher nicht konfrontiert waren. Gerade wenn sie in mehrheitlich *weißen* Räumen und Kontexten aufwachsen, kann durch die Erfahrung, sich nicht in einem anderen Gegenüber spiegeln zu können, ein dissoziativer Moment entstehen.

Treffen nun zwei Schwarze Kinder aufeinander, kann dies eine herausfordernde Erfahrung für sie sein, die jedoch nicht unbedingt dazu führt, dass sie als Verbündete oder Freund*innen zueinanderfinden. Es ist deshalb wichtig, dass Schwarze Kinder, also marginalisierte Kinder, nicht allein unter *weißen* Kindern aufwachsen müssen. Denn diese Erfahrung trägt zu einer starken Internalisierung und Dissoziation bei.

Insbesondere dark-skinned Kinder stehen im Fokus von Anti-Schwarzem Rassismus. Werden light-skinned Schwarze Kinder Zeugen von Rassismus, werden sie nicht automatisch Solidarität spüren oder eine Ahnung von der rassistischen Dimension einer Aussage oder Handlung haben. Insbesondere wenn sie mehrheitlich Privilegien genießen, könnte es passieren, dass sie zu Mittäter*innen werden oder zumindest zur passiven Masse gehören, die nicht gelernt hat, Rassismus zu verstehen. Entsprechend werden sie nicht als Allies eingreifen.

Hier stehen die erwachsenen Bezugspersonen in Verantwortung, sich die verschiedenen Dimensionen bewusst zu machen und sich folgende Fragen zu stellen:

- Wie heterogen wird Schwarzsein erzählt? Wird Schwarzsein auch entlang von religiöser Vielfalt, Mehrsprachigkeit, Erfahrungsdimensionen erzählt? Beispielsweise sind Schwarze dark-skinned Kinder häufig noch stärker von Unsichtbarkeit in Kinderbüchern betroffen. Entweder werden sie automatisch mit afrikanischen Kontexten assoziiert und entsprechend als fremd und nichtdeutsch gedeutet. Oder sie werden in den deutschen Kontext verortet, jedoch mit Migration, Flucht oder anderen schweren sozialen Themen verknüpft.
- Wie interagiert ihr mit den Eltern der Kinder? Beobachtet ihr an euch Vorannahmen in Bezug auf den Status, Bildungsgrad, Religiosität, Erziehungsstil der Eltern?
- Bemerkt ihr eine größere Nähe zu *weißen* oder light-skinned Elternteilen gegenüber dark-skinned Elternteilen?
- Verunsichert es euch, wenn die Eltern Migrant*innen sind und eventuell nicht fließend Deutsch sprechen?

- Wird die Hautfarbe oder das Aussehen der Kinder thematisiert? Werden sie miteinander verglichen? Entlang welcher Paradigmen? Wird ebenso intensiv über das Aussehen von *weißen* Kindern gesprochen?
- Wenn rassistische Vorfälle geschehen, welche Rolle nimmt Colorism darin ein?
- Beobachtet ihr alle Kinder ähnlich intensiv, oder bemerkt ihr an euch, dass ihr einen Fokus habt? Worauf?
- Zieht ihr in Anwesenheit von Kindern auch Vergleiche zu anderen Schwarzen Kindern, die besonders gut in diesem oder jenem seien?
- Seid ihr der Meinung, dass Schwarze Kinder besonders gut in bestimmten Dingen sind? Oder dass sie sich alle durch bestimmte andere Dinge oder Verhaltensweisen unterscheiden?

Es ist wichtig, sich der internalisierten Biases bewusst zu werden und ihnen zu begegnen. Und auch hier zu erkennen, dass es ein durch Colorism ausgelöstes Ranking gibt und vor allem dark-skinned Kindern öfter unter geringem Selbstwertgefühl[17] leiden, da ihnen sehr viel häufiger positive Rückmeldungen und bestärkende Bilder fehlen und sie generell viel zu selten in ihrem ganzem Sein gesehen werden. Dem entgegenzuwirken ist eine gesellschaftliche Aufgabe, zumindest aber die Aufgabe der erwachsenen Bezugspersonen. Insbesondere auch für pädagogisches Personal ist es wichtig zu wissen, wie unterschiedlich Schwarze Menschen von Rassismus betroffen sind.

Tipps für weiteres Empowerment

Bücher

Für Kinder

- *Sulwe,* Lupita Nyong'o & Vashti Harrison, Zuckersüß, ab 4 Jahre: Sulwe kam mitternachtsfarben zur Welt. Sie ist dunkler als alle in ihrer Familie. Sie ist dunkler als alle in ihrer Schule – und versucht alles, um anders auszusehen. Doch dann begibt sie sich auf eine magische Reise mit den beiden Schwestern Tag und Nacht und lernt, ihre Schönheit zu schätzen.
- *Good Talk,* Mira Jacob, Carlsen, ab 12 Jahre

Für Jugendliche

- *Die Sonne, so strahlend und Schwarz,* Chantal-Fleur Sandjon, Thienemann, ab 14 Jahre
- *Children of Blood and Bone* – Trilogie, Tomi Adejemi, Fischer, ab 14 Jahre
- *Die Göttinnen von Otera* – Trilogie, Namina Forna, Loewe, ab 14 Jahre

Für Erwachsene

- *Sehr blaue Augen,* Toni Morrison, Rowohlt: Eine kraftvolle Auseinandersetzung mit den verheerenden Auswirkungen von Rassismus, Klassismus und Sexismus. Erzählt von einem kleinen Mädchen, das sich nach nichts so sehr sehnt wie nach blondem Haar und blauen Augen. Sie will schön sein wie Kinderstar Shirley Temple.
- *The Darkest Child,* Delores Philipps, Soho Press
- *Schwarze Haut, weiße Masken*, Frantz Fanon, Turia + Kant
- *Wie schön wir waren*, Imbolo Mbue, KiWi Verlag

- *Gott hilf dem Kind,* Toni Morrison, Rowohlt
- *Passing,* Nella Larsen, Macmillian Collector's Library

Filme/Serien

- *Black-ish,* Fernsehserie, Disney+
- *Mixed-ish,* Fernsehserie, Disney+
- *Black is King,* Beyoncé, Disney+
- Disney+: Stichwort: Celebrate Black Stories
- Netflix: Stichworte: Black Stories for Families, Black Stories, Black Stories for Kids

Social Media

- beautifulcolours__/
- carel_caramel/
- rosa_mag/
- eoto_blackyouth/

Vereine

- Each One Teach One e. V. – Initiative Schwarzer Menschen in Deutschland (ISD)
- ADAN e. V. – Afrodeutsches Akademiker Netzwerk
- FOGG e. V. – Future of Ghana Germany e. V.
- Zentralrat der afrikanischen Gemeinde in Deutschland e. V.

Antimuslimischer Rassismus – #SayTheirNames

Mein Name ist Ausländer,
Ich arbeite hier,
Ich weiß, wie ich arbeite,
Ob die Deutschen es auch wissen?
Meine Arbeit ist schwer,
Meine Arbeit ist schmutzig.
Das gefällt mir nicht, sage ich.
»Wenn dir die Arbeit nicht gefällt,
geh in deine Heimat«, sagen sie.

Aus *Mein Name ist Ausländer* von Semra Ertan[1]

Semra Ertan (1956–1982): Lyrikerin, Arbeiterin und politische Aktivistin. Als 14-Jährige kam sie mit ihrer alevitischen Familie nach Deutschland. Und erlebte, welche Demütigungen und Härten türkisch gelesene Migrant*innen in Deutschland ertragen mussten. Am 25. Mai 1982 kündigte sie beim NDR an, in den Hungerstreik zu treten und sich zu verbrennen, um auf die Situation der Gastarbeiter*innen aufmerksam zu machen. »Wenigstens sollen wir hier nicht wie Hunde behandelt werden, von den Deutschen«, sagte sie. »Ich möchte richtig, wie ein Mensch, behandelt sein.«[2] Am Tag darauf verbrannte sie sich öffentlich und starb an ihren Verbrennungen. Semra Ertan gehört zu den ersten Frauen, die den Rassismus in Deutschland anprangerten.

Als nicht-muslimisches Kind in Deutschland aufzuwachsen, bedeutet oft, wenig Kontakt zu muslimischen Menschen zu haben. Stattdessen lebt man nebeneinanderher und nimmt das mangelnde Wissen übereinander nicht als Lücke in der Allgemeinbildung wahr. Es bedeutet, kein Gefühl dafür zu entwickeln, was der Monat Ramadan bedeutet, keine passenden Höflichkeitsfloskeln, die Respekt und Wertschätzung ausdrücken, zu kennen, noch eine Ahnung von der Vorfreude und Freude rund um den Fastenmonat zu haben. Kurz: Viele sind nicht vertraut im Umgang mit Muslim*innen, halten sie für »anders«, »exotisch« oder »gefährlich, ihre Werte, ihre Freuden, ihr Leid für irrelevant für sich selbst, betrachten sie als »undeutsch«.

Zu dieser Bildungslücke tragen unwissende nicht-muslimische Bezugspersonen bei sowie Medien, die mit ihren Inhalten ein gefährliches, einseitiges Bild des Islam zeichnen, da sie die Themen auf Terror, Gewalt und religiösen Extremismus (wie gerade in der Studie *Muslimfeindlichkeit – Eine deutsche Bilanz*[3] einmal mehr bestätigt wurde) verengen.

Aber auch das Bildungssystem spielt eine große Rolle bei der Vermittlung einseitiger Perspektiven. Denn es steuert und gestaltet das Wissen der Schüler*innen und bestimmt, was zum Allgemeinwissen gehört und was eben nicht. Durch die Nichtbeachtung der Bedürfnisse und Lebensrealitäten einer großen Gruppe von Kitakindern und Schüler*innen wird nicht-muslimischen Kindern signalisiert, dass sie dieses Wissen nicht benötigen und ihre Ignoranz legitim ist. Und den muslimischen Kindern, dass ihre Perspektiven und Lebensrealitäten irrelevant und unwichtig sind. Ein fatales Signal an alle Kinder.

Muslimische Kinder, die in Deutschland aufwachsen, werden mit der Realität konfrontiert, von Anfang an als »Erklärbär« und »Islamexpert*innen« für viele Themen herzuhalten. Sie werden als

»exotische« Objekte misstrauisch begutachtet und bewertet. Sie lernen, sich erklären und positionieren zu müssen: zu ihrer (vermeintlichen) Religion, ihrer politischen Haltung, zu Themen wie dem Nah-Ost-Konflikt, zum Fasten etc. Sie durchlaufen ein Bildungssystem, in dem sie und ihre kulturellen Bezüge nicht vorkommen. Die Beiträge ihrer Ahn*innen zur europäischen Geschichte, Wissenschaft, Kunst, etc. werden nicht erwähnt. Im schlimmsten Falle kommt ihre Kultur nur im Kontext von Terror, Antimoderne, religiösem Extremismus zur Sprache. Mit diesem Mangel aufzuwachsen, ständig mit einem Bild konfrontiert zu werden, das die eigene Person, Religion, die eigenen Sprachen und kulturellen Bezüge nur entlang der Gefahr der »Unzivilisiertheit«, der Antithese sieht, entmenschlicht und verletzt muslimische Menschen. Diese einseitige Sicht kann dazu führen, dass sie diese negativen Bilder verinnerlichen, folglich ein geringeres Selbstwertgefühl entwickeln und in der Logik der Self Fulfilling Prophecy lernen, diesem Bild zu entsprechen.

Während wir dieses Buch fertigstellen, veröffentlicht der Bund die oben genannte Studie zum antimuslimischen Rassismus: *Muslimfeindlichkeit: Eine deutsche Bilanz*. Es ist nicht so, dass uns die Zahlen überrascht hätten, auch nicht, wie weit dieser spezielle Rassismus in der gesellschaftlichen Mitte angekommen ist. Als nichtmuslimische Schwarze Frauen sehen wir, was wir nicht sehen. Wer in dieser Gesellschaft, auf welche Art und Weise bestimmte politische Diskurse steuert. Welche Gesichter wir in Filmen und Serien sehen können. Wir wissen, was unseren Kindern in unseren Schulen nicht beigebracht wird, weil dem kein Wert zuerkannt wird. Wir wissen, wie es um die Aufarbeitung von terroristischen »Einzeltaten«, seien es die der NSU, der Anschlag in Hanau oder andere, steht. Bis heute hängt eine riesige Wolke voller Fragezeichen über diesen und anderen antimuslimischen, rechtsextremen Taten. Bis heute werden Angehörige mit ihrer Trauer, mit dem Staatsversagen leben müssen. Und als rassifizierte Menschen wissen wir, dass auch mit der Diffamierung und Beleidigung von uns und unseren Kindern Wählerstimmen zu gewinnen sind.

Zwischen Selbst- und Fremdpositionierung

*Zakariya: »Die Selbstbezeichnung ›Muslim*in‹ wird zunehmend auch von jenen in Gebrauch genommen, die sich nicht dezidiert als Muslim*innen im religiösen Sinne definieren, sondern aus der Erfahrung heraus, in Deutschland als Muslim*innen wahrgenommen zu werden. Sie knüpfen an den rassifizierenden Diskurs an, der sie zu Muslim*innen macht, und setzen sich mit der Eigenbezeichnung ›Muslim*innen‹ zur Wehr. Andere wiederum lehnen die Adressierung ab, distanzieren sich davon und/oder machen darauf aufmerksam, dass es andere Aspekte ihrer Identität gibt, die relevanter sind oder zumindest genauso wichtig, um die Komplexität ihrer Identität abzubilden.«*

Viele Menschen of Color werden rassifiziert und aufgrund ihrer äußeren Erscheinung als Muslim*innen fremdpositioniert und mit entsprechenden Projektionen belegt. Der Islam wird zum ultimativen Referenzpunkt für diese so positionierten Menschen gemacht. Sie werden zu »Muslim*innen« gemacht. Dies geschieht losgelöst davon, ob sie religiös sind oder nicht, ob sie überhaupt einer muslimischen Glaubensgemeinschaft angehören oder nicht, unabhängig davon, wie sie sich selbst positionieren.

Zakariya: »Ich bin Vegetarier, bin sehr spirituell, lerne Saxofon, bin praktizierender Muslim, ich bin Vater, Sohn, Enkelkind, ich koche sehr gerne. Ich weiß nicht, wie ich in zehn Jahre auf so eine Frage (nach meiner Selbstbezeichnung) antworten werde, weil ich mich in einer gesellschaftlichen Debatte bewege, die bestimmte Erwartungen auf mich projiziert. Das heißt, ich bin neugierig, weil diese Kategorien sich verändern. Früher hätte ich als Selbstbeschreibung einfach gesagt: ›Ich bin Ausländer.‹«

Einige Menschen of Color positionieren sich ganz bewusst als Muslim*a. Als spirituelle und religiöse Menschen teilen sie mit einer globalen, muslimischen Glaubensgemeinschaft kulturell-religiöse Vorstellungen und spirituelle Praktiken. Andere wiederum positionieren sich als Muslim*a, indem sie sich die Zuschreibung aneignen und die auf sie projizierten rassistischen Bilder und Vorstellungen infrage stellen.

Ozan Zakariya Keskinkılıç ist Lyriker und Politikwissenschaftler. Er lehrt und forscht u. a. zu antimuslimischem Rassismus, zu Antisemitismus und Orientalismus, setzt sich in seinen lyrischen Arbeiten mit Themen wie Liebe, Gott, Religion und Sex auseinander, spricht gerne über seine Koch-Leidenschaft und bereichert die Welt der Sozialen Medien mit Wortgeschenken und Beobachtungen, garniert mit einer Portion Ironie und Vulnerabilität. Doch mehr noch interessierte uns seine Perspektive als Vater und Sohn, der mit dem Schweigen der Elterngeneration aufwuchs, die ihre Migration mit dem hohen Preis schwerer Arbeit und der Demütigungen durch offenen Rassismus bezahlte. Er teilt die Kindheitserfahrungen, diese Ungerechtigkeiten mit eigenen Augen zu sehen und in beschämter/zärtlicher Haltung die Eltern durch das Schweigen schützen zu wollen. Es war empowernd zu erfahren, wie Zakariya dieses Schweigen gebrochen hat und mit seinem Kind neue Traditionen und Wege findet, über das Aufwachsen und Leben in Deutschland zu sprechen.

Wir werden uns bei der Thematisierung des antimuslimischen Rassismus auf Kinder und Jugendliche of Color fokussieren, weil sich hier die Diskriminierungen besonders stark zeigen. Dass nicht alle Kinder, die mit dem Label »muslimisch« markiert werden, tatsächlich muslimisch sind bzw. sich als religiös betrachten, zeigt, wie diese Diskriminierungsform wirkt: Es handelt sich häufig eher um Projektionen, die Individuen und ihren komplexen Bezügen nicht gerecht wird.

Marwa El-Sherbini wurde am 1. Juli 2009 von einem Rassisten im Landgericht Dresden mit 18 Messerstichen im Gerichtssaal ermordet. Ihr ungeborenes Kind und sie starben an dem Ort, wo sie sich gegen den Rassisten zur Wehr setzen wollte. Ihr Mann, der ihr zur Hilfe eilte, wurde irrtümlich mit dem Täter verwechselt und dabei von der Polizei lebensgefährlich verletzt. Ihr dreijähriger Sohn musste das alles miterleben. Bis heute gilt dieser Tag als Tag gegen den antimuslimischen Rassismus, um Marwa El-Sherbini zu gedenken und auf die tödliche Dimension dieser Rassismusform hinzuweisen. Gleichzeitig verweist dieser Tag aber auch auf den Widerstand, den Betroffene leisten, und den Preis, den sie mitunter dafür bezahlen.

Wovon sprechen wir hier eigentlich?

Wenn wir über die Erfahrungen von als muslimisch (fremd)positionierten Menschen of Color sprechen, merken wir, wie unpräzise und schwammig die Bezeichnungen sind, mit denen gerade auch in den Medien gearbeitet wird. So wird von »ausländischem« Aussehen gesprochen oder von »südländischem« Typ, wenn es um die Beschreibung potenzieller Täter*innen of Color geht. Wenn muslimisch positionierte Menschen zu den Opfern von Straftaten zählen, so lesen wir häufig vom »Migrationshintergrund« der Opfer. Dann wird der Vorfall als »rechtsextrem« oder auch »fremdenfeindlich« beschrieben. Doch ist z. B. der Begriff »fremdenfeindlich« tatsächlich zutreffend? Handelt es sich dabei nicht viel mehr um eine rassistische Zuschreibung, die Menschen of Color entlang von Othering und Rassifizierung erfahren? Um in diesen Wirrwarr der Begrifflichkeiten etwas Klarheit zu bringen, möchten wir hier auf die häufigsten eingehen.

Antimuslimischer Rassismus (auch Muslimfeindlichkeit)

Rassismus operiert damit, rassifizierten Menschen bestimmte Eigenschaften zuzuschreiben und konstruiert sie so als homogene Gruppen. Auf muslimisch positionierte oder gelesene Menschen wird projiziert, einheitlich und unveränderlich rückständig und bedrohlich zu sein. Die Ablehnung beginnt mit der Kulturalisierung von muslimisch gelesenen Menschen: »Sie sind soundso aufgrund ihrer muslimischen Kultur/aufgrund des Islam.« Gesellschaftliche Verhältnisse werden so entpolitisiert: Mit der Aussage »XYZ leben segregiert und schotten sich ab« wird beispielsweise die wohnungspolitische Dimension unterschlagen, die aufgrund bestimmter Rahmenbedingungen wie der Mietpreisentwicklung oder der schwachen Infrastruktur(en) Menschen mit geringem Einkommen dazu bringt, in bestimmte Gegenden zu ziehen. Dadurch werden die so Markierten als »fremd/undeutsch« konstruiert. Diese Zuschreibungen haben reale machtpolitische, gesellschaftliche und strukturelle Auswirkungen, die sich beispielsweise auch auf dem Arbeitsmarkt zeigen.

Fremdenfeindlich/ausländerfeindlich

In journalistischen Artikeln wird häufig weiterhin bei Anfeindungen gegen Menschen of Color von »Fremdenfeindlichkeit« oder »Ausländerfeindlichkeit« gesprochen. Seit den 1970er-Jahren umschrieben beide Begriffe rassistische Angriffe oder Anschläge gegen zunächst sogenannte Gastarbeiter*innen, später auch andere Menschen of Color. Doch beide Begriffe sind irreführend, da die Straftaten sich gegen »nicht-*weiße*« Menschen richten. Die Nationalität der Opfer und deren Aufenthaltsstatus konnte den Tätern gar nicht bekannt sein. Diese Form der Gewalt richtet sich darum auch nicht gegen *weiße* Menschen aus, z. B. Frankreich oder Schweden. Beide Begriffe negieren die Verwurzelung der Taten im Rassismus und in der rassistischen Logik einer Gesellschaft, die Menschen of Color nicht als Teil der bundesdeutschen Gesellschaft anerkennt.

Rassifizierung

Ein Grundelement des Rassismus ist die »Erfindung« der Klassifizierung nach Hautfarben und deren hierarchischen Bewertung. Die rassistische Logik zieht durch das Spektrum menschlicher Hautfarben willkürliche Grenzen, die Hauttöne Gruppen zuordnen. Den so konstruierten Gruppen werden, *»...bestimmte soziale, kulturelle und religiöse Eigenschaften und Verhaltensmuster zugeschrieben. Die auf diese Weise hergestellten Unterschiede werden dann verallgemeinert, verabsolutiert, hierarchisiert und ebenfalls – und zwar aus einer Machtposition heraus – als naturgegeben deklariert.«*[4] In der Verschränkung des Christentums mit dem *Weiß*sein wird der Islam als Gegenpol konstruiert und dem Christentum entgegengestellt. Während das Christentum und als Christ*innen markierte Menschen (unabhängig ihrer tatsächlichen Religiosität) als kultiviert, friedlich, modern, kritisch, friedvoll dargestellt werden, werden nicht-christliche Menschen als Schwarz codiert und gegenteilig konstruiert. Und zwar losgelöst von der brutalen christlichen Geschichte, die blutige Glaubenskriege (Kreuzzüge, Reconquista et al), die Kolonisierung der Welt, die Durchführung und Legitimierung des transatlantischen Sklavenhandels, den Genozid an den indigenen Menschen in den Amerikas sowie den deutschen Genozid an den europäischen Jüd*innen und Rom*nja und Sinti*zze umfasst.

Moslem*in oder Muslim*a? (auch Muslim*in)[5]
Viele muslimisch positionierte Menschen präferieren Muslim*a als Selbstbezeichnung und lehnen die veraltete Form »Moslem*in« ab. Beide Begriffe beschreiben Menschen, die dem Islam zugehörig sind. Der Ursprung der Begriffe findet sich im Koran und beschreibt Menschen als »muslim – der sich Gott ergibt«. Die unterschiedlichen Wortausprägungen können auch auf die Übertragungswege des arabischen Wortes (ins Englische und von dort) ins Deutsche zurückgeführt werden.

Bildungsinstitutionen als Orte des Problems

Kitas und Schulen sind wichtige Orte im Leben aller Schüler*innen. Dort begegnet sich ein Querschnitt der Bevölkerung, dort streiten und versöhnen sich Freund*innen und dort erhalten Kinder die ersten Lektionen über die Gesellschaft und ihre Funktionsweisen. Wie sehen meine Erzieher*innen aus? Wer ist mit mir in einer Gruppe, wie heißen die anderen Kinder und ihre Eltern? Welche Lieder singen wir, welche Spiele spielen wir, welche Geschichten lesen wir oder werden uns erzählt?

Bildungseinrichtungen spielen eine zentrale Rolle darin, wie Kinder das große Ganze, also die Gesellschaft und in welcher Beziehung sie zu ihnen und ihrem Mikrokosmos steht, begreifen. Werden sie als zugehörig und wertvoll betrachtet? Falls ja, dürfen sie sein, wie sie sind, oder müssen sie einem Bild entsprechen, das ihr Gegenüber von ihnen zeichnet? Empowerment beginnt sehr früh. Und zwar indem wir einen Blick in die Schulen und Kitas werfen, klassische Diskriminierungssituationen entlarven und versuchen, es besser zu machen.

Um herauszufinden, ob Kinder bereits zu Beginn des Kindergartenalters antimuslimische Tendenzen haben und rassistisches Wissen internalisiert haben, müssen wir etwas abstrahieren. Leider gibt es bis heute keine Studie, die minderjährige und jüngere Kinder empirisch zu diesem Thema untersucht hat. »Auch generell besteht eine Forschungslücke sowohl in Bezug auf die Reproduktion als auch auf das Erleben von Rassismus in der Kindheit in Deutschland.«[6] In den USA konnte bei dem Dolltest (siehe Kapitel *Anti-Schwarzer Rassismus. Sehe ich, was ich nicht sehe?*) internalisierter anti-Schwarzer Rassismus von drei- bis fünfjährigen Kindern beobachtet werden. Doch wie verhält es sich mit den verinnerlichten Bildern zu muslimisch gelesenen Menschen? Bis heute wissen wir, dass Kinder bereits ab einem Alter von drei bis sechs Monaten Menschen phänotypisch unterscheiden können. Diese Unterscheidung ist noch mit keiner Wertigkeit belegt. Sie erkennen lediglich, wer ihren Bezugspersonen mehr oder weniger ähnelt. Ab einem Alter von drei bis fünf Jahren ändert sich das.

Doch bis heute können wir davon ausgehen, dass Kinder heute bereits im zarten Alter von drei Jahren Vorannahmen über die vermeintlichen Einstellungen von Muslim*innen und muslimisch gelesenen Menschen haben.

Im Kindergarten

Kindergärten und Kitas sind die Orte, die neben den familiären Räumen erste gesellschaftliche Bilder und Bewertungen vermitteln. Was Kinder hier sehen, hören und besprechen, bietet ihnen wichtige Referenzpunkte, dient ihnen zur Einordnung ihrer Mitmenschen und zur Konstruktion ihrer Welt. Dabei spielen ihre Erzieher*innen eine wichtige Rolle. Sie sind Gate-Keeper zur Vermittlung erster Bilder unserer Gesellschaft: Sie kuratieren den Alltag der Kinder, erklären ihnen die Welt und vermitteln ihnen, was normal ist oder nicht.

Bis heute fehlt es an vielen Orten der frühkindlichen Bildung auch an Materialien: *»Bücher und Spiele, in denen eine plurale Gesellschaft und vielfältige Identitäten abgebildet werden und beispielsweise muslimische Menschen auch als positiv besetzte Hauptfiguren vorkommen, sind gerade im Kindesalter wichtig.«*[7] Und leider liegt es noch immer zu stark an einzelnen, interessierten Pädagog*innen, diese Materialien zu erwerben und allen Kindern zugänglich zu machen. Denn der Umgang mit diesen Spielen und Büchern ist nicht nur wichtig für die muslimisch gelesenen und positionierten Kinder, für die er einen wertvollen stärkenden Effekt hat, vielmehr profitieren auch nicht-muslimisch positionierte Kinder von ihrer Horizonterweiterung, die ihnen wichtige Kompetenzen im Umgang mit einer diversen Gesellschaft mit unterschiedlichen Meinungen und Perspektiven vermittelt.

In der Einrichtung verengt sich das Thema »Islam« oder »Muslim*innen« oft allein auf den Kontext Religion. So etwa, wenn es um Essensvorschriften oder das Feiern von religiösen Feiertagen (Eid) geht. In diesen eng gedachten Themenkomplexen variiert der Umgang der Einrichtung zwischen Anerkennung und Umsetzung oder Ablehnung und Abwertung.[8]

Auch die Eltern und andere enge Bezugspersonen erleben antimuslimischen Rassismus. So berichten Mütter of Color, dass ihre Söhne häufiger als andere als »Pascha« oder »Macho« tituliert würden und sie häufiger dazu aufgefordert werden, ihre Kinder früher abzuholen, in der Annahme, dass sie nicht erwerbstätig wären. Zudem würde Fehlverhalten ihrer Söhne kulturalisierend bewertet: Er helfe nicht mit, weil das in seiner Kultur halt nicht gemacht wird. Ihn entsprechend eines Fehlverhaltens zu bewerten, wie es bei anderen Kindern gemacht werden würde, entspricht der antimuslimischen Logik.[9]

Praxisbeispiel: Kinderlieder

Wenn Musik-Pädagog*innen und -Lehrkräfte mit Kindern arbeiten, geht es darum, diesen Freude an der Musik zu vermitteln, ihnen den Zugang zur (auch klassischen) Musik zu ermöglichen.

In althergebrachter Tradition findet sich bis heute in vielen Liedgutsammlungen folgendes Kinderlied, das auch gerne im Musikunterricht zum Einsatz kommt:

C-A-F-F-E-E
trink nicht so viel Kaffee!
Nicht für Kinder ist der Türkentrank,
Schwächt die Nerven, macht dich blass und krank.
Sei doch kein ~~Muselmann~~,
der ihn nicht lassen kann.

Das Lied strotzt von antimuslimischem Rassismus. Durch Kinderlieder wie dieses erklärt sich schnell, wie aus neutralen Nationalitätenbeschreibungen wie »Türke« ein Schimpfwort entstehen konnte. »Türkisch sein« und »muslimisch sein« werden hier zum Synonym zusammengeführt, und dabei wird ein Mensch umrissen, der sich willenlos dem Kaffee ergibt, einem Getränk, das im Zeitalter des Osmanischen Reichs als uneuropäisch und entsprechend kulturlos, gefährlich und krankmachend konstruiert wurde.

Wie wird sich ein Kind fühlen, das türkische oder muslimische Bezüge hat, wenn es dieses Kinderlied singen soll? Was lernen alle anderen Kinder über türkische und muslimische Produkte und Trinkgewohnheiten? Welche Gefahrenbilder und damit Ängste werden in Kindern mit diesem Lied heraufbeschworen?

Es gilt, die alten Liedergutsammlungen kritisch zu durchforsten und zu schauen, welche Texte wir darin vorfinden.

In der Schule

Zakariya: »Ich war Erklärbär, ich musste erklären: Wer ist Saddam Husein? Wer ist Osama bin Laden? ... Man musste plötzlich dem weißen Deutschen die Angst nehmen und erklären: Was ist der Islam, was sind Sunniten, was sind Schiiten, usw. Wir müssen ja permanent solche Fragen, die auf uns herabprasseln, beantworten, müssen erklären, was steht denn im Koran, wie stehst du zum Kopftuch und zur Beschneidung ...«

Klassenzimmer sind keine machtfreien Räume. Immer wieder berichten Kinder und Jugendliche of Color, die als muslimisch gelesen werden, davon, als Expert*innen für alle möglichen geopolitischen, ethischen oder religiösen Fragen zum Islam, zum Nahostkonflikt, herhalten zu müssen, da dies von den Mitschüler*innen bis zu den Lehrkräften erwartet werde. Doch was macht es mit Kindern und Jugendlichen, wenn sie das Klassenzimmer als einen Raum begreifen müssen, in dem sie auf eine Rolle, auf ein Thema festlegt werden, in dem sie aber ansonsten nicht gesehen und ihre Perspektiven nicht mitgedacht werden?

Sie lernen und begreifen: Wir werden nicht als vielschichtige Individuen gesehen, unsere Familien und anderen kulturellen Bezüge sind hier nicht relevant.

Als Begleitpersonen aller Kinder nehmen Pädagog*innen und Lehrkräfte eine zentrale Rolle in der Vermittlung von Wissen ein. Dies wird zum Problem, wenn sie rassistische Bilder vermitteln, Identitäten auf politische Schlagworte verengen und sich am Othering bestimmter, beispielsweise muslimischer Kinder beteiligen.

Die Causa Ramadan

Am Vorabend der Abiturprüfungen 2023 wurden in Nordrhein-Westfalen die betreffenden Schüler*innen und ihre Eltern darüber informiert, dass die Prüfungen bestimmter Schulfächer aufgrund einer technischen Panne nicht wie geplant stattfinden können, sondern verschoben werden müssen. Als neuer Prüfungstag wurde der Tag des Fastenbrechens festgelegt, der Tag, an dem der im Islam heilige Monat Ramadan, die Fastenperiode, seinen Abschluss fand: im Eid al-Fitr, dem sogenannten Zuckerfest. Über einen Monat fasteten viele der muslimischen Schüler*innen und bereiteten sich unter diesen Bedingungen auf die wichtigsten Prüfungen ihrer Schullaufbahn vor.

Doch nicht nur diese technische Panne erschwerte in diesem Jahr die Feier des Zuckerfestes: Die Eisenbahn- und Verkehrsgewerkschaft (EVG) rief gemeinsam mit Verdi auch genau für diesen Tag zum Streik auf. Alle Züge und S-Bahnen, die von der Deutschen Bahn betrieben werden, standen still. Eine innerdeutsche Mobilität konnte nur über die privaten Anbieter/Betreiber oder eigene Verkehrsmittel stattfinden. Bei aller Solidarität für die Forderungen der Streikenden stellte der unglücklich gewählte Tag nun vor allem für die Eid/Zuckerfest-Feiernden eine Herausforderung dar, denn das Ende des Ramadans nutzen Muslim*a, um ähnlich wie Christ*innen beim Weihnachtsfest ihre Familien zu besuchen und in spiritueller und familiärer Verbindung mit ihren Liebsten zusammenzukommen.

Wenn in der Arena das rote Tuch das Blut des Stiers in Wallung bringt, so sind es in den Klassenräumen die Debatten um die Rolle des Islams oder die des Hijabs. Der Islam und das Kopftuch, beides symbolisiert in Deutschland eine Fremdheit, die es zu bekämpfen gilt. In den Debatten geht es dann darum, ob das Kopftuch in ein deutsches Klassenzimmer gehört oder das Fasten der Schüler*innen während des Ramadans statthaft sei.

*Zakariya: »Ich höre das oft, dass Lehrerinnen und Lehrer im Monat Ramadan muslimische Schüler*innen unter Verdacht stellen, heimlich zu fasten, und neugierig überprüfen, essen und trinken die jetzt was oder nicht, um sie dann daraufhin anzusprechen. Das bedeutet, dass Schüler*innen Schamgefühle im Umgang mit dem Islam entwickeln und insgesamt nicht als Muslim*innen auffallen möchten, weil religiöse Praktiken stigmatisiert werden, weil sie wissen, dass wenn sie als Muslim*innen sichtbar sind, sie wieder als Störfaktor im Schulalltag angesehen werden. Da wird dann bereits vorwurfsvoll an Eltern appelliert, ihre Kinder nicht zum Fasten zu ›zwingen‹, dann geht's darum, Alarmsignale zu senden und das Bild einer gesundheitsschädlichen Religionspraxis zu bemühen. Das zieht sich wie ein roter Faden durch den Schuldiskurs. Es gibt kaum Sensibilität dafür und wieder tauchen Verdacht, Stigma, Problem, Scham auf und das alles macht was mit diesen Schüler*innen.«*

All diese Fälle verdeutlichen exemplarisch die antimuslimische Haltung in Deutschland. Dabei ist die Situation paradox: Obwohl die verschiedenen muslimischen Glaubensrichtungen nach den beiden christlichen Kirchen (katholisch und evangelisch) die drittgrößte Glaubensgemeinschaft darstellen, wird immer wieder die Zugehörigkeit des Islams zu Deutschland infrage gestellt. Deutschland sei Teil des »jüdisch-christlichen Abendlandes«, Bezüge, Erbe oder Einflüsse des Islam möchten viele Menschen bis heute nicht anerkennen. Doch die Statistik zeigt sehr deutlich: Der Islam gehört zu Deutschland und den hier lebenden Personen.[10]

Zakariya: »Es lohnt sich daher, wegzukommen von der kontinuierlichen, auch politischen, Infragestellung der Zugehörigkeit des Islams zu Deutschland[11] *und sich hin zu einem neuen Umgang zu orientieren. Wir sollten nach Antworten suchen, wie wir mit religiöser Diversität umgehen möchten. Und wie wir antimuslimischem Rassismus begegnen und entgegentreten können. Im muslimischen Kontext gibt es zwei hohe Feiertage: das Opferfest und das Zuckerfest. Wäre es nicht möglich, diese beiden Feste im Prüfungskalender zu berücksichtigen? Denn wir wissen schon jetzt, wann die Ramadanfeierlichkeiten in den nächsten Jahre stattfinden werden und könnten diese undogmatisch und niedrigschwellig bei der Planung des Schuljahres und der Festlegung der Prüfungstermine berücksichtigen.«*

Das Bild des Islam/der Muslim*innen in Schulbüchern

Der Bericht *Muslimfeindlichkeit – Eine deutsche Bilanz* wurde vom Unabhängigen Expert*innenkreis Muslimfeindlichkeit (UEM) erarbeitet, den das Bundesinnenministerium nach dem rassistischen Anschlag in Hanau 2020 einberufen hat. Die Politologin und Publizistin Saba-Nur Cheema, die als Expertin zum unabhängigen Expertenkreis Muslimfeindlichkeit (UEM) der Bundesregierung berufen wurde, schrieb anlässlich seines Erscheinens im Juni 2023:

*»Ich würde mir wünschen, dass im Bildungsbereich Muslimfeindlichkeit als Problem adressiert wird, aber leider sind wir noch weit davon entfernt: So trägt z. B. die Schule eher dazu bei, dass antimuslimische Narrative verbreitet werden. Neben den verbalen Anfeindungen, die insbesondere kopftuchtragende Schüler*innen von Mitschüler*innen und sogar Lehrkräften erleben, sind es auch die Materialien selbst. So zeigt eine Studie, die wir für den UEM in Auftrag gaben, dass der Islam und Muslim*innen in Schulbüchern vor allem dann vorkommen, wenn es um Gewalt, Terror und Integrationsschwierigkeiten geht.«*[12]

Doch welches Wissen vermitteln Schulen bezüglich des Islams und Muslim*innen? Welchen Bildern und Themen sind Schüler*innen ausgesetzt? Das Georg-Eckert-Institut untersuchte im Jahr 2011 Schulbücher für die Fächer Sozialkunde und Geschichte aus verschiedenen europäischen Ländern.[13] Und kommt zum Ergebnis, dass der Islam grundsätzlich in all diesen Lehrwerken als eine religiöse Praxis mehrheitlich im Kontext von Konflikten und Gewalt beschrieben wird. »Muslim*innen sind alle religiös und die Ewigfremden« könnten die Ergebnisse der Studie polemisch zusammenfassen. Dabei wird der Islam als antiquierte und unveränderliche Religion dem modernen Europa gegenübergestellt. Es werden Gegensätze ohne jegliche Ähnlichkeit oder Überschneidung konstruiert.

Die Beiträge der islamischen Welt zur europäischen Kultur werden nur punktuell gesehen und meist auf das Mittelalter (bis zum 15. Jahrhundert) beschränkt. Danach findet der Islam erst ab dem 20. Jahrhundert wieder Erwähnung entlang von »Entkolonialisierung, Nahostkonflikt, internationalem Terrorismus, Islamismus, ›neue Weltordnung‹ und ›Kampf der Kulturen‹«[14].

*Zakariya: »Die Ungleichbehandlung und die Realisierung, nicht zugehörig oder ›falsch‹ zu sein, ist strukturell im Bildungssystem verankert. Da geht es darum: Welches Wissen wird vermittelt, was wird als Wissen anerkannt? Wessen Geschichten sind präsent und wessen nicht? Ich habe mich immer als Gast im Klassenzimmer gefühlt, obwohl klar war: Ich bin hier, ich lebe hier, ich werde hier bleiben, ich werde eine Zukunft hier aufbauen. Aber ich werde ja permanent adressiert als Gast, nicht im positiven Sinne, sondern als unerwünschter Gast, als Nichtzugehöriger. Also findest du dich in einem Klassensaal wieder, der nicht für dich konzipiert ist, in dem du nicht begriffen werden kannst, und deshalb störst du, deshalb werden Muslim*innen als Störelemente betrachtet und behandelt. Dann kommt es zur selffulfilling prophecy, wenn Kinder andere Narrative mitbringen, die kein Gehör finden in den hegemonialen Meistererzählungen. Können ihre Geschichten, Erinnerungen und Erzählungen überhaupt verstanden werden? Wie erzählen wir Weltgeschichte, wer taucht auf, wer nicht? Wer ist Akteur, wer ist stets passiv? Mit uns rassifizierten Menschen wird ja scheinbar immer Geschichte gemacht. Wir sind nur Objekte und Randnotizen, aber in Europa und Deutschland* *agieren Subjekte, die Geschichte machen. Oder wir Muslim*innen tauchen auf im Kontext von Gewalt, Krieg, Kreuzzüge, Türken vor Wien usw. Es sind solche Ereignisse, solche apokalyptischen Szenarien, bei denen Muslim*innen wie der Antichrist erscheinen, sie werden bekämpft und besiegt. Aber sonst existieren sie nicht außerhalb dieser Rolle. Was wird denn gelehrt an muslimischen Perspektiven aus Geschichte, Wissenschaft, Kunst, Philosophie oder Lyrik?«*

Zwölf Jahre nach der Studie hat sich leider nicht viel geändert. Eine Studie aus dem Jahr 2023 fand in nur 50 von 761 untersuchten Schulbüchern die Thematisierung von Muslim*innen als Opfer gesellschaftlicher Missstände wie Rassismus oder Muslimfeindlichkeit.[15] Noch immer dominieren in den deutschen Schulbüchern einseitige und negative Bilder über Muslim*innen in Deutschland, wird der Islam weiterhin mit verengten Schwerpunkten thematisiert.

Folgende Reflexionsfragen bieten sich für den Geschichts- oder Gesellschaftskundeunterricht an:

- Wie wird Geschichte unterrichtet? Gibt es ein kollektives »Wir«, das sich in Geschichte niederschlägt: unsere Errungenschaften und Siege vs. deren Unterwerfungen und Niederlagen, unsere (Hoch-)Kultur(en) vs. deren veraltete, weniger entwickelte Kulturen.
- Welche Perspektiven werden im Geschichtsunterricht eingenommen?
- Welche Sprache wird im Geschichtsunterricht verwendet? Wird z. B. von Unterwerfung, »Entdeckung« von Menschen, Nationen, Völkern gesprochen? Wird dies problematisiert? Werden alternative Lesarten von Geschichtsereignissen gesprochen? Wird auf Widerstand hingewiesen?
- Wird mitgedacht, dass Kinder mit anderen geopolitischen Bezügen sich entmenschlicht/erniedrigt fühlen und widerständig ge-

gen diese Erzählungen reagieren könnten bzw. sich als schwach, historisch als »Verlierer« und dadurch als Opfer fühlen könnten?

- Erzählen wir auch deutsche Geschichte unter Einbeziehung der Beiträge von Menschen of Color?
- Sprechen wir über Diskriminierungen und Rassismus als Problem des gesellschaftlichen Systems und darüber, wie dies die Lebensbedingungen von Menschen in Deutschland bis heute prägt?
- Sind NSU, der Anschlag von Hanau und struktureller Rechtsextremismus (rassistische/rechtsextreme Chats bei der Polizei, Waffenfunde bei der Bundeswehr) Unterrichtsthemen? In welchen Fächern?
- Wie wird der Islam dargestellt?
- Werden Muslim*innen auch als deutsche Staatsangehörige verstanden?
- Kennt ihr relevante muslimische Feiertage? Plant ihr diese in euer Curriculum ein?

Wie finden wir einen Umgang mit einer zunehmend säkularen Gesellschaft? Immer mehr Kirchenaustritte verdeutlichen einen Wandel, immer weniger Menschen kennen die religiöse Bedeutung von Feiertagen. Viele nicht-religiöse Menschen genießen die christlichen Feiertage einfach als zusätzliche Urlaubstage. Und wie verhält es sich mit nicht-christlichen Religionen? Welche Fragen müssen wir uns als Gesellschaft stellen, um eine Säkularisierung zu erreichen, die nicht islamfeindlich ist? Wie gehen wir als Gesellschaft mit den vielfältigen religiösen Bedarfen um? Auch in anderen Staaten gibt es Überlegungen, weltliche Feiertage gesetzlich zu verankern. Die Berliner Landesregierung legte beispielsweise 2019 den Internationalen Frauentag als gesetzlichen Feiertag fest – das zeigt, welch alternative Möglichkeiten eine Gesellschaft in der Gestaltung ihrer Feiertage hat.

Bias revealed: Die »*Hatice vs. Hannah und Murat vs. Max*«-Studie

Als 2018 mit dem Erscheinen der *Hatice vs. Hannah und Murat vs. Max*-Studie[16] wieder einmal der Rassismus innerhalb der Bildung offensichtlich wurde, rief Ali Can #MeTwo ins Leben, unter dem sich schnell viele Erfahrungsberichte sammelten.[17] Hier exemplarisch zwei davon:

»4. Klasse, es geht um weiterführende Schulen. Ich bin Klassenbeste. lehrerin empfiehlt hauptschule, damit ich ›unter gleichgesinnten‹ bin. eltern können kaum deutsch und vertrauen lehrerin. bekannte greift zum glück ein. 5. klasse: ich bin klassenbeste auf dem gymnasium.«

»Mein Mann Hauptschul-Empfehlung wg. ›Hautfarbe‹. Nach Hauptschulabschluss: Schreinerlehre, Realschulabschluss, Abi, Diplom, Diplom, Magister, Promotion, Professur. #MeTwo«

Diese Beispiele illustrieren nicht nur, wie weitverbreitet dieses »Phänomen« ist, sondern auch was es letztendlich für die einzelnen Personen bedeutet, kontinuierlich fehlbeurteilt zu werden, allein gegen rassistische Beurteilungen und Angriffe von Lehrenden bestehen zu müssen und wegen all dem gezwungen zu sein, zur Erreichung ihrer Ziele so viel mehr Zeit zu investieren.

Seit 2001 nimmt Deutschland an internationalen Schulleistungsvergleichen teil und seitdem wurde immer wieder festgestellt, dass es insbesondere in Deutschland einen Zusammenhang zwischen der Bildungsleistung und der soziokulturellen Herkunft der Schüler*innen gibt.[18] Doch woher stammt diese Schieflage in der Chancengleichheit? Die Überrepräsentanz von migrantisierten Kindern in Förder- und Sonderschulen ist auffällig. Zudem verlässt bis heute eine zu hohe Zahl an Kindern die Schule ohne Abschluss. Diese Zahlen werden gerne mit der Nähe zum Islam erklärt. Dieses Erklärungsmuster wird bis heute medial, politisch und strukturell benutzt, um muslimische Lern-, Leistungs- und Integrationsfragen zu beantworten. Leistungen erhalten Bewertungen, diese aber sind immer teilweise auch subjektiv. Persönliche Sympathien oder Biases, also internalisierte Vorurteile, fließen in die Bewertung ein. Doch wie stark diese ausgeprägt sind und ob diese rassistisch motiviert sind, galt es erst noch zu untersuchen.

Der Anlass für die *Hatice vs. Hannah und Murat vs. Max*-Studie von Bonefeld und Dickhäuser waren wiederholte Berichte und Studien, die eine Verbindung zwischen den sozialen und kulturellen Hintergründen und den schlechteren Bildungsleistungen und -erfolgen sahen. Diese Studie untersuchte also, ob die Schüler*innen mit sogenannten Migrationsbezügen tatsächlich schlechtere Leistungen erbrachten als *weiße* Schüler*innen oder ob die Lehrkräfte einen Einfluss auf deren schlechtere Bewertung hatten. Untersucht wurde anhand standardisierter Tests der Fächer Deutsch und Mathematik, die Grundschüler*innen vorgelegt und anschließend von angehenden Lehrer*innen bewertet wurden. Das Ergebnis zeigte, dass Diktate mit derselben Fehlerzahl unterschiedlich bewertet wurden, und zwar basierend auf dem Namen des Verfassers. So wurde Max' Diktat bei gleicher Fehlerzahl besser bewertet als Murats. Und zwar signifikant. Bezüglich Hatice und Hannah ergab sich zusätzlich eine genderbasierte Stigmatisierung. Hatice wurde also sowohl aufgrund ihres Geschlechts als auch ihrer soziokulturellen Bezüge im Mathematik-Test signifikant schlechter bewertet als Hannah. Anhand dieser Ergebnisse konnte bereits abgeleitet werden, dass migrantisierte Jungen und Mädchen gegenüber den *weißen* Schüler*innen mit härteren Bewertungen zu kämpfen haben und ihnen damit eine schulische Fairness und gleiche Bildungschancen verwehrt werden.

Zum selben Ergebnis kam es auch bei einer weiteren Untersuchung: Über zwei Jahre wurden die Mathematikergebnisse von 1 500 Gymnasiasten untersucht – auch da waren die unfairen Bewertungen ersichtlich:

Als Angehörige von Kindern of Color ist es wichtig, dies im Hinterkopf zu haben und mit den Kindern darüber zu sprechen. Denn wenn Kinder sich im Vergleich mit anderen Kindern aufgrund der verzerrten Bewertungen als »weniger klug und untalentierter« wahrnehmen, sich gar als »chancenlos« einschätzen, dann kann dies langfristige Auswirkungen auf ihre Lernmotivation und ihr Selbstbild haben.

Für Eltern und erwachsene Bezugspersonen stellt sich also bei Irritationen die Frage: Kann ich der Bewertung vertrauen? Vertraue ich der Lehrkraft? Versucht die Ergebnisse mit denen von Klassenkamerad*innen zu vergleichen. Lasst euch im Zweifelsfall die Bewertungsgrundlage von den Lehrkräften erklären, sprecht das Thema an. Und unterstützt und bestärkt eure Kinder.

Mehrsprachigkeit ist (k)ein Geschenk?

Zakariya: »Mit diesem Mangel-Bild wächst du die ganze Zeit auf und versuchst, um zu bestehen, europäisch-christliche Verhaltungsmuster zu adaptieren … Dann musst du fließend Deutsch sprechen und vernachlässigst andere Sprachen. … Die anderen Sprachen [Türkisch, Arabisch, Kurdisch etc.] werden hintenangestellt, die stören. Englisch stört natürlich nicht, Französisch stört natürlich nicht in der Form. Kurdisch stört, Arabisch stört, Türkisch stört.«

Bis heute werden an Bildungsstätten für Bewertungen z. B. für die Empfehlung für die weiterführenden Schulen oder generell von schulischen Leistungen vor allem die Deutschkenntnisse zur Grundlage gelegt. Sprachen, die sozioökonomischen Status haben und zum westeuropäischen Sprachraum gehören, werden als wertvoller bewertet und entsprechend als Zweit- oder Drittsprachunterricht in der Schule institutionalisiert und gefördert. Viele muslimisch gelesene Kinder erfahren in den Bildungseinrichtungen eine negative Bewertung ihrer Muttersprachen. Diese Abwertung erfolgt auf folgende Art und Weise:

- Keine der Erzieher*innen und Lehrkräfte spricht ihre Sprachen.
- Keine Bildungsmaterialien wie z. B. Bücher sind in ihrer Sprache.
- Die eigene Zweit- oder Erstsprache ist nicht institutionalisiert, kann also nicht als Unterrichtsfach vertieft und ausgebaut werden.
- Keine Lieder, Spiele, Geschichten ihrer Kultur und Sprache sind integriert.
- Singen von rassistischen Liedern und Lesen von Geschichten, die negative Stereotype reproduzieren.

Immer wieder berichten Eltern davon, wie ihre Kinder mit dem Eintritt in den Kindergarten begannen, ihre Muttersprache – sei es Arabisch, Kurdisch oder Türkisch – abzulehnen, und darauf insistierten, Deutsch zu sprechen. Generationen von Eltern wurden immer wieder dazu aufgefordert, trotz mangelnder Deutschkenntnisse mit ihren Kindern Deutsch zu sprechen, um ihnen das Erlernen der deutschen Sprache vermeintlich zu erleichtern. Diese Erfahrungen haben eklatante Auswirkungen auf die Eltern und vor allem auf die Kinder. Der Übergang in die Kita/Schule bringt sie in eine ungewohnte und auch traumatische Situation: Ihre Einheit mit ihrer Muttersprache (oder Erstsprache) wird aufgebrochen, indem sie erfahren müssen, dass ihre Eltern nicht mehr in der für sie gewohnten Sprache mit ihnen in Verbindung treten. Sie müssen erleben, wie ihre Eltern versuchen, in einer für sie selbst fremden Sprache mit ihnen zu sprechen. Die Kommunikation mit den Eltern wird plötzlich künstlich, entemotionalisiert, unsicher, unmelodiös. Sie entbehrt der Mehrdimensionalität, der Liebe und der Spielereien, die eine lebendige Sprache enthält. Zur Herzenssprache gehören Lieder,

Geschichten, Wortspiele, Reime, Quatschmachen – eben der kreative Umgang mit ihr.

Doch bis heute erleben viele muslimisch positionierte Kinder von klein an, dass ihre Sprachen als unattraktiv und negativ beschrieben werden. Auch ihre Deutschkenntnisse oder Akzente werden ständig bewertet. Häufig wird ihre Version des Deutschen dem »Mittelschichtsdeutsch«[19] als Standardsprache gegenübergestellt. Doch bei diesem Vergleich werden *weiße* Mittelschichtskinder privilegiert und die Sprachperformance von Kindern of Color immer als geringer und ungenügend bewertet werden. Ein fataler Fehler und bis heute ein trauriger Grund für die komplizierten Beziehungen, die Menschen mit ihrer Mehrsprachigkeit haben.

Im Jahr 2020 kam es in Freiburg zu einer unsäglichen Situation: Eine zu diesem Zeitpunkt neunjährige Schülerin der 3. Klasse wurde von einer Lehrkraft zu einer Strafarbeit verdonnert, da sie mit einer anderen Schulkameradin auf dem Pausenhof türkisch gesprochen hatte. Sie sollte eine Strafarbeit zum Thema »Warum wir in der Schule Deutsch sprechen« schreiben. Der Versuch der Mutter, mit der Lehrkraft in Kontakt zu kommen, fruchtete nicht, sodass die Eltern schließlich vor Gericht zogen. Der Anwalt der Familie legte Widerspruch gegen die Strafarbeit ein. Er sah die Grundrechte der Schülerin verletzt und fragte: *»Würde bei Gebrauch der beispielsweise englischen Sprache oder lateinischen Sprache durch Schüler außerhalb des Unterrichts auf dem Schulgelände während der Unterrichtspause eine entsprechende Straftat verfügt werden?«*[20]

Dieser Widerspruch scheiterte zunächst, doch im Jahr 2022 kam es schließlich zu einem Vergleich zwischen der Familie und dem Land Baden-Württemberg, nachdem das Regierungspräsidium Freiburg einräumte, dass die Strafarbeit »wegen der Benutzung der türkischen Sprache in der Unterrichtspause auf dem Schulhof rechtswidrig war«[21]. Die Allgemeinen Persönlichkeitsrechte des Mädchens waren damit verletzt worden.

Dieses Mädchen geht inzwischen auf ein Gymnasium.

Love is the answer

»Ein junges Mädchen dreht sich mitten in einer Diskussion über islamische Religiosität zu seiner Freundin, die sich rege beteiligt hat, und wundert sich: ›Woher weißt du das alles?‹ Die stolze Antwort: ›Weil ich Muslima bin.‹

Eine Woche später an einem Kreuzberger Gymnasium: Ein Mädchen bedankt sich am Ende des Workshops: ›Danke, dass ihr so nett zu uns wart. Dass wir endlich mal unsere Meinung sagen konnten und dass ihr auf Augenhöhe mit uns diskutiert habt.‹«[22]

Dies sind Szenen aus einem Empowermentworkshop mit Kindern. Hier zeigt sich, wie wichtig es ist, Kompetenzen von marginalisierten Perspektiven ins Zentrum eines Raumes, eines Bildungsortes zu holen. Wenn Englisch eine institutionalisierte Sprache in der Schule ist, profitieren englischsprechende Menschen davon. Zum einen konkret, weil sie über diese Kompetenz bereits verfügen, aber auch strukturell, weil sie für diese Kompetenz mit gesellschaftlicher Anerkennung belohnt werden, dadurch als »gebildeter« gelten. Anders ist es für Menschen, die nichtinstitutionalisierte Sprachen sprechen.

Empowermentkurse, die einen Raum öffnen, erlauben es Kindern, ihre eigenen Kompetenzen einzubringen, diese überhaupt als Kompetenz wahrzunehmen und anderen Kindern darin einen Schritt voraus zu sein. Kinder, die in diesem Fall nicht über ein Vorwissen verfügen, lernen in solchen Momenten beispielhaft, welche Wissensschätze sich jenseits den Schulcurriculums auftun.

Für marginalisierte und migrantisierte, vor allem rassifizierte Kinder (und Erwachsene) ist es auch immens wichtig, Empowerment-Orte zu haben, an denen sie losgelöst von Erklärungsmomenten (die ja auch anstrengend und nicht immer angenehm sind) und Objektivierung sein können. Wo sie sich austauschen, auch mal über verletzende Momente lachen oder Scherze machen können, wo sie eine oder mehrere ihrer Schutzschichten ablegen dürfen.

What's next?

Wie können nicht-muslimische, privilegierte Menschen sich solidarisch zeigen?

Seid Allies! Reflektiert euch, schafft Raum für muslimische Menschen und sensibilisiert euch für euren internalisierten antimuslimischen Rassismus. Denn die Studie *Muslimfeindlichkeit – Eine deutsche Bilanz* zeigt deutlich, wie weit verbreitet dieser spezielle Rassismus ist und wie salonfähig auch in der Mitte der Gesellschaft. Wir alle tragen eine Verantwortung dafür. Und müssen uns daher umso stärker mit uns selbst befassen:

- Was weiß ich eigentlich über die Beiträge der Arbeitsmigrant*innen, den sogenannten Gastarbeiter*innen?
- Kenne ich muslimische Menschen? Falls nein, warum nicht?
- Habe ich schon Bücher gelesen oder Filme, Ausstellungen, Theatervorstellungen gesehen, in denen muslimische Perspektiven verhandelt wurden?
- Wie steht es um mein Allgemeinwissen zum Thema Islam? Wie wohl fühle ich mich mit dieser Wissenslücke?

Werdet Kompliz*innen!

Mohamed Helmy (1901–1982) war ein ägyptisch-deutscher Arzt, der während des Nationalsozialismus in Berlin mehreren deutschen Jüd*innen und anderen Verfolgten dabei half, versteckt zu überleben. Dabei riskierte auch er sein Leben. 2013 wurde er dafür vom israelischen Staat in der Gedenkstätte Yad Vashem als *Gerechter unter den Völkern* ausgezeichnet.

Für muslimisch positionierte Eltern und erwachsene Bezugspersonen stellt das Zuhause oder die muslimischen Communities womöglich die einzigen Orte dar, an denen sie vom antimuslimischen Rassismus pausieren können. Daher möchten wir euch folgende Hinweise geben:

Seid achtsam mit den Inhalten, die aus den Medien strömen. Die Studie zu Muslimfeindlichkeit verdeutlicht einmal mehr, wie negativ mediale Inhalte sind und wie stark sie Vorreiter in der Verbreitung von negativen und einseitigen Geschichten über Muslim*innen sind. Wenn die Medien in Teilen nur negative Bilder über euch kennen, sind sie eventuell nicht für euch gemacht. Scannt und schaut, welche Medien der Lust an einseitigen Geschichten widerstehen. Wo werden eure Geschichten erzählt, mehrsprachige Geschichten erzählt? Denn Unterhaltung dient der mentalen, seelischen Erholung. Nicht der Beschämung und Fremdzuschreibung.

Im Umgang mit Kindern könnten folgende Fragen und Ideen helfen:

- Welche Rolle möchtet ihr in der Gestaltung des Klassenraums oder Kitaraums einnehmen?
- Falls ihr aktiv dabei sein wollt, welchen Beitrag möchtet ihr bei den muslimischen Feiertagen leisten?

- Wie wäre es mit der Gestaltung eines Vorlese-Events, bei dem ihr über eure Sprachen oder Lieblingsbücher sprecht?
- Lest ihr Bücher über muslimische Held*innen? Auch über deutsche muslimische Held*innen. Was haben sie Tolles geleistet? Wie sind sie mit antimuslimischem Rassismus umgegangen?
- Lernt die Wirkweisen von antimuslimischem Rassismus kennen: Wie zeigt sich dieser bei der Arbeits- oder Wohnungssuche, in der Schule oder in der Öffentlichkeit? Sprecht offen darüber und überlegt euch Strategien und Argumente, wie dem begegnet werden kann.
- Sucht Empowerment-Orte auf!
- Lernt zivilgesellschaftliche und politische Organe kennen, die bei rassistischen Erfahrungen weiterhelfen können: die Antidiskriminierungsstelle, Empowerment-Initiativen, Vereine. Sie sind eure natürlichen Allies und unterstützen euch (meist).
- Wenn finanzielle Mittel und Ressourcen dafür vorhanden sind: Reist und haltet euch in Gegenden auf, in denen ihr Mehrheitserfahrungen machen könnt. Hier könnt ihr mal durchatmen!

Ihr wollt mehr? Hier eine Auswahl empowernder (deutschsprachige) Bücher und andere Medien für muslimisch gelesene Kinder und Erwachsene:

Tipps für weiteres Empowerment

Bücher

- *Planet Omar*, Zanib Mian & Nasaya Mafaridik, Reihe im Loewe Verlag, ab 8 Jahre: Typisch Omar! Ein Comic-Roman. Omar ist ein wahrer Experte für Ärger, denn das Pech scheint ihn zu verfolgen. Dabei ist er doch nur ein ganz normaler Junge mit vieeeel

Fantasie! Außerdem müssen einige wichtige Fragen geklärt werden. Zum Beispiel, ob Omar an seiner neuen Schule jemals Freunde finden wird, die Lehrerin nicht doch ein Alien-Zombie ist und warum Moslems während des Ramadan nicht verhungern. Und was kann Omar bloß gegen die gemeine Nachbarin mit ihren Vorurteilen tun?

- *Hugo und Hassan*, Kim Fupz Aakeson & Rasmus Bregnhøi, Klett Kinderbuch, ab 8 Jahre
- *Mein Ramadan-ABC*, Leyla Akinci, Hudhud Verlag, ab 8 Jahre
- *Unsere schönen muslimischen Feiertage*, Marjorie Goeres, Neriman Karadag, & Katharina Smetek, Atfaluna Verlag, ab 3 Jahre
- *Jaffa und Fatima*, Fawzia Gilani-Williams & Chiara Fedele, Ariella Verlag, ab 4 Jahre
- *Moderne Muslimas*, Kerstin Finkelstein-Kabengele & Ayşe Klinge, Jacoby & Stuart, ab 10 Jahre
- *Schamlos,* Amina Bile, Sofia Nesrine Srour, Nancy Herz, Esra Røise, Thienemann Esslinger, ab 13 Jahre
- *Das stolzeste Blau*, Ibtihaj Muhammad und S. K. Ali & Hatem Aly, Atfaluna Verlag, ab 4 Jahre
- *Adam und der besondere Tag*, Leyla Akinci, Hudhud Verlag, ab 3 Jahre
- *Tee mit Onkel Mustafa*, Andrea Karimé & Annette von Bodecker-Büttner, Picus Verlag, ab 6 Jahre
- *Der Wunderkasten*, Rafik Schami und Peter Knorr, Beltz Verlag, ab 8 Jahre

Kalender

- 1. Juli: Tag gegen antimuslimischen Rassismus, in Erinnerung an die getötete Marwa El-Sherbini
- 19. Februar: Zum Gedenken an die Opfer der Anschläge in Hanau am 19. Februar 2020 #SayTheirNames: Gökhan Gültekin,

Sedat Gürbüz, Said Nesar Hashemi, Mercedes Kierpacz, Hamza Kenan Kurtović, Vili Viorel Păun, Fatih Saraçoğlu, Ferhat Unvar und Kaloyan Velkov

Social Media

- @ozkeskinkilic
- @migra_toechter
- @strudelworte
- @dattelbeere
- @hamam_talk
- @yesimhotinthis
- @kakaotschifrau
- @salampixel.de
- @ummati.shop
- @mervellous.com

Biografie des/der Expert*in

© Benjamin Jenak, Veto

Ozan Zakariya Keskinkılıç ist Politikwissenschaftler, freier Autor und Lyriker. Er forscht und lehrt an Berliner Hochschulen u. a. zu (antimuslimischem) Rassismus, Antisemitismus, Orientalismus sowie zu Erinnerung und widerständiger Kunst- und Kulturproduktion. 2021 wurde er als Mitglied in die Expert*innenkommission gegen antimuslimischen Rassismus in Berlin berufen, seit 2020 ist er Beiratsmitglied am Museum für Islamische Kunst. Regelmäßig nimmt Keskinkılıç Stellung zu Themen, u. a. auf Zeit Online, in zdf heute und der Süddeutschen Zeitung. Er ist Mitherausgeber des Sammelbandes *Fremdge-*

macht & Reorientiert: jüdisch-muslimische Verflechtungen (2018), Autor von *Die Islamdebatte gehört zu Deutschland* (2019) und *Muslimaniac. Die Karriere eines Feindbildes* (2021). Neben wissenschaftlichen Texten schreibt er Essays, Prosa, Hörstücke und Lyrik. Im Herbst 2022 debütierte er mit dem Gedichtband *Prinzenbad*.

Antiasiatischer Rassismus – Vorzeigemigrant*innen?

Die Geschichte asiatisch gelesener Menschen in Deutschland bewegt sich schon seit jeher zwischen Unsichtbarkeit, Ausgrenzung und Romantisierung. Asien wird ähnlich dem afrikanischen Kontinent als ein Land betrachtet ohne klare Bezüge, welche Länder überhaupt mitgedacht werden und welche nicht. Wir gehen »asiatisch« essen, dieser und jener sieht wie ein »Asiate« aus? Doch was bedeutet das und woher kommt diese kolonialrassistisch geprägte eurozentristische Perspektive?

Als wir für unser Buch zu recherchieren begannen, fühlten wir uns ebenfalls von diesen Äußerungen ertappt. Wie häufig hatten wir selbst solch unreflektierte Äußerungen getätigt? Welche Kinderlieder hatten wir selbst erlernt und wenig über deren verletzenden Inhalte gegenüber Menschen mit asiatischen Bezügen nachgedacht bzw. verstanden? Wie viel wissen wir von der Heterogenität Asiens? Was wurde uns in der Schule beigebracht?

Als Schülerin hatte ich, Olaolu, das große Glück, in der Oberstufe eine Lehrkraft zu haben, die sich für die Revolutionen verschiedener Weltregionen interessierte. So durfte ich neben dem Klassiker Französische Revolution auch die antikolonialen Kriege und Bewegungen Afrikas kennenlernen. Wir diskutierten über die lateinamerikanischen Unabhängigkeitskriege, analysierten die Russische Revolution und schauten uns auch die Chinesische Revolution an. Dennoch fokussierten wir unseren Blick vor allem auf den Westen und blickten lange und anhaltend in die USA. Asia is a Country? Definitiv, wenn China (Russland ist zwar sowohl Europa als auch Asien zugehörig, aber wird sehr viel häufiger über die enge Beziehung zu Deutschland thematisiert) als einziges asiatisches Land mehr als eine geografische Nennung erfährt. Normal? Nein: eine Frage der Perspektive (und Propaganda, wie das mein Lehrer damals bewertete).

Mit dem Ausbruch der Covid-19-Pandemie wurde der antiasiatische Rassismus für alle offensichtlich: Die Bezeichnung »China-Virus« wurde auch medial salonfähig. Menschen berichteten über Beleidigungen im öffentlichen Raum, Läden von asiatisch gelesenen Menschen wurden beschmiert. Hashtags wie #ichbinkeinvirus trendeten, um über diesen ganz spezifischen Rassismus zu sprechen.

Auf der Suche nach Expert*innen, die mit uns über antiasiatischen Rassismus sprechen möchten, stießen wir auf Toan Quoc Nguyen. Er ist Diplom-Pädagoge und arbeitet seit langem in der politischen Bildungsarbeit. Das Gespräch mit ihm war bereichernd, hat uns nachdenklich gemacht und uns ab und zu den Spiegel vorgehalten. Und sehr häufig merkten wir auch, wie ähnlich unsere Kämpfe sind. Wie viel stärker wir wären, kämen unsere Communities stärker zusammen!

Die vielen Projektionen auf Asien

Toan: »Wenn du sagst, du bist Asiate, dann gibt es da gewisse Bilder, die aufkommen, meist von Ostasien oder Südostasien. Zentralasien wie Iran wird meist nicht mitgemeint, Südasien ist nochmal weniger im Blickpunkt. Länder wie Kasachstan und Teile der ehemaligen Sowjetunion auch nicht. Es hat sehr viel mit einer Rassismuskonstruktion zu tun, dass Asiaten halt die ›Gelben mit gewissen Rassifizierungsmarkern‹ sind.«

Asien ist also vor allem eine Projektionsfläche europäischer Fantasien. Mit mehr als vier Milliarden Menschen ist es der bevölkerungsstärkste Kontinent der Erde, mehr als die Hälfte aller Menschen leben hier. Viele Begriffe, die verschiedene Regionen Asiens beschreiben, sind von einer eurozentrischen Brille gefärbt: Vom Nahen bis Mittleren zum Fernen Osten oder dem »Morgenland« (als exotischer, romantisierter, eurozentrischer Gegenbegriff zum westlichen »Abendland«) sind all diese Bezeichnungen unklar und vor allem ideologisch geprägt. Die Inhalte der Begriffe dienen der Konstruktion einer Differenz zum geopolitischen Westen mit Europa und den USA als Zentrum eines als »zivilisiert und aufgeklärt« und »demokratisch« und »christlich« gekennzeichneten Raums. Edward Said prägte den Begriff des »Orientalismus« als diffuse, westliche, machtstrukturelle Konstruktion, die das Ziel hat, Regionen, Länder, Sprachen, nicht-christliche Religionen (der Islam, Buddhismus, Hinduismus etc.) abzuwerten und als das »Andere« entlang einer rassistischen (und auch sexistischen) Logik als Gegenteil des »Abendlandes«, also als unzivilisiert, antimodern und rückwärtsgewandt, zu konstruieren.[1]

Politische Selbstbezeichnungen

Toan: »Ich habe in meiner Politisierung angefangen, mich als Person of Color zu positionieren. Und das hat sich auch ganz stimmig angefühlt. Um sich zu differenzieren, finde ich den Begriff ›asiatisch-deutsch‹ ganz gut. Der wurde auch durch das Buch von Kien Nghi Ha[2] mitgeprägt, auch um einen Sammelbegriff zu schaffen, wie der Begriff ›Schwarze Deutsche‹. Und dann gibt es auch noch weitere Feinheiten: Ich bin auch Angehöriger der vietnamesischen Diaspora. Das hat auch mit meiner Flucht/Migrationsgeschichte zu tun. In diesem Be-

griff ›vietnamesische Diaspora‹ steckt der Wunsch nach einer gewissen Sichtbarkeit dieser Erfahrung, die nicht im Begriff ›vietnamesischer Herkunft‹ oder ›Deutsch-Vietnamese‹ vorkommt. Das passt dann nicht ganz zu meiner Geschichte und der meiner Eltern, die sich damals dazu entschieden haben, Vietnam zu verlassen bzw. zu fliehen.«

Die Komplexität der politischen Selbstbezeichnungen ist vielfältig. Neben den Bindestrich-Identitäten, die die Zugehörigkeit zu zweien oder mehreren Nationen umfassen können, ranken sich noch politische Selbstbezeichnungen wie Person of Color, die die gemeinsame Erfahrung, als rassifizierte Person in Deutschland zu leben, umschreiben. Und Toan beschreibt in diesem Zitat eindrücklich, wie wichtig auch persönliche Erfahrungen wie die seiner Flucht- und Migrationsgeschichte sind und wie sie Identifikationsmarker für betroffene Menschen sein können.

Toan: »Ich kenne einige Leute, die sagen von sich selbst ›Ich bin Asiate‹, ohne sich zu politisieren. Sie nehmen den Begriff positiv an, besetzen diesen positiv. Und das ist auch ein Teil der Realität.«

Neben diesen Selbstbezeichnungen darf nicht vergessen werden, dass viele asiatisch positionierte Menschen auch von antimuslimischem Rassismus betroffen sind. Asiatische Länder wie Malaysia haben hohe muslimische Bevölkerungsanteile. Indonesien ist die Heimat der größten Anzahl von Muslim*innen weltweit. Die Uiguren, eine muslimische Minderheit, die mehrheitlich in der chinesischen Provinz Xinjiang wohnt, leiden besonders stark unter dem antimuslimischen Rassismus, der von der chinesischen Regierung praktiziert wird und sich in Vertreibung, Unterdrückung und chinesischer Assimilationspolitik (auch Umerziehungsmaßnahmen) ausdrückt. Diese Erfahrungen fließen in die Selbstbezeichnungspraxen ein und veranschaulichen, wie komplex geographische, kulturelle oder religiöse Bezüge, Positionierungen und Erfahrungen der asiatisch positionierten oder gelesenen Menschen sein können.

#notyourvorzeigemigrant und die Crux mit dem positiven Rassismus

Erfolgsgeschichten verschiedener asiatischer Communities erzählen, wie sie es trotz Diskriminierungen und Ausgrenzungen, mit Disziplin und Fleiß zum gesellschaftlichen Aufstieg geschafft haben. Das Bild von »Lernmaschinen mit extremer, geradezu unmenschlicher Ausdauer«, das hier eindimensional propagiert wird, ruft einerseits Bewunderung hervor, provoziert aber auch Abwertung[3], die sich in schlimmster Ausprägung in den rassistischen Anschlägen in den 1990er Jahren (Hoyerswerda 1991, Rostock-Lichtenhagen 1992) zeigte oder auch im Anstieg der rassistischen Angriffe mit Beginn der Covid-19-Pandemie.

Die Erfolge im Bildungs- und Wirtschaftsbereich werden gerne von Politiker*innen genutzt, um migrantisierte Gruppen miteinander zu vergleichen. Die »Model Minority«, also die asiatisch gelesenen Minderheiten, die zum Vorbild für alle Migrant*innen dienen sollen, werden gemäß des Herrschaftsprinzips »Teile und herrsche«, von den anderen rassifizierten Gruppen separiert und in alter Logik gegeneinander ausgespielt. Toan beschreibt das »positive Vorurteil« so: *»Die ›Asiaten‹ sind ja so fleißig, die sind total erfolgreich in der Schule und den Naturwissenschaften, heißt es dann gern.«* Wenn die es schaffen, so die Logik, könnten es alle mit Fleiß und Beharrlichkeit schaffen.

In dieser Vorstellung schwirrte auch die Idee der »asiatischen Tiger-Mutter« durch die Medienlandschaften. »Tiger-Mütter« seien vor allem asiatisch positionierte Mütter, die alle Ressourcen darin investieren, ihre Kinder innerhalb einer kapitalistisch geprägten Leistungsgesellschaft, unerbittlich und ohne Rücksicht auf deren Bedürfnisse, mit Leistungsdruck und Überperformanz zum Erfolg zu trimmen. Verschiedene amerikanische Studien auch aus den asiatisch-amerikanischen Communities widersprachen jedoch diesem harschen und einseitigen Bild. Erstens sei dies keineswegs der dominante Erziehungsstil der heterogenen Gruppe von asiatisch-diasporisch positionierten Familien. Zweitens würde ein solcher Erziehungsstil nicht automatisch zu einem akademischen als auch sozioemotionalen Erfolg der Kinder führen. Diese Eindimensionalität zementiere nur wieder die monolithische Perspektive auf die als »Model Minority« Beschriebenen.[4]

Mit dieser Herrschaftslogik werden asiatisch positionierte Communities gegenüber den Schwarzen oder muslimisch gelesenen Communities ausgespielt, denen suggeriert wird, selbst für ihre Misere verantwortlich zu sein. Dies sei die Grundlogik des Rassismus: Nach der Erschaffung rassifizierter Gruppen, die hierarchisiert und mit bestimmten Attributen versehen werden, werden die so unterschiedenen rassifizierten Gruppen basierend auf diesen Attributen gegeneinander ausgespielt, miteinander verglichen und unterschiedlich mit Ressourcen ausgestattet. Dabei wird ignoriert, dass die Startbedingungen der verschiedenen Communities ganz unterschiedlich sind. Vor allem wird verborgen, welche historischen, geopolitischen und auch wirtschaftlichen Interessen hinter der Konstruktion der rassifizierten Gruppe stecken, und wer am Ende von dieser Struktur profitiert.

Der Status der »Model Minority« verschleiert ebenfalls die Bürde, die dieser zweifelhafte Ruhm dem einzelnen Menschen auferlegt:

*Toan: »In der vietnamesischen Community hat es Suizide von Schüler*innen gegeben. Diese sind gar nicht so publik geworden. Aber sie zeigen, welchen Druck die Schüler*innen hatten. Dieser Performanzdruck aufgrund des Status der ›Model Minority‹. Und so entsteht auch ein Bildungsdruck. Aber es geht um unsere Kinder. Und so handelt es sich nicht nur um Rassismus, sondern in dem Fall auch um tödlichen Rassismus.«*

»Positiver Rassismus«

Immer wieder werden asiatisch positionierte Kinder als erfolgreicher, klüger und fleißiger bewertet. Und zwar unabhängig davon, in welche Länder sie migrieren. Sie gelten als die Vorbildmigrant*innen, mit sogar meist besserem Bildungserfolg als die *weiße* Mittelschicht. Hier scheint die Vorstellung eines »asiatischen Wesens« auf, das leistungsgetrimmt ist und allen Widrigkeiten die Stirn zeigt. Alles gut, oder? Mitnichten. Das einseitige Bild der Vorzeigemigrant*innen verdeckt, dass viele Kinder aus den asiatisch-diasporischen Communities durchschnittlich erfolgreiche Leistungen hervorbringen bzw. viel stilles und einsames Leid erdulden, das sich eben nicht in den Erzählungen niederschlägt.

Dieses Herausstellen der guten Leistungen verkennt, wie viel Mühe und Opfer diese erfordern. Und wie viel Sozial- und Leistungsdruck über die Familien an die Kinder herangetragen wird. Denn durch die rassifizierende Perspektive auf asiatisch-diasporische Familien werden deren Lebensrealitäten, die von Sprachbarrieren, geringem Einkommen, Statusunsicherheiten etc. geprägt sind, verkannt.

Wie bereits beschrieben, ignoriert dieses Ausspielen der verschiedenen migrantisierten Communities, das vor allem deren Entfremdung voneinander befördert, wie unterschiedlich die Ausgangsbedingungen waren. Welche Bildungsabschlüsse wurden wann in Deutschland anerkannt, aus welchen Milieus stammen die migrierenden Arbeitskräfte? Welche Vorurteile hat eine Gesellschaft über diese Migrant*innen in petto? Das VLab Berlin, das sich für die Förderung des vietnamesisch-deutschen Bildungs- und Kulturtransfers einsetzt, gibt dazu zwei Beispiele:

»Ein Junge mit türkischen Eltern, nennen wir ihn Ahmed, weist eine rasche Auffassungsgabe im Unterricht auf. Doch tut Ahmed dies in einer lauten Art und Weise und nicht in formvollendetem Hoch-

deutsch. Eine Gymnasialempfehlung hat er nicht bekommen. Die Begabung wurde wegen der Vorurteile überhört, sozialer Aufstieg im Bildungssystem ist so kaum möglich. Auf der anderen Seite ein Mädchen mit vietnamesischen Eltern, nennen wir sie Ha. Ha ist ruhig, lernen ist nicht so ihr Ding, sie arbeitet lieber praktisch. Ha schreibt keine Spitzennoten, fällt jedoch nicht weiter negativ auf und bekommt eine Gymnasialempfehlung – denn die Lehrerin denkt sich, Ha ist ja Vietnamesin (sic!), die sind doch so klug, vielleicht wird das noch was mit den Spitzennoten.«[5]

Was tun diese »positiven« Rassismen? Auch sie entindividualisieren Menschen, indem sie in »gute« und »schlechte« Migrant*innen einteilen. Und diese einseitige Betrachtung hat Konsequenzen für die psychosoziale Gesundheit von z. B. vietnamesisch-deutschen Schüler*innen und ihren Communities. Deren mentale und psychische Gesundheit wird häufig hinter den Erfolgsmeldungen vergessen.

»Die Erwartungshaltung, die fleißigen deutsch-vietnamesischen Jugendlichen bringen Spitzennoten, bedeutet eine große seelische Belastung für die, die nicht mit diesem Vorurteil übereinstimmen. Depressionen und sogar suizidale Neigungen sind ein Problem bei deutsch-vietnamesischen Jugendlichen.«[6]

Dieses gesellschaftliche Desinteresse wird häufig als »Unsichtbarkeit« der asiatisch-gelesenen Communities gedeutet. Aber es gibt sie ja, die Initiativen, die sich um die Belange der heterogenen Gruppe asiatisch positionierter Gemeinschaften kümmern. In Podcasts, Social Media-Konten, in Vereinen und Initiativen beleuchten sie verschiedene Aspekte des gesellschaftlichen Lebens, gedenken beispielsweise Nguyễn Ngọc Châu und Đỗ Anh Lân, den beiden vietnamesisch-deutschen Mitbürgern, die am 21. August 1980 ermordet wurden und zu den dokumentierten Opfern der rechten Gewalt in der Bundesrepublik zählen.[7]

Im Spielzimmer

Als wir im Rahmen unserer Arbeit zu Diversität in den Kinderbüchern recherchierten, stellten wir immer wieder fest, dass es kaum Bücher, Geschichten oder Spielsachen gab, in denen asiatisch positionierte und identifizierte Kinder eine relevante Rolle spielten. Erschreckend, wenn wir einen Blick auf die demographischen Daten werfen. Laut Statistischem Bundesamt lebten im Jahr 2022 mehr als 2 Millionen Menschen mit asiatischen Nationalitätsbezügen in Deutschland, asiatisch-diasporische Menschen mit deutscher Staatsbürger*innenschaft nicht mitgezählt.[8] Vor diesem Hintergrund ist die Unsichtbarkeit dieser diversen Gruppe(n) in Büchern und Medien doch sehr fragwürdig. Selbstverständlich gibt es in asiatischen Ländern viele Bücher, die Kinder in ihren dortigen Lebenswelten zeigen. Doch für Kinder, die hier in Deutschland leben und aufwachsen, ist es wichtig, sich hier als zugehörig und als Teil der deutschen Gesellschaft sehen und begreifen zu dürfen. Aber gerade in Europa zeigt sich, dass es sehr schlecht um die Repräsentation von den Kindern of Color mit asiatischen Bezügen in den Medien für Kinder bestellt ist. Laut der Studie des Cooperative Children's Book Center (CCBC)[9], das seit Jahren den amerikanischen Kinderbuchmarkt durchforstet und analysiert, wurden 18 Prozent der Kinderbücher von mindestens einem asiatisch-diasporischen Autor*in/Illustrator*in/Herausgeber*in verfasst, 9 Prozent behandelten explizit asiatisch-diasporische Inhalte.[10] Diese Zahl kann keineswegs auf den deutschsprachigen Markt übertragen werden. Bis heute finden sich kaum deutschsprachige Kinderbücher (oder Übersetzungen) mit asiatischen Protagonist*innen (in ihrer Vielfältigkeit). Erzählungen aus ihrer Perspektive in Deutschland, die sie zu den Held*innen ihrer Geschichte machen. Studien, die dezidiert die verschiedenen marginalisierten Gruppen herausstellen und diese mit Zahlen untermauern, existieren nicht.

Aus unserer Arbeit wissen wir, dass es immer mehr Kinderbücher gibt, die Schwarze Perspektiven und Schwarze Protagonist*innen in den Fokus rücken. Wir vermissen die Geschichten von Kids of Color mit asiatischen Bezügen schmerzlich und wünschen uns da noch mehr Sensibilisierung und Engagement von den Verlagen, in Kontakt mit Autor*innen of Color zu kommen, die diese Geschichten in all der Heterogenität asiatisch-diasporischer Bezüge, Sprachen, Kulturen, Klassen und entlang anderer Identitätsmarker, Positionierungen und Bezüge, wie religiöser Zugehörigkeiten und Hauttönen, erzählen. Unter Hashtags wie #brownasiansexists wird auf diese Lücken hingewiesen und es werden internalisierte Rassismen und Colorism besprochen.

Diese fehlende Sichtbarkeit in vielen Bereichen der deutschen Gesellschaft, die einer Unsichtbarkeit gleichkommt, durchzieht auch die Film- und Fernsehlandschaft. Und trotzdem verändert sich langsam etwas. Dank Initiativen wie Korientation e. V. oder Berlin Asian Network (BAFNET) wird die fehlende Diversität im deutschen Film offensichtlicher und Forderungen nach einer Veränderung werden lauter. Und wir beobachten mit Erstaunen, wie sich durch K-Pop (Koreanische Popmusik), Bollywood Filme aus Indien, südkoreanische Serien und Filme, aber auch durch Werke asiatisch-diasporischer Film- und Serienschaffender die Seh- und Hörgewohnheiten hierzulande verändern.

Unsichtbarkeit oder rassistische Überzeichnung

Toan: »In weißen Gesellschaften gilt: Menschen, die ihre Augen zu Schlitzen verziehen, sind hinterhältig.«[11] *In Filmen, Büchern und Comics sind wir schon häufig mit klischeehaften Darstellungen von asiatisch gelesenen Menschen konfrontiert worden. Besetzt in eindimensionalen Rollen, die selten über eine eigene Geschichte oder eine eigene Agenda verfügten, porträtierten weiße Darsteller mittels Yel-*

lowfacing fratzenhafte Abbildungen weißer Vorstellungen von asiatisch positionierten Menschen. Mit rassistischen Bildern wurde, besonders in Comics, auf Stereotypisierungen und Stilmittel gesetzt, die vor allem die Augenform (meist als Schlitze, ohne Augendetails) und die Hautfarbe (in gelben kolonialrassistischen Farbschemata) oder stereotyper Frisuren (Pagenschnitt) herausgestellten und somit die dargestellten Personen zu rein rassistischen Projektionsflächen verflachten.«

Yellowfacing: Ähnlich wie Blackfacing, die die stereotype und rassistische Verkleidung als künstlerisches Stilmittel von *weißen* Menschen als Schwarze Menschen in Film, Theater oder in anderen Kultur- und Kunstaktionen beschreibt, wird von Yellowfacing gesprochen, wenn damit asiatisch gelesene und positionierte Menschen dargestellt werden sollen, die mit rassistischen Merkmalen und karikierter Art und Weise der Lächerlichkeit, der Entwürdigung und Entmenschlichung preisgegeben werden.

Gerade in Kinderbuchklassikern gibt es eine dominante Erzählung von meist ostasiatisch gelesenen Menschen. Vor allem für Menschen mit chinesischen Bezügen setzte sich das rassistische Bild des rachsüchtigen, grausamen und kulturlosen Menschen in den Geschichten und Illustrationen durch. Diese Bilder sind seit dem 19. Jahrhundert eng verknüpft mit den amerikanischen und europäischen Ängsten gegenüber einem wirtschaftlichen Erstarken Chinas. In medialen Schlagworten wie »die Gelbe Gefahr (Yellow Peril)«[12] wurde mit entsprechenden Illustrationen ein antichinesisches und antiasiatisches Bild geschaffen, das Chines*innen und asiatisch gelesene Menschen entmenschlichte. Diese Tradition dient bis heute dazu, vor allem China als »wirtschaftlich gefährlich« und asiatisch gelesene Menschen als »ewig Fremde«[13] zu konstruieren.

Viele Kinder of Color mit asiatischen Bezügen erfahren sich als unsichtbarer Teil der deutschen Gesellschaft. Da sie jenseits ihrer familiären Bezüge kaum auf Momente der Zugehörigkeit stoßen, weder im Sichtbaren der Medien noch in Abbildungen von lebenden oder künstlichen Figuren noch in erzählten gesellschaftlichen Momenten, erleben sie Ausschluss auf persönlicher wie auch gesellschaftlicher Ebene – ein wesentliches Element von Rassismus.

»Kinderbücher sind nicht erst dann rassistisch, wenn sie Schwarze Kinder oder solche mit einem bestimmten Migrationshintergrund herabwürdigend darstellen, sondern sie sind auch dann rassistisch, wenn sie eine Welt zeichnen, in der nur weiße Menschen einer Kultur vorkommen.«[14]

Kinderlieder

Wer kennt nicht das Lied von den *Drei Chinesen mit dem Kontrabass*? Bis heute werden gerade in Kinderliedern und -spielen antiasiatische Bilder und Inhalte transportiert. Auch mit Fingerspielen wie *Ching, Chang, Chong* (bessere Alternativen sind *Schnick, Schnack, Schnuck* oder *Schere, Stein, Papier*) werden immer wieder die asiatischen Sprachen verhöhnt und diffamiert. »Ching Chang Chong« hat keine Bedeutung, sondern ist eine abwertende Nachahmung der chinesischen Sprache.

»Viele kennen das Gefühl, nicht dazuzugehören, und mit jedem Spruch, egal wie harmlos dieser vermeintlich war, wuchs dieses unangenehme Gefühl, das nur schwer wieder loszuwerden war.«[15]

Anhand des erwähnten Kinderliedklassikers wollen wir die problematischen Inhalte exemplarisch herausstellen.

Drei Chinesen mit dem Kontrabass
Saßen auf der Straße und erzählten sich was.
Da kam die Polizei, fragt: »Was ist denn das?«
Drei Chinesen mit dem Kontrabass.

In den folgenden Strophen werden die Vokale des Liedes jeweils mit den Vokalen A, E, I, O und U ersetzt und damit suggeriert, die chinesische Sprache im Klang nachzuahmen.

Doch wie problematisch dieser vermeintliche Kinderspaß ist, verdeutlicht sich nun hier. Für Kinder, die bisher keine Chines*innen oder ostasiatisch gelesenen Kinder und Menschen kennen und mit ihnen keine Berührungspunkte haben, kann durch dieses Lied vermittelt werden, dass ihr bloßes Sein belustigend ist. Meist wird das Lied von albernen, karikierten und rassistischen Klischeebildern begleitet, die die dargestellten Menschen entwürdigt. Du darfst dich über Menschen und deren Sprache lustig machen, sagt dieses Lied.

Und sind diese dargestellten Personen nicht verdächtig, sodass die Polizei erscheinen muss?

Wenn wir den Blick nun auf die Kinder legen, so stellt sich doch für diese die Situation sehr unangenehm dar. Und dass es eben nicht nur explizit mit Menschen mit chinesischen Bezügen zu tun hat, verdeutlicht Frank Joung vom Podcast *Halbe Katoffl: »Irgendwann merkte ich, dass die anderen Kinder das Lied auf mich beziehen. Ich dachte: Was habe ich mit Chinesen zu tun?«*[16]

Doch respektvolle, positive Kinderlieder zu entdecken, verletzende zu entlarven, ist nicht kompliziert und kann mit einigen Fragen untersucht werden:

✓ **Checkliste** für empowernde Kinderlieder

- ☐ Wird rassistische Sprache verwendet?
- ☐ Wer kommt in dem Lied vor? Über wen wird gesungen?
- ☐ Vermittelt das Lied positive, neutrale oder negative Botschaften über bestimmte Gruppen?
- ☐ Wie wird sich ein Kind, welches vermeintlich der besungenen Gruppe angehört, fühlen, wenn dieses Lied gesungen wird? Stolz, glücklich, beschämt?
- ☐ Welche Botschaften lernen Kinder aus dem Liedtext?

Ally werden, Kompliz*in sein

Empowerment für Menschen, die unter antiasiatischem Rassismus leiden, bedeutet, mit Menschen zusammenzukommen, die sich mit dem Thema auseinandergesetzt haben. Die um die Geschichte der verschiedenen Communities wissen und die bis heute traumatisierenden Erfahrungen und Gefahren, wie die um Pham Phi Son und seiner Familie, der seit über 30 Jahren in Deutschland lebt und von akuter Abschiebung bedroht ist. Als Nicht-Betroffener bedeutet Allyship also, sich der eigenen Unwissenheit und der problematischen eigenen Sozialisation bewusst zu werden.

Wenn du mit einem asiatisch-diasporischen Kind lebst oder pädagogisch begleitest, könnten dir folgende Fragen und Anregungen helfen, mit deinem Kind über das Thema ins Gespräch zu kommen:

Wie möchtest du dich identifizieren?

Sprecht miteinander über die Bandbreite an Identifikationsmöglichkeiten: Wenn das Kind im Schulalter ist, könnten die Fragen folgendermaßen lauten: Und wie möchtest du dich positionieren?

Mit welchen Identitäten fühlt ihr euch wohl? Sieht sich das Kind als Angehörige*r zweier Kulturen oder Nationen und fühlt es sich mit Bindestrich-Identitäten wohl? Es ist empowernd, eigene Bezeichnungen für sich selbst zu finden, bevor Kinder von anderen fremdbezeichnet werden.

Was ist antiasiatischer Rassismus? Wie fühlt er sich an?

Sprecht miteinander über antiasiatischen Rassismus: Darüber wie er erscheint, was er tut und wie sie sich dagegen wehren können. Es ist wichtig, Kinder für die Nuancen von Rassismus zu sensibilisieren. Eine Beleidigung oder eine rassistische Verletzung kann Irritationen in Kindern auslösen. Ihnen fehlen aber vielleicht die richtigen Wörter, um ihre Gefühle auszudrücken. Hilf ihnen, zwischen einer Beleidigung oder einer rassistischen Verletzung zu unterscheiden. Sprich die rassistischen Merkmale an, etwa: »Einige Menschen mögen Menschen wie uns wegen unserer Augenform oder unserer Hautfarbe nicht. Das ist rassistisch und ist nicht ok.«[17] Wenn Kinder hören und erfahren, dass diese rassistischen Bemerkungen nicht nur ihnen gelten, lernen sie schon früh zu verstehen, wie Rassismus wirkt. Sie vertrauen dann mehr und mehr ihren Gefühlen, in Momenten, in denen sie eine Situation vielleicht nicht sofort einordnen können, aber spüren, dass eine Aussage oder ein vermeintlicher »Witz« falsch ist. Es wird zwar weiterhin wehtun, aber es wird ihnen helfen, diese Erfahrungen einzubetten und im Austausch mit den ihnen vertrauten Personen diese Erfahrung loszuwerden.

Sensibilisiere das Kind für Diversität und normalisiere optische Vielfalt.

Schaut gemeinsam Kinderbücher an, in denen Kinder of Color eine Hauptrolle spielen. Bringt ihnen die Vokabeln bei, um Kinder entsprechend ihrer Positionierungen oder ethnischen oder kulturellen

Erfahrungen und Bezüge zu empowern und entlang Selbstbezeichnungen zu benennen. Sprecht über ähnliche Erfahrungen bezüglich Rassismus. Und darüber, wie Rassismus gegen Menschen of Color konstruiert wird und basierend auf unterschiedlichen Merkmalen alle verletzt.

Lesen, lernen, singen, schauen – erlebt und feiert euch! Habt ihr schon Bilderbücher, die Menschen und Geschichten zeigen, die ähnliche Erfahrungen machen wie ihr und euer Kind? Kann sich euer Kind mit den Figuren identifizieren? Sprecht über die Personen oder die Geschichte. Normalisiert es, Menschen of Color zu sehen, und vor allem Menschen zu sehen, die wie dein Kind positioniert sind. Lernt real existierende historische und zeitgenössische Menschen in Biographien kennen, sprecht über ihre Werke und Beiträge für ihre Communities und die größere Gesellschaft, unterstützt euer Kind dabei, geschichtliche Epochen kennenzulernen. Hört Musik, betrachtet Kunst, schaut Filme, besucht Veranstaltungen, die kulturelle und sprachliche Beziehungen zu euch haben, wenn finanzielle Mittel und Ressourcen dafür vorhanden sind.

Asian Heritage Month: Nutzt den Mai, um die Errungenschaften und Beiträge von asiatischen und pazifischen Menschen kennenzulernen und zu feiern. Seit 1991 wird dieser Monat in den USA gefeiert, um das gesellschaftliche Bewusstsein zu sensibilisieren. Diese Gelegenheit könnt ihr als Familie, als Gemeinschaft auch in der Kita nutzen. Sprecht mit den Erzieher*innen über die Möglichkeit, ein Event in der Kita durchzuführen. Und werft einen Blick in den Veranstaltungskalender eurer Stadt: Vielleicht gibt es tolle Beiträge?

Mehrheitserfahrungen machen: Seid eine*r unter vielen!

Wenn ihr die Möglichkeit habt, versucht in regelmäßigen Abständen Länder aufzusuchen, in denen ihr Mehrheitserfahrungen machen könnt. Mal niemand Besonderes sein, nur eine*r unter vielen. Die Kraft, die aus dieser Erfahrung gezogen werden kann, mal im positiven Sinne nicht aufzufallen, sondern in einer Gemeinschaft aufzugehen, ist unendlich wertvoll.

Aber natürlich gibt es auch immer die Möglichkeit, sich zu Hause oder in der eigenen Gemeinde oder Stadt auszutauschen. Gibt es Kulturzentren, die Veranstaltungen bieten und punktuell Menschen zusammenbringen, die ähnliche Erfahrungen machen? Gibt es asiatische Filmfestivals, die mehrsprachig sind und es erlauben, auch die weiteren Sprachen zu hegen und zu pflegen? Filmfestivals, die auch diasporische Perspektiven vermitteln? »If there's a book that you want to read, but it hasn't been written yet, then you must write it«, sagte die großartige Toni Morrison. Diesen Rat möchten wir auch bezüglich anderer Aspekte aufgreifen: Hast du das Gefühl, es sollte bestimmte Orte oder Begegnungsstätten geben für dich, für deine Kinder oder für Menschen, die ähnliche Erfahrungen machen wie du oder ihr, weil sie dieselben kulturellen oder sprachlichen oder generationellen Bezüge haben. Und diese Orte existieren noch nicht in deiner Stadt oder in deiner Gemeinde? Dann ist es vielleicht an dir, diese wundervollen, stärkenden Orte zu erschaffen! Für dich und die nächsten Generationen.

Appell an Pädagog*innen

Toan: »Wenn ich auf Kinder-Fußballturniere gehe und die dann Schere, Stein, Papier oder Schnick, Schnack, Schnuck machen, kommt häufig eine rassistische Version. Ich habe da keinen Bock, jedes Mal hinzugehen und reinzugrätschen. Da sag ich zu meinem Sohn, hey, das ist eine Beleidigung für dich, für mich und für andere Menschen in unserer Familie und die, die uns nahestehen. Das ist ein strukturelles Problem, dass das noch nicht geächtet wird.«

Immer wieder berichten Kinder und ihre Bezugspersonen von Momenten, in denen sie mit diskriminierenden und verletzenden Ereignissen konfrontiert werden. Mit dem Verziehen der Lidfalten, um die ostasiatische Augenform nachzuahmen, beginnen nicht-asiatisch positionierte Kinder schon früh, rassistische Merkmale von »asiatischer Erscheinung« zu verinnerlichen und sich als signifikant anders zu konstruieren und abzugrenzen. Durch fehlenden Kontakt und den Mangel an diversen Abbildungen in Büchern oder Medien entwickeln diese Kinder kein Bewusstsein für die vielfältigen optischen Phänotypen asiatisch positionierter Menschen, lernen nicht, Menschen mit asiatischen Bezügen als Teil ihrer Lebenswelt zu verstehen. Diese bleiben damit »Fremde«, trotz ihres Aufwachsens in Deutschland. Caroline Ali-Tani beschreibt, wie sich Vorurteile in der frühen Kindheit zeigen:

»Die Kinder und Erzieherinnen sitzen beim Mittagessen gemeinsam am Gruppentisch. Viele der Kinder sind bereits fertig mit dem Essen und werden ungeduldig, weil sie noch sitzen bleiben müssen. Paul, Moritz und Tom fangen an herumzualbern. Paul zieht seine Augen mit beiden Zeigefingern zu Schlitzen und ruft lachend: ›Ich bin jetzt ein Chinese! Guckt mal, wie ein Chinese aussieht!‹ Alle drei brechen in großes Gelächter aus.«[18]

Sollten solche Szenen passieren, so ist es wichtig, dass die beteiligten Bezugspersonen und Pädagog*innen intervenieren. Denn die Kinder haben in diesem Kitaalter bereits internalisiert, welche Merkmale geothert und somit beschämt werden können.[19] Dies, oft auch verbunden mit einem Sich-darüber-Lustigmachen, ist niemals in Ordnung: Es ist wichtig, als Bezugsperson in den Bildungsprozess von Kindern einzugreifen und die Kinder zu korrigieren und ihnen zu erklären, warum das verletzend und respektlos gegenüber Menschen ist, die sich von diesen Gesten verletzt fühlen. Zuallererst aber gilt es, eventuell betroffene Kinder zu schützen und zu empowern. Auf eine solche Szene nicht zu reagieren, vielleicht weil es in der Gruppe keine Person gibt, die sich davon verletzt fühlen könnte, signalisiert Kindern, dass rassistische Witze legitim sind. Denn Erzieher*innen nehmen eine wichtige Schlüsselrolle in der Vermittlung von wirkmächtigen Normen und Umgangsformen ein.

Ich verkleide mich als du – Karneval und Fasching

Jedes Jahr wieder steht die Kostümwahl für den Karneval an. Neben Tieren, Objekten, Serienheld*innen werden gerne auch beliebte Motive aus zumeist nicht-europäischen Kulturen aufgegriffen. Mit Make-up und einigen Tricks aus der Klamottenkiste werden *weiße* Kinder zu vermeintlichen Chines*innen, Japaner*innen und anderen asiatisch gelesenen Menschen.

Unter dem Titel *Dietfurter Chinesenfasching*[20] wird jedes Jahr in Bayern zur Faschingszeit munteres »Yellowfacing« mit falschen »chinesischen« Akzenten, Trachten, Bambushüten, Lidstrichen und Drachen betrieben– kurz: bayrische Menschen verkleiden sich als »Chines*innen«. Diese Tradition besteht seit ca. 1954, wird jedoch zunehmend als rassistisch kritisiert. Wie in vielen ähnlichen Debatten stehen sich auch hier diejenigen, die aus einer *weißen* Perspektive an ihrem Brauchtum festhalten, und Menschen of Color gegenüber, die durch diese rassistische Tradition in ihrer Würde verletzt werden und diese daher anprangern.

Und Kinder, die aus dieser Dichotomie zwischen alltäglicher Unsichtbarkeit asiatisch gelesener Menschen und einer krassen Übersichtbarkeit zum Karneval wichtige gesellschaftliche Impulse zum Thema Rassismus lernen: Ich darf mich als wer auch immer kostümieren, auf die Bedürfnisse der jeweils karikierten Personen muss ich keine Rücksicht nehmen, Traditionen sind heilig und dürfen zu jeder Zeit unabhängig des Wandels der Zeit unverändert weitergeführt werden, mein Spaß ist wichtiger als die Würde der so klischierten Personen. Kinder lernen auch durch den Karneval diskriminierendes Verhalten und lernen dieses als gesellschaftliche Norm zu verstehen.

Karnevalliebhaber*innen fragen sich jetzt vermutlich: Können wir uns nun überhaupt nicht mehr verkleiden? Nein, wir wollen niemanden die Freude am Verkleiden nehmen. Mithilfe der folgenden Fragen könnt ihr schnell identifizieren, ob es sich bei eurem Kostüm um ein problematisches handelt, das rassistisch ist. Es gibt viele Kostüme, die weiterhin unproblematisch sind. Wie wäre es also, sich als Objekt, im Tierkostüm, als eine Berufsgruppe oder Märchenfigur zu verkleiden? Oder etwas ganz Neues?

✓ **Checkliste:** Welche Verkleidung für das Kind?

- ☐ Benutzt ihr Make-up, um dadurch eine rassifizierte Gruppe darzustellen?
- ☐ Stellt das Kostüm eine marginalisierte rassifizierte Gruppe dar?
- ☐ Verwendet ihr stereotype Merkmale, um diese Gruppe darzustellen: Federschmuck, Hautfarbe, Frisur, Kleidung etc.?
- ☐ Verwendet ihr traditionelle Accessoires wie Kleidung, Trachten, Schmuck etc.?
- ☐ Wählt ihr eine historische Figur als Vorlage? Welche Merkmale wählt ihr?
- ☐ Macht sich das Kostüm lustig über bestimmte Menschen?
- ☐ Würdigt das Kostüm eine bestimmte Gruppe von Menschen? Fühlen sie sich dadurch empowert?

Wir wollen keineswegs dafür plädieren, Karneval abzuschaffen. Vielmehr möchten wir Traditionen rund um diese närrischen Tage hinterfragen, die unreflektiert attestierte »Unschuld«, die in der Kostümierung liegt, entlarven und für ein rassismusfreies Miteinander sensibilisieren.

Im Klassenzimmer

Was bedeutet Empowerment nun für Kinder of Color mit asiatischen Bezügen? Viele der Kinder of Color werden immer wieder mit Momenten der Performance konfrontiert. Kannst du diese oder jene Sprache sprechen? Kannst du Kung-Fu? Esst ihr dieses oder jenes zu Hause? Viele dieser Fragen sind rassistischer Natur, denn sie zielen darauf, die befragte Person als »anders« oder »fremd« zu konstruieren. Sie werden mit diesen rassistischen Fragen auch von rassifizierten Menschen of Color konfrontiert. Empowermentangebote, die unter anderem auch von Toan Quoc Nguyen angeleitet werden, zielen darauf, rassifizierten Kindern und Jugendlichen Begegnungsmomente zu ermöglichen, um über gemeinsame Erfahrungen zu sprechen und auf Augenhöhe in Kontakt zu kommen. Denn alle Kinder of Color kennen diese Situationen nur zu gut: als »nichtdazugehörig« konstruiert zu werden, dieses ungewollte Exponiertsein ertragen und als Erklärbär herhalten zu müssen. Um in einer *weißen* Mehrheitsgesellschaft zu funktionieren und nicht gegeneinander ausgespielt zu werden, müssen neue Wege gefunden werden, wie rassifizierte Menschen sich begegnen können, wie sie Verbindung miteinander aufnehmen und die Perspektive aufeinander verändern können. Wir sind in diesem Zusammenhang auf folgende Konversation zwischen einem Schwarzen Schüler und seiner asiatisch-amerikanischen Lehrerin gestoßen, die einen schönen Ansatz gefunden hat:

»Ich hatte diesen erstaunlichen, jungen Mann in meiner Klasse. Er war nachdenklich, freundlich, großzügig und ein wahrer Commu-

nity Builder. Eines Tages sagte er zu mir: ›Sag mal, du sprichst doch Japanisch. Kannst du etwas auf Japanisch sagen?‹

Ich antwortete: ›Ja, das kann ich. Aber ich möchte einen Moment innehalten und dir erklären, was ich höre, wenn du das fragst: ›Wirst du für mich was aufführen?‹

Und ich fügte hinzu: ›Ich verstehe, dass du wirklich daran interessiert bist und das schätze ich. Aber weißt du, wenn du einfach nur Japanisch hören möchtest, können dir einige Leute großartige Animes empfehlen. Wenn du wirklich die Sprache hören möchtest. Wenn du möchtest, dass ich dir etwas beibringe, wenn du in der Lage sein möchtest, etwas zu mir sagen zu können, wenn du mich auf diese Weise fragst … dann haben wir eine andere Interaktion, richtig? Dann verändert sich die Dynamik. Ansonsten bittest du mich nur darum, etwas zu sagen, das du nicht verstehst, und du weißt genau, dass du es nicht verstehst, und das finde ich sehr unangenehm.‹

Er ging nach Hause und dachte wirklich darüber nach. Denn am Ende des (Schul-) Jahres sagte er: ›Ich möchte, dass du weißt, dass das möglicherweise das wichtigste Gespräch war, das ich in diesem Jahr mit jemanden hatte: Es hat wirklich verändert, wie ich über viele Dinge nachdenke!‹«[21]

Diese Szene verdeutlicht wundervoll, wie beide Positionen sich in einem Moment der Ehrlichkeit und Vielschichtigkeit begegnen. Der Schwarze Schüler, der in dieser Szene unreflektiert Vorurteile, die er über asiatische Communities erlernt hat, reinszeniert. Und die Lehrerin, die sich in diesem Moment verletzbar macht, indem sie in einer unangenehmen Situation verbleibt, aber dadurch ihrem Schüler die Möglichkeit gibt, aus dem Moment etwas zu lernen. Über Performance, Beziehung, Rassismus und Machtverhältnisse. Denn sie weiß, dass auch er auf rassistische Erfahrungen zurückgreifen kann und nachvollziehen kann, was sie meint.

Dies könnte ein schöner Ansatz auch für Lehrkräfte, insbesondere Lehrkräfte of Color, sein. Schafft Bündnisse unter den Kindern of Color. Zeigt die verschiedenen Momente des Widerstands, brecht die rassistischen Stereotypen, die die Gesellschaft bereithält. Und schafft Momente der Begegnung.

Empowerment kann auch bedeuten, die vielschichtigen, verborgenen Elemente der deutschen Geschichte zu entdecken, Projektarbeiten zu nutzen, um diese Geschichten aus dem Vergessen herauszuziehen. Die folgenden Fragen können dabei helfen:

- Wird die Geschichte der ostdeutsch-vietnamesischen Vertragsarbeiter*innen erzählt? Werden deren Beiträge im Kontext der Geschichte der DDR erwähnt?
- Was ist mit der Geschichte der Anwerbung von koreanischen Krankenpfleger*innen in der BRD der 1970er-Jahre?
- Wie wird asiatische Geschichte in Deutschland erzählt? Welche Rolle nehmen die verschiedenen asiatischen Diaspora ein?
- Wie wird Asien in den Schulbüchern abgebildet? Wird in Dichotomien ein »Wir versus ihr« konstruiert? Fühlen sich Kinder of Color mit asiatischen Bezügen mitgedacht?
- Kommen in den Schulfächern Menschen of Color mit asiatischen Bezügen mit ihren Werken und Beiträgen überhaupt vor? Falls ja, in welchen Fächern? Verstärkt dieses Fach rassistische Stereotypen? Benennt ihr sie und ihr kulturelles Erbe?

Tipps für weiteres Empowerment

Bücher

Für Erwachsene

- *Das Ende der Unsichtbarkeit*, Hami Nguyen, Ullstein Verlag, 2023
- *Asiatische Deutsche Extended. Vietnamese Diaspora and Beyond*, Kien Nghi Ha, Assoziation A., 2021

Für Kinder

- *Gute Nacht zusammen*, Komako Sakai & Chihiro Ishizu, Moritz Verlag, ab 0 Jahre
- *So schön wie der Mond*, Komako Sakai, Beltz Verlag, ab 3 Jahre
- *Warte, warte, wo willst Du hin*, Komako Sakai & Nakawaki *Hatsue*, Moritz Verlag, ab 12 Monate
- *Bruce Lee* (Little People, Big Dreams), María Isabel Sánchez Vegara & Miguel Bustos, Insel Verlag, ab 4 Jahre
- *Lian*, Chen Jianghong, Beltz Verlag, ab 4 Jahre
- *Großvaters Reise*, Allen Say, Edition Bracklo, ab 4 Jahre
- *Zähnchen, Zähnchen auf das Dach*, Liu Xun, Edition Bracklo, ab 5 Jahre
- *Zaha Hadid (Little People, Big Dreams)*, María Isabel Sánchez Vegara & Asun Amar, Suhrkamp Verlag, ab 4 Jahre
- *Issun Bôshi*, Icinori, Kleine Gestalten Verlag, ab 3 Jahre
- *Allein*, Guojing, Jacoby & Stuart, ab 5 Jahre
- *Malala für die Rechte der Mädchen*, Raphaële Frier, Aurélia Fronty, Knesebeck Verlag, ab 8 Jahre
- *Kleines Pferdchen Mahabat*, Satomi Ichikawa, Moritz Verlag, ab 4 Jahre
- *Der Junge, der einen Wald pflanzte*, Sophia Gholz & Kayla Harren, Zuckersüß Verlag, ab 3 Jahre

Für Jugendliche

- *American Born Chinese – Im Schmelztiegel Amerikas*, Gene Luen Yang, Cross-Cult-Verlag, ab 12 Jahre
- *Sadako*, Johanna Hohnhold, Aladin Verlag, ab 10 Jahre
- *Das Mondmädchen*, Mehrnousch Zaeri-Esfahani, Mehrdad Zaeri, Knesebeck Verlag, ab 8 Jahre
- *Der Kamishibai-Mann*, Allen Say, Edition Bracklo, ab 8 Jahre
- *Ching Chang Stop*, Dian Gohring, Carl-Auer Verlag, ab 6 Jahre
- *Witches of Brooklyn*, Sophie Escabass, Egmont Bäng, ab 8 Jahre
- *Ein neues Land*, Shaun Tan, Carlsen, ab 10 Jahre
- Mangas: z. B. *Naruto*, Masashi Kishimoto, Carlsen Verlag, ab 10 Jahre; *Dragon Ball*, Son Goku, Carlsen, ab 10 Jahre

Englischsprachige Bücher

- *Footprints*, Bao Phi & Basia Tran, Capstone Editions, ab 6 Jahre
- *Persepolis*, Marjane Satrapi & Stephan Pörtner, Edition Moderne, ab 12 Jahre
- *Eyes that Kiss in the Corner*, Joanna Ho & Dung Ho, Harper Collins, ab 4 Jahre

Filme

- *Man fühlt sich einfach unterdrückt – Kinder vietnamesischer Vertragsarbeiter*, Steven Meyer, Victor Pfannmöller, bpb Mediathek
- *Chinese Born American*, Disney
- *Persepolis*, Vincent Paronnaud und Marjane Satrapi, DVD/Amazon Prime Video
- Studio Ghibli Films: japanisches Zeichentrickfilmstudio mit vielen preisgekrönten Zeichentrickfilmen wie *Chihiros Reise ins Zauberland, Das wandelnde Schloss, Mein Nachbar Totoro*

Podcasts

- Rice and Shine
- Halbe Katoffl
- curry on!

Instagram

- @ichbinkeinvirus
- @hamidala_
- @halbekatoffl
- @woherkommstduwirklich

Vereine und Initiativen

- korientation: Netzwerk für asiatisch-deutsche Perspektiven e. V.
- Kunstkollektiv tiger.riots
- Stiftung Asienhaus
- Korea Verband e. V.
- Initiative für ein Gedenken an Nguyễn Ngọc Châu und Đỗ Anh Lân
- Danke Deutschland e. V.
- Vlab
- Koreanische Frauengruppe in Deutschland
- philippinenbüro e. V.
- etc.KiDs – Kinder vor Diskriminierung schützen

Biografie des / der Expert*in

© privat

Toan Quoc Nguyen, Jahrgang 1978, ist Diplom-Pädagoge und Freiberufler, positioniert sich als (Cis)Mann of Color und als Asiatisch Deutscher. Toan Quoc Nguyen begleitet gerne Veränderungsprozesse in Hinblick auf Haltung und Strukturen. Dafür ist er seit langem in der politischen Bildungsarbeit tätig und arbeitet als Coach, Supervisor und Organisationsberater im zivilgesellschaftlichen Bereich. Ferner schließt er eine Dissertation im Themenfeld »Rassismuserfahrungen und Empowerment von Schüler*innen« ab. Zudem ist er Vater von zwei Kindern.

Rassismus gegen Rom*nja und Sinti*zze – Selbstbestimmt in die Sichtbarkeit

Als Kinder kannten wir die Bezeichnungen Rom*nja und Sinti*zze nicht. Aus Speisekarten und dem Supermarkt war uns die Soße mit dem unsäglichen Namen bekannt. Unsere Familien hatten keinen Kontakt zu Rom*nja und Sinti*zze, zumindest nicht wissentlich. An Fasching fanden wir es normal, dass es (zumeist) Mädchen gab, die mit Kopftuch, buntem Rock und großem Schmuck ausgestattet eine stereotype, klischeeehafte Wahrsagerin der Rom*nja und Sinti*zze darstellten. Es gab, zumindest bei uns Nicht-Betroffenen, keinerlei Bewusstsein für die Diskriminierung und den Rassismus, denen diese Communities seit Jahrhunderten und bis heute ausgesetzt sind.

Sinti*zze und Rom*nja stellen mit 8–12 Millionen Menschen die größte ethnische Minderheit Europas dar – gleichzeitig ist es diejenige, die am meisten diskriminiert wird. Es wird geschätzt, dass in Deutschland rund 100 000 Sinti*zze und Rom*nja leben, wobei es keine offiziellen Zahlen gibt.

Der Rassismus gegen Rom*nja und Sinti*zze ist seit Jahrhunderten weltweit tief verwurzelt. Als »Outsider« werden sie außerhalb der Gesellschaft positioniert und klar als »anders« und »fremd« konstruiert. Als »fahrendes Volk«, Wahrsager*innen und verruchte Betrüger*innen werden sie romantisiert und diffamiert.

Größere mediale Aufmerksamkeit erhielt das Thema zuletzt Anfang 2021, als in der WDR-Sendung *Die letzte Instanz* darüber diskutiert wurde, ob das Wort »Z-Soße« noch benutzt werden sollte. Die als Gegenprotest produzierte Sendung *Die beste Instanz* erhielt 2021 den Grimme-Onlineaward.

Zu dem Thema Rassismus gegen Rom*nja und Sinti*zze durften wir mit Tayo Awosusi-Onutor sprechen. Die Sängerin, Aktivistin, Filmemacherin, Kinderbuchautorin und Mutter ist Afro-Sintezza deutsch-nigerianischer Herkunft und setzt sich seit Jahren für das Gedenken an den Porajmos, also an die Vernichtung von Rom*nja und Sinti*zze während des zweiten Weltkriegs, ein.

*Tayo: »Meine Mutter hat mit der Bürger*innenrechtsarbeit begonnen, da war ich im Schulalter. Natürlich hat meine Familie schon davor Diskriminierungserfahrungen machen müssen. Meine Mutter ist deutsche Sintizza, Kind von Holocaustüberlebenden, und mein Vater ist Nigerianer, der als Student nach Deutschland migriert ist. Die beiden mussten als Paar ja schon viel miteinander aushandeln und haben auch viel Hate erfahren. Ihre Verbindung fanden natürlich auch nicht alle toll und sie mussten gemeinsam viele Widerstände überwinden. Gleichzeitig gibt es auch Überschneidungen in ihren Erfahrungen. Darum war ihnen von Anfang an klar, sie müssen ihr Kind stärken, in seiner Identität.«*

Tayo ist ungefähr so alt wie wir. Wir können sie um das Aufwachsen in einem politischen Haushalt mit Eltern, die sich der Wichtigkeit bewusst waren, ein mehrfach marginalisiertes Kind zu stärken, nur beneiden. Das ist kein Vorwurf an unsere eigenen Eltern. Wir wissen, dass Tayo und ihre Eltern vor 40 Jahren eine Ausnahme bildeten und es wahrscheinlich noch heute tun.

Wir wollen uns der Antwort auf die Frage nähern, wie eine solche Stärkung der Identität aussehen kann und was wir als Nicht-negativ-Betroffene tun können. Für uns beginnt dies mit der Sprache. Darum schauen wir uns im nächsten Kapitel einige Begriffe an.

Sprache ist Macht

»Rom« heißt auf Deutsch »Mensch«, was wir richtig schön finden. Denn darum geht es ja im Kern. Zu verstehen und fühlen, dass wir alle Menschen und gleichwertig sind. Und die Verortung bestimmter Gruppen von Menschen als »die anderen« ablegen sollten.

Tayo: »Der Begriff Afro-Sintezza, den ich selbst für mich kreiert habe, bedeutet für mich vor allem Selbstbestimmung und Selbstidentifikation. Es ist natürlich angelehnt an afro-deutsch. In meinem Aufwachsen hat der Begriff afro-deutsch mich sehr geprägt. Und Sintezza? Naja, ich bin Sintezza. Ich habe mir diesen Begriff angeeignet und benutze ihn.«

	Männlich	**Weiblich**	**Männlich**	**Weiblich**
Singular	Sinto	Sintez(z)a oder Sintiz(z)a	Rom	Romni
Plural	Sinti	Sintez(z)e oder Sinti(z)ze	Roma	Romnja

In Deutschland hat sich der Begriff »Roma und Sinti« durchgesetzt, was einfach damit zu tun hat, dass in Deutschland Sinti schon über 600 Jahre leben. Aber es gibt auch viele andere Gruppen. In Frankreich gibt es zum Beispiel die Manouches. Dazu gibt es ein sehr gutes Video, das 2007 von der 14-jährigen Sabrina und der 16-jährigen Estera während ihres Praktikums im feministischen Romnja Archiv RomaniPhen in Zusammenarbeit mit der IniRromnja erstellt wurde.[1]

Weitere europäische Roma-Gruppen sind die Kalderash, Machavaya, Lovari, Churari, Romanichal, Gitanoes, Kalo, Sinti, Rudari, Boyash, Ungaritza, Luri, Bashaldé, Romungro, Yenish, Xoraxai.

Für den deutschen Sprachgebrauch gibt es also die Selbstbezeichnungen Roma und Sinti, in gegenderter Form Rom*nja und Sinti*zze. Das Gendern von Sinti und Roma wird nicht von allen Mitgliedern der Communities befürwortet. Wir orientieren uns hier an dem, was Tayo uns mitgegeben hat.

Die rassistische Fremdbezeichnung Z****ner ist noch immer in Verbindung mit Soße in Supermärkten mit breitem Sortiment oder mit Schnitzel auf Speisekarten angestaubter sogenannter gutbürgerlicher Restaurants zu finden. Auch in Kinder- und Volksliedern wird der Begriff noch immer benutzt. Oft werden damit Menschen beschrieben, die vermeintlich unordentlich, schmutzig oder arm sind.[2] Anders als beim N-Wort, das bereits von großen Teilen der Mehrheitsgesellschaft geächtet wird, wird im Fall des Z-Wortes noch immer zur Disposition gestellt, ob man diesen Begriff nun noch nutzt oder nicht. Wir möchten an dieser Stelle deutlich darauf hinweisen, dass das Wort nicht zu benutzen ist und aus dem Sprachgebrauch gestrichen werden muss. Vielen Menschen im Konzentrationslager Auschwitz wurde ein Z in den Unterarm tätowiert. Allein diese Tatsache sollte Argument genug sein, um zu verstehen, dass dieser Begriff tabu ist, dass er für Gewalt, Unterdrückung und Mord steht. Weiterhin wurde auf dem internationalen Kongress der Rom*nja am 08. April in London beschlossen, dass alle rassistischen Fremdbezeichnungen, so wie Z****ner und ~~Gipsy,~~ abzulehnen sind. Dieser offizielle Beschluss, bei dem als eigener Name »Roma« als Selbstbezeichnung beschlossen und Romanes als gemeinsame Sprache sowie die Romani Flagge ausgewählt wurde, muss Grund genug sein, auf rassistische Fremdbezeichnungen zu verzichten.

In der oben erwähnten Fernsehsendung *Die letzte Instanz* zeigte sich nicht nur eine Ignoranz gegenüber Selbstbezeichnungen und der inhärent gewaltvollen Bedeutung der rassistischen Fremdbezeichnung, sondern auch eine klare Abwertung gegenüber Rom*nja und Sinti*zze. Diese Abwertung hat historisch Kontinuität.

Die Begriffe »Antiziganismus« und »Antiromanismus« werden von einigen Betroffenen abgelehnt. Ersterer, weil er rassistische Beleidigungen reproduziere, und der zweite, weil Sinti*zze in »Antiromaismus« nicht explizit genannt werden. Ein weiterer Begriff ist »Gadjé-Rassismus«. Gadjé bezeichnet im Romanes unter anderem Nicht-Roma. Gadjé-Rassismus verdeutlicht damit, wer Rassismus gegen Rom*nja und Sinti*zze ausübt.

Das tägliche Übel

Die Vorfahren der heute in Europa lebenden Rom*nja und Sinti*zze kamen ursprünglich aus Indien beziehungsweise dem heutigen Pakistan. Von Beginn an ist ihre rund 600-jährige Geschichte in Mitteleuropa eine von Verfolgung, Diskriminierung und Entrechtung. Trotzdem lebten und überlegten sie am Rande der Gesellschaft, bis es zum Undenkbaren, dem Porajmos während der NS-Zeit kam.

Auschwitz
Eingefallenes Gesicht
erloschene Augen
kalte Lippen
Stille
ein zerrissenes Herz
ohne Atem
ohne Worte
keine Tränen.

Gedicht des italienischen Rom Santino Spinelli[3]

Erst spät hat die Bundesregierung sich zu den Gräueltaten an den Rom*nja und Sinti*zze während des Nationalsozialismus bekannt. Auch wir haben erst im Laufe unserer persönlichen Politisierung über diesen Teil der Geschichte erfahren.

Der Zentralrat der Deutschen Sinti und Roma schreibt auf seiner Webseite:

»Der Holocaust an den Sinti und Roma wurde nach der Befreiung vom Nationalsozialismus jahrzehntelang aus dem historischen Gedächtnis und der öffentlichen Erinnerung verdrängt. In der neu gegründeten Bundesrepublik Deutschland fand weder eine politische noch eine juristische Aufarbeitung dieses Völkermords statt. Im Gegenteil: Die meisten der ehemaligen Täter konnten in Behörden oder in der Wirtschaft ungehindert Karriere machen. Den wenigen Überlebenden, körperlich und seelisch gezeichnet von Verfolgung und KZ-Haft, verweigerte der deutsche Staat die moralische und rechtliche Anerkennung ebenso wie eine materielle Entschädigung.«[4]

Die BRD hat den Völkermord an den Sinti*zze und Rom*nja während des Nationalsozialismus erst 1982 offiziell anerkannt. Das Denkmal für die im Nationalsozialismus ermordeten Sinti*zze und Rom*nja wurde erst 2012 errichtet.

Es ist also nicht verwunderlich, dass wir, wie wohl die meisten unserer Generation, wenig bis gar nichts weder über die brutale Geschichte, die Rom*nja und Sinti*zze in diesem Land erdulden mussten, noch über ihre aktuelle Lebenssituation gelernt haben. Eine echte Bildungslücke!

Rom*nja und Sinti*zze werden immer wieder im Außen verortet. Ein ständiges »Ihr gehört hier nicht her«. Egal seit wie vielen Generationen die Familien bereits in diesem Land sind, die Verfolgung durch die Nazis überlebt haben, Kinder und Enkel hier großgezogen haben. Andreea Ciobanu, in den 2000er Jahren geboren, erzählt:

*»Meine Mutter wurde von einer Frau auf der Straße angesprochen und so ›Z****nerin‹, äh, irgendwie. Sie hatte meine Mutter so angeschrien, so auf einmal, dann hat sie so: ›Husch, husch, geht zurück in euer Land‹ gesagt.«*[5]

»Dann kamen einfach trotzdem Schimpfwörter, wie ich solle ›in mein Land zurückgehen‹. In mein Land? Ich wusste nicht, was die meinten. ›In mein Land‹, was soll das heißen? Ich bin in meinem Land, ich bin 58 Jahre alt, meine Eltern, meine Großeltern alle sind hier in Deutschland in [Stadtname] geboren. Und meine Vorfahren auch – seit 700 Jahren in Deutschland. Und dann heißt es immer wieder, ja, ich soll zurück in mein Land gehen. Das ist mein Land. Ich kenne kein anderes Land, wohin ich gehen soll.«[6]

Tayo: »Es ist total klar, sobald du das sagst (dass du Romni oder Sintezza bist), öffnest du diese Box und da ist eigentlich nichts Gutes drin. Die Mehrheit der Menschen haben total viele negative Bilder im Kopf. Die Wahrscheinlichkeit ist auch sehr hoch, dass dann der rassistische Begriff fällt.«

Rom*nja und Sinti*zza erfahren Diskriminierung beim Arbeitsamt, bei der Polizei, bei der Ausländerbehörde, im Gerichtssaal, beim Finanzamt, beim Jugendamt.[7] In der *Studie zur aktuellen Bildungssituation deutscher Sinti und Roma*[8] beschreiben 13,41 Prozent ihr Befinden bei Kontakt mit Behörden mit »leichte(n) Probleme(n)« ganze 40,23 Prozent als »hoch problematisch«. Laut der *Leipziger Autoritarismus-Studie*[9]

- stimmen ca. 60,4 Prozent der Aussage zu, dass Sinti und Roma zur Kriminalität neigen.
- haben über 56 Prozent Probleme damit, wenn sich Sinti und Roma in ihrer Gegend aufhalten.
- möchten 49,2 Prozent der Befragten Sinti und Roma aus den Innenstädten verbannen lassen.

Rassistische Erfahrungen sind für viele Familien der Communities allgegenwärtig und alltäglich. Hinzu kommt in Deutschland das intergenerationale Trauma, welches von Holocaustüberlebenden von Generation zu Generation weitergegeben wurde. So kann man im Bericht der Unabhängigen Kommission Antiziganismus lesen:

> Der Genozid ist bei vielen Gesprächspartner*innen – und hier insbesondere bei Sinti*zze, und zwar auch in der Kinder- und Enkel*innengeneration – präsent und wird zum einen über die Erinnerung an Familienmitglieder und zum anderen über die Ängste in Bezug auf die Nachkommen thematisiert. Zahlreiche Gesprächspartner*innen fühlen sich durch die aktuelle politische Situation in Deutschland bedroht und spielen regelmäßig mit dem Gedanken, das Land zu verlassen, auch wenn sie keine Bezüge in andere Länder und keine Vorstellung haben, wohin sie gehen könnten. Eine Gesprächspartnerin aus der Gruppe der zweiten und dritten Generation nach 1945 erzählt, dass ihr Trauma durch die gegenwärtig wieder zunehmenden rassistischen Übergriffe reaktiviert wird.[10]

Romanes

Die Sprache der Sinti*zze und Rom*nja ist mit dem indischen Sanskrit verwandt und ist vor allem eine mündliche Sprache. Romanes ist, weil es von einer so diversen Gruppe von Menschen gesprochen wird und regionalen Einflüssen unterliegt und unterlag, natürlich nicht überall gleich. So berichtet uns Tayo, dass sie sich mit einigen Menschen außerhalb Deutschlands unterhalten kann, mit anderen nicht. Es zeigt die Bandbreite und Tiefe dieser alten Sprache, die sich unter anderem durch Lehnwörter aus der in der jeweiligen Gegend gesprochenen Sprache weiterentwickelt hat. Gleichzeitig existieren auch im Deutschen Lehnwörter aus Romanes: »Bock« im Sinne von »Lust« (bok = Hunger), »Kaff« (gav = Dorf), »Zaster« (saster = Eisen, Stahl).

Es gibt zwar eine Form der Verschriftlichung, aber insbesondere Holocaustüberlebende sträuben sich gegen weitere Bemühungen in diese Richtung, weil die Sprache während des Holocaust ein Erkennungsmerkmal war, um Menschen zu finden und zu internieren. So gibt es nachvollziehbare Befürchtungen, die Sprache Außenstehenden zugänglich zu machen.

Und wie ist das mit WhatsApp? »Super nervig«, sagt Tayo, »es wird aber benutzt. Die Autokorrektur schlägt irgendwelche Wörter vor.« Aber es werden Buchstaben aneinandergereiht, um Romanes aus dem Mündlichen in eine Schrift zu verwandeln. Leichter seien da Sprachnachrichten.

Wir können in jedem Fall festhalten, dass viele Kinder bereits früh mit zwei oder mehr Sprachen aufwachsen. Insbesondere Pädagog*innen sollten die Chancen und Vorteile sehen, die dies mit sich bringt, anstatt den Fokus auf ein eventuell nicht perfektes Deutsch zu legen.

Representation matters

Die Rom*nja und Sinti*zze haben keinen eigenen Fernseh- oder Radiosender wie es beispielsweise die Sorben haben und wie es der Medienstaatsvertrag eigentlich vorsieht. Der Zentralrat Deutscher Sinti und Roma fordert seit langem, dass Vertreter*innen von Selbstorganisationen der Sinti und Roma in die Landesmedienanstalten berufen werden.[11] Die fehlende Vertretung und positive Repräsentation hat Folgen: »Die Darstellung von Rom*nja und Sinti*zze in sämtlichen Medien ist immer negativ«, sagt Tayo.

Viele auch prominente Medienvertreter verstecken ihre Identität aus Angst vor negativen Folgen.

> **Marianne Rosenberg:** Wusstest du, dass sie Sintizza ist? Am Anfang ihrer Karriere riet ihr ihr Vater, Otto Rosenberg, selber Holocaustüberlebender, zu verschweigen, dass sie Sintizza ist, weil sie dann keine Platten verkaufen würde. Ihre Schwester Petra Rosenberg ist die Vorsitzende des Landesverbandes der Sinti und Roma Berlin Brandenburg.

Die sozialen Netzwerke entpuppen sich immer wieder als quasi rechtsfreier Raum, in dem Menschen versteckt hinter Pseudonymen ihrem Hass freien Lauf lassen können. Im Gruppenchat Anti-Hate-Speech-Aktivist:innen tauschen sich die Gesprächspartner*innen über ihre Erfahrungen im Vorgehen gegen Hassreden im Netz aus. Dort beschreiben Teilnehmende eine extrem negative Darstellung von Rom*nja und Sinti*zze:

»Ich kann natürlich jetzt keine repräsentative Zahl nennen, aber würde schätzen: 80 Prozent negativ, 20 Prozent Gegenrede. Habe auch oft gesehen, dass der Inhalt der Beiträge kaum eine Rolle spielt. Ob es eine Reportage ist über arme Roma oder ob es ein privates Hochzeitsvideo ist, wo eigentlich gar nichts Negatives zu beanstanden wäre, die Leute nehmen es immer wieder direkt zum Anlass, um Antiziganismus zu zeigen.«[12]

»Ich erinnere mich an eine Diskussion, in der ich versucht habe, gegen die Vorurteile des Beitrags zu argumentieren. Das Ende vom Lied war der Kommentar einer Dame, die meinte, ich solle doch lieber nach meinen zehn Kindern schauen und betteln gehen.«[13]

Insbesondere der zweite Kommentar verdeutlicht einmal mehr

die weit verbreiteten stereotypen Vorurteile von Armut und großen, kinderreichen Familien.

Fußball

Dass der Fußball nicht frei von Rassismus ist, war uns klar. So zeigten Fans von Energie Cottbus beim Auswärtsspiel in Babelsberg im April 2015 ein Banner mit der Aufschrift »ZCKN ZGNR JDN« (»Zecken Z****ner Juden«).[14] Selten schaffen es solche Vorfälle ins öffentliche Bewusstsein. Ein weiteres Beispiel ist der Vorfall, als Fans des 1. FC Magdeburg während des DFB-Pokalspiels gegen Eintracht Frankfurt »Frankfurt, ihr Z****ner« riefen.[15]

Genau wie in anderen Lebensbereichen gibt und gab es natürlich auch im Fußball erfolgreiche Spieler, die ihre Zugehörigkeit als Rom*nja oder Sinti*zzi aus Angst vor Repressalien verbergen.[16] In der Wanderausstellung *Abseits im eigenen Land*[17] porträtiert Andrzej Bojarski drei dieser Fußballer: den ehemaligen HSV-Spieler Walter Laubinger, den Mannheimer Sergio Peter, der für Blackburn Rovers in der Premier League spielte, und Oswald Marschall.

Schule

Rassismus gegen Sinti*zze und Rom*nja ist gesellschaftlich so stark verankert, dass bereits junge Kinder ganz genau darüber Bescheid wissen. Sie bitten ihre Eltern, beim Abholen kein Romanes zu sprechen, und verheimlichen ihre Identität.

Tayo: »Die Kinder wissen das: Wenn sie eingeschult werden und sagen, dass sie Sintizza oder Roma sind, dann kriegen sie ganz viel negatives Feedback. Auch von den Lehrkräften. In der Benotung, in der Bewertung. Und die Kinder, die kleinen Kinder, die wissen das. Ich habe auch schon erlebt, dass der Kontakt mit ihnen von anderen Eltern verboten wird.«

Die Ängste der Kinder sind nicht unbegründet. Erst 2022 fand eine Onlinestudie der Universität Duisburg-Essen heraus, dass angehende Lehrkräfte Kinder aus Roma-Familien bei den Empfehlungen für eine weiterführende Schule benachteiligten.[18] Die Teilnehmenden wurden gebeten, für insgesamt 22 verschiedene männliche Schülerprofile ihre Empfehlungen für weiterführende Schulen abzugeben. Die Profile unterschieden sich lediglich in Bezug auf die Namen und die ethnische Selbstidentifikation als Rom, Türke, Deutsch-Türke oder Deutscher. Es sei angemerkt, dass die durchschnittlichen Leistungsprofile zwischen den Gruppen identisch waren.

Die angehenden Lehrkräfte empfahlen am häufigsten die Rom-Profile für die Hauptschule, gefolgt von den Profilen mit Selbstidentifikation als Türke und Deutsch-Türke und Schülern ohne Migrationsgeschichte. Im Gegensatz dazu erhielten Schüler ohne Migrationsgeschichte am häufigsten eine Empfehlung für das Gymnasium. Diese Empfehlungsmuster legen nahe, dass Roma und in geringerem Maße türkischstämmige Schüler gegenüber Schülern ohne Migrationshintergrund diskriminiert wurden.

»Hier ist ein grundlegender Perspektivenwechsel erforderlich, der nur erreicht werden kann, wenn in der Aus- und Fortbildung von Lehrkräften rassismuskritisches Wissen und Reflexivität für die Spezifik des antiziganistischen Rassismus und seiner Geschichte vermittelt werden.«[19], sagt Astrid Messerschmidt, Mitglied der Unabhängigen Kommission Antiziganismus der Bundesregierung.

Auch durch Mitschüler*innen erfahren Kinder von Rom*nja und Sinti*zze viel Diskriminierung. In der Studie zu Rassismuserfahrungen von Sinti*zze und Rom*nja in Deutschland beschreiben vier Mädchen sehr eindrücklich die alltägliche rassistische Diskriminierung.[20] Sie werden gefragt, ob sie schon einmal geklaut hätten, werden rassistisch beleidigt und bezichtigt, dass sie alle Geld vom Jobcenter bekommen würden.

Den Mitschüler*innen sind die rassistischen Stereotype über Sinti*zze und Rom*nja also durchaus bekannt und sie setzen diese gezielt ein, um zu beleidigen und verletzen.

Was muss sich ändern?

Tayo hat uns folgende Punkte genannt:

Stigmatisierung

Es gibt Städte oder kleinere Orte in Deutschland, in denen die Eltern wissen, wenn ich mein Kind in der Schule anmelde, mit unserem Nachnamen, dann hat es schon verloren. Kinder werden, weil sie als Sinti*zze und Rom*nja anhand ihres Namens erkannt werden, vorverurteilt, bevor sie die Schule überhaupt betreten haben. Bei Erika Schulze ist zu lesen: »*Wir hatten auch Anrufe, beispielsweise von einer Schulleitung, die sagte: ›Die Romawelle schwappt jetzt auch auf unsere Schule zu, wir bekommen im Sommer drei Romakinder.‹ Also, als so bedrohlich wird das häufig erlebt. Einfach weil es Romakinder sind, ohne die Kinder zu kennen, ohne die Familien zu kennen, es sind Romakinder und damit werden sie als bedrohlich erlebt. Und das ist so eine Erfahrung, die wir ganz häufig so machen.*«[21]

Zuweisung zu Sonder- bzw. Förderschulen

Bis heute werden Kinder ohne besonderen Bedarf direkt an früher Sonder-, heute Förderschulen verwiesen. Insbesondere deutsche Familien geben ihre Kinder oft nicht in die Kita, aufgrund der traumatischen Familiengeschichte mit deutschen Institutionen. Dies wird beispielsweise als Vorwand genutzt, um die Kinder, die noch keine Institutionserfahrung haben, nicht zur Regelschule zuzulassen. Während es bei anderen Familien als tolle freie Erziehung angesehen sei, wird es bei Sinti*zze und Rom*nja als mangelnder Integrationswille interpretiert.

Schulmaterialien und Kinderbücher

Tayo hat mit ihrem Kinderbuch *JOKESI Club* das erste Kinderbuch geschrieben, in dem Sinti*zze und Rom*nja als Held*innen in einer Geschichte vorkommen. Dies wurde unter anderem als »bahnbrechend« beschrieben. Gleichzeitig zeigt es aber auch, es fehlt eigentlich an allem. Es braucht viel mehr als ein einziges Buch.

Repräsentation

Mit der fehlenden Repräsentation wird ein kompletter Teil deutscher Geschichte ausgelassen. Das führt zu Unsichtbarkeit. Die Geschichte von Rom*nja und Sinti*zze muss integraler Bestandteil des Schulunterrichts, Teil der Allgemeinbildung werden.

Was können wir tun?

Wir alle sind mit rassistischen Fremdbezeichnungen für Rom*nja und Sinti*zze aufgewachsen. Weder in der Schule oder anderswo haben wir etwas über deren Geschichte gelernt. Da viele ihre Identität geheim halten, wissen wir kaum etwas über den ganz normalen Alltag von Rom*nja und Sinti*zze. Den inhärenten Rassismus in uns zu entlarven, fällt daher schwer. Wir wollen mit einigen Fragen versuchen, dem etwas näher zu kommen:

- Wenn du die Augen schließt und an Rom*nja und Sinti*zze denkst, welche Bilder zeigen sich vor deinem inneren Auge?
- Bunte Tücher, Kristallkugeln, große Familien, fahrendes Volk? Wie Tayo sagte, gibt es eigentlich nur negative Darstellungen in den Medien. Daher erscheinen auch bestimmte Bilder in unserem Kopf. Diese können wir getrost ablegen und ersetzen. Zum Beispiel mit Marianne Rosenberg!

- Was wurde dir beigebracht? Wie wurde bei dir zu Hause über Rom*nja und Sinti*zze gesprochen und wie ist es heute? Wurdest du eventuell gewarnt oder wurden dir Stereotype vermittelt? Versuche dir diese Aussagen aus deiner Kindheit und Jugend bewusst zu machen, erkenne sie als rassistische Zerrbilder und befreie dich von ihnen.
- Was weißt du über Rom*nja und Sinti*zze und woher stammt dieses Wissen? Setzt sich dein Wissen aus stereotypischen Erzählungen zusammen, so hast du die Möglichkeit, dich mithilfe der unten aufgeführten Quellen zu informieren.

Vielleicht hat diese Übung dir gezeigt, welche Ideen und inneren Bilder du in dir trägst. Diese sind hartnäckig und verschwinden nicht von heute auf morgen. Darum sollten wir auch zukünftig auf einige Dinge in unserem Alltag achten.

Sprache

Rassistische Fremdbezeichnungen sollten wir aus unserem Wortschatz löschen. Als Alternative für das berühmte Schnitzel gibt es beispielsweise die Bezeichnung »Schnitzel Budapester Art«. Lesen wir ein Kinderbuch vor, können wir den Z-Begriff direkt mit Rom*nja und Sinti*zza ersetzen und so dafür sorgen, dass die nächste Generation es von Anfang an richtig macht.

Stereotypen hinterfragen

Falls du in der Übung oben festgestellt hast, dass dein »Wissen« über Rom*nja und Sinti*zze hauptsächlich aus Stereotypen und romantisierenden Klischees besteht, wollen wir dich hier erneut auffordern, diese Bilder zu hinterfragen und sie auf ihre Richtigkeit zu überprüfen. So stimmt beispielsweise das Klischee des »fahrenden Volkes« nicht mit der Realität überein. Rom*nja und Sinti*zze sind seit ca. 600 Jahren in Deutschland ansässig und leben wie die meisten von uns in Wohnungen oder Häusern.

Rassismus und Diskriminierung widersprechen
Gesellschaft verändert sich nicht von allein und wir alle sind mit verantwortlich. Solltest du miterleben, wie jemand die rassistische Bezeichnung für Rom*nja und Sinti*zze verwendet, widerspreche! Auch wenn du diskriminierende oder stereotype Vorurteile hörst, mische dich ein und lass diese Kommentare nicht unwidersprochen. Diese Art der Einmischung kann unangenehm sein und erfordert Mut, bedenke jedoch, wie viel unangenehmer und vor allem wie verletzend diese Situationen für Betroffene sind.

Selbststudium: Wie bereits erwähnt, haben die meisten von uns in Bezug auf das Thema eine riesige Bildungslücke. Es gibt also einiges nachzuholen. Einen guten Einstieg bietet das Online-Archiv von *RomaniPhen*, das auch viele Bildungsmaterialien für Pädagog*innen bereit hält.

Auch die nun folgende, erschreckend kurze Medienliste zeigt: Wir als Erwachsene müssen unsere Hausaufgaben machen.

Tipps für weiteres Empowerment

Bücher

- *JOKESI Club Jekh, Dui, Drin – 3 Freundinnen in Berlin,* Tayo Awosusi-Onutor, Omobooks, ab 7 Jahre
- *Der Rock meiner Mutter*, Lilly Habelsberger, Marta Press

Film

- Das oben erwähnte Youtube-Video von Sabrina und Estera lässt sich gut mit Kindern schauen: https://www.youtube.com/watch?v=qJzWQP7WeuE

Verein

- RomaniPhen e. V. ist ein feministischer und rassismuskritischer Verein von Rom*nja und Sinti*zze. Der Verein ist im Bildungsbereich zur Wissens- und Kulturproduktion tätig und bietet rassismuskritische Fortbildungen für Fachkräfte und Multiplikator*innen an. Das Archiv von RomaniPhen stellt unter www.romnja-power.de viele Materialien und Informationen bereit.

Social Media

Instagram:

- @tayosingerberlin
- @giannijovanovic78
- @romaniphen_berlin
- @zentralralratsintiroma
- @roma-antidiscrimination_net

Kalender

- 2. August: Offizieller europäischer Holocaust-Gedenktag für Rom*nja und Sinti*zze

Biografie des/der Expert*in

Tayo Awosusi-Onutor ist Sängerin, Autorin, Regisseurin, Politische Aktivistin, Mutter und lebt in Berlin. Sie bezeichnet sich selbst als Afro-Sintezza. Ihre Musik interpretiert sie in Englisch, Deutsch und Romanes. Außerdem leiht sie ihre Stimme Film und TV als Synchronsängerin und -sprecherin.

Tayo studierte Germanistik und Multimedia. Sie ist Vorstandsmitglied von RomaniPhen e. V., dem feministischen Romnja-Archiv, und Mitglied der IniRromnja. Sie beschäftigt sich mit den Themen Bildung, Geschichte und Bürgerrechtsbewegung.

2017 veröffentlichte sie die filmische Dokumentation *Phral mende – Wir über uns. Perspektiven von Sinti* und Roma* in Deutschland*. 2021 ist Tayo's erstes Kinderbuch *JOKESI Club. Jekh, Dui, Drin – 3 Freundinnen in Berlin* erschienen. In dem Buch sind drei Freundinnen, die junge Romnja bzw. Sintizze sind, die Heldinnen der Geschichte. *JOKESI Club* ist die erste deutschsprachige Kinderbuchreihe, in der Rom*nja und Sinti*zze positiv handelnde Hauptfiguren der Geschichte sind.

Tayo engagiert sich darüber hinaus politisch in verschiedenen Communities of Color.

Weitere Informationen finden sich unter

- www.tayo-online.de
- www.romnja-power.de
- www.jokesiclub.de

Antisemitismus – Mit Kindern über das »Nie wieder« sprechen

Während der Rassismus sich vor allem über eine Abwertung des rassifizierten Anderen auszeichnet, tritt beim Antisemitismus eine perfide Gleichzeitigkeit zutage: in antisemitischer Logik werden Jüdinnen und Juden als unterlegen konstruiert, gleichzeitig aber werden All- und Übermachtsfantasien auf sie projiziert. Gerade in der rechtsextremen Politik werden beide Strukturen quasi gegeneinander ausgespielt: Sei es, weil eine rechtsextreme Partei den Antisemitismus nutzt, um rassistisch gegenüber Muslim*innen zu sein, oder indem Antisemitismus plötzlich zu einem Importgut von Muslim*innen erklärt wird, völlig vergessend, dass der Genozid ja heimgemacht war und der Antisemitismus seit Jahrhunderten Teil der deutschen Kultur ist. Wir möchten nicht tiefer in das Feld einsteigen, das können andere viel besser. Viel eher möchten wir in den Spiegel blicken und die eigenen antisemitischen Verstrickungen mit euch teilen.

Der Antisemitismus und wir

Als nicht-jüdische Menschen sind wir in Deutschland aufgewachsen und haben, wie die Mehrheit in Deutschland, hauptsächlich in der Schule unser Wissen über die Shoah erworben. Wir erfuhren das meiste über ein Herunterrattern von Jahres- und Opferzahlen, erhielten eine Ahnung von diesem Grauen, indem wir Filme zum Thema sahen oder schwarz-weiße Abbildungen aus Arbeits-

und Konzentrationslagern betrachteten. Mit der Befreiung der europäischen Jüdinnen und Juden aus Arbeitslagern und Konzentrationslagern endete auch schon die deutsch-jüdische Geschichte. Zur Staatsgründung Israels oder dem Verbleib von jüdischen Menschen, die weiterhin in Deutschland weilten, erfuhren wir nichts. Die deutsch-jüdische Geschichte war nun also vorbei.

Als Schwarze Personen verspürten wir eine instinktive Solidarität mit den Opfern des Nationalsozialismus. Wir wussten, dass auch wir nicht Teil der »arischen« Vision eines 1000-jährigen deutschen Reiches gewesen wären, dass wir keinen Platz in diesem Deutschland gehabt hätten. Aber trotz dieser Intuition ist diese Erfahrung nicht in unsere Körper, in unsere Psyche, unsere Identitäten eingeflossen. Und da wir auch teilweise Kinder und Enkel*innen von *weißen* deutschen Menschen sind, die zu den Täter*innen im Nationalsozialismus zählten, verwob sich die deutsche Schuld mit der Schwarzen Solidarität mit jüdischen Menschen. Gleichzeitig gibt es auch Schwarze jüdische Menschen, die in der Intersektion von Rassismus und Antisemitismus stehen. Eine komplexe Angelegenheit.

Wie intersektional Antisemitismus wirkt, zeigt sich traurigerweise dann auch an Schwarzen oder rassifizierten Menschen wie etwa dem Schwarzen US-Sänger Kanye West. Ende 2022 sorgte er wiederholt mit antisemitischen Äußerungen für Entsetzen. An dieser Entgleisung zeigt sich, wie das Herrschaftsprinzip wirkt: Schwarze Menschen können antisemitisch sein, jüdische Menschen können rassistisch sein.

Trotzdem darf nicht vergessen werden, dass jüdische und Schwarze Communities lange als Verbündete agierten und weiterhin agieren. Beide Communities teilen eine Geschichte der Entmenschlichung und Unterdrückung. Sie unterstützten sich gegenseitig bei ihren Kämpfen: Schwarze Soldaten kämpften auf Seiten der Alliierten um die Befreiung der europäischen Juden und Jüdinnen aus den Konzentrationslagern, kämpften für die Niederlage des nationalsozialistischen Deutschlands und der Verbündeten und unterstützten Israels Staatsgründung. Jüdische Bürgerrechtsaktivist*innen unterstützten u. a. Schwarze Amerikaner*innen in der amerikanischen Bürgerrechtsbewegung.[1]

Aber wir möchten in diesem Kapitel nicht über die Geschichte des Antisemitismus sprechen, sondern darüber, wie wir Kinder für Antisemitismus sensibilisieren und wie wir solidarisch miteinander umgehen können.

In Tanya haben wir unsere Expert*in zum Thema gefunden: Sie leistet mit viel Farbe und Style wichtige Arbeit. Mit bunten Kacheln greift sie Fragen zum Judentum oder jüdischen Leben auf, nimmt ihre Follower*innen mit ihrem Kanal *oy_jewish_mama* mit in ihren Alltag, klärt auf, zeigt klare Kante, kritisiert und spricht über Tabus: queeres Leben, ihre Identitäten, die sich nicht in einzelne Schubladen sperren lassen. Sie möchte jüdisches Leben als Normalität des deutschen Lebens abbilden.

Wichtige jüdische Feiertage

Schabbat: Ein heiliger Tag und der wöchentliche Ruhetag im Judentum, der von Freitagabend bis Samstagabend gefeiert wird. Im Schabbat soll auf Arbeit verzichtet werden.

Rosch ha-Schana: Mit dem jüdischen Neujahrsfest beginnt das jüdische Jahr. Gemäß dem gregorianischen Kalender fällt dieses meist auf ein Datum zwischen September und Oktober. Mit diesem Fest wird an die Entstehung der Welt erinnert, eine Gelegenheit, über das eigene Leben zu reflektieren und neue Vorsätze zu fassen. Rosch ha-Schana gehört zu den hohen jüdischen Feiertagen.

Jom Kippur: Er findet 10 Tage nach Rosch ha-Schana statt und ist der höchste jüdische Feiertag, auch als Versöhnungstag bezeichnet. Dieser Tag gilt der Vergebung der Sünden.

Chanukka: Auch jüdisches Lichterfest oder das Fest der Wunder genannt, ist ein achttägiges Fest, das mit dem neunarmigen Leuchter, dem Chanukkia, begangen wird. Jeden Tag wird eine weitere Kerze angezündet. Das Fest wird überall auf der Welt gefeiert.

Purim: Ein sehr fröhliches Fest, das mit Verkleiden und bunten Umzügen vor sich geht. An diesem Tag wird das Leben gefeiert, denn es erinnert an die Königin Ester, die das jüdische Volk davor bewahrte, in Persien, dem heutigen Iran, getötet zu werden.

Pessach: Einer der wichtigen Feiertage im jüdischen Kalender. Das Familienfest erinnert an den Auszug aus Ägypten. Wie Ostern findet Pessach an wechselnden Tagen statt, kann aber für die nächsten Jahre schon ersehen werden.

Die vielen Formen des Jüdischseins

Tanya: »Wenn ich mich als Jüdin bezeichne, kommt sehr oft die Frage: ›Bist du gläubig jüdisch oder von der Herkunft her jüdisch?‹ Das Judentum ist eine Ethnoreligion. Das bedeutet, dass man als jüdisch gilt, wenn man ein jüdisches Elternteil hat.«

Es überrascht immer wieder, wie häufig wir mit Begriffen konfrontiert sind, die in ihrer Bedeutung völlig neutral sind, aber als Waffe genutzt werden. So ist es mit dem Begriff »Jude« oder »Jüdin«. Bis heute empfinden sehr viele Menschen ein großes Unwohlsein bei der Verwendung dieser Begriffe. Doch warum? Sie sind bis heute neutrale Bezeichnungen und werden von Juden und Jüdinnen auch als Selbstbezeichnungen gewählt. Dieses Unwohlsein hat mehrere Gründe. Einerseits gibt es innerhalb der nicht-jüdischen deutschen Welt noch immer keine Normalität und Entspanntheit, über deutsches jüdisches Leben zu sprechen. Klar, dieses wurde ja auch radikal mit der Shoah aus Deutschland vertrieben. Dennoch offenbart bei einem Spaziergang durch deutsche Städte ein Blick auf den Boden und auf Straßennamen jüdische Spuren. Und in Synagogen und bei Veranstaltungen wären Begegnungen weiterhin möglich, wenn es zu einer normalisierten Tradition gehören würde, zu jüdischen Feiertagen oder anderen Momenten diese spezifisch jüdischen Orte aufzusuchen. Doch das Unwohlsein beim Gebrauch des Wortes »Jude« ist geblieben, zu schrecklich ist die Erinnerung an die im Nationalsozialismus zur öffentlichen Markierung, Abwertung und Stigmatisierung missbräuchlich genutzten Davidsterne. Dieses Echo der Geschichte deutet auf die unverarbeitete Dimension dieser deutschen Epoche hin, die zwar mit 1945 und dem Sieg der Alliierten über Nazideutschland ein Ende nahm, jedoch bis heute ihre Schatten der Sprachlosigkeit wirft.

Tanya: »Jude oder Jüdin wird ja oft als Beleidigung gesehen, was es eigentlich nicht ist. Also ich hab eher das Gefühl, dass die Leute versuchen, dieses Wort zu umschreiben, und dann halt jüdische Menschen oder Menschen jüdischer Herkunft oder Menschen jüdischen Glaubens sagen, was als ent-genderte Form vielleicht ganz gut ist, aber nicht als Umschreibung.«

Deutsche Juden und Jüdinnen haben, wie alle Menschen, die entlang vieler unterschiedlicher Identitäten verwoben sind, vielfältige Selbstbezeichnungen entwickelt. Durch Migration oder Flucht gesellen sich auch nationale Bezeichnungen hinzu. Zudem kommen durch eine orthodoxe, konservative oder liberale religiöse Praxis weitere Zugehörigkeitsdimensionen hinzu. Jude und Jüdin sind Bezeichnungen, die auf die gemeinsame Geschichte, Religion oder

Kultur zurückzuführen sind. Oder eben auf die gemeinsame Herkunft oder Abstammung verweisen.

Die Macht der Sprache: zwischen Charme und Abwertung jiddischer Lehnwörter

Anglizismen und Lehnwörter und Ausdrucksweisen aus verschiedenen Sprachen gehören für uns alle zum selbstverständlichen Sprachgebrauch. Bis heute verwenden wir tagtäglich auch als nichtjüdische Menschen wundervolle, schalkhafte Begriffe, ohne dass wir uns bewusst sind, woher sie stammen. Dabei wird die Verwobenheit der deutschen Sprache mit dem Jiddischen anhand so vieler Worte offensichtlich.

Tanya: »Das Jiddische war ja ursprünglich die Sprache der europäischen Jüdinnen und Juden. Das Deutsche hat ja einige Begriffe aus der Sprache übernommen. Und das Interessante ist, dass diese Begriffe oft sehr negativ sind, obwohl sie im Jiddischen neutral waren.«

Jiddisch ist eine Sprache, die sich im Mittelalter aus dem Deutschen entwickelt hat. Durch die antisemitische Trennung von Juden und Jüdinnen von der deutschen Bevölkerung lebten diese in segregierten Stadtteilen, den »Gettos«. Da nur Jungen und Männer damals hebräisch lesen und schreiben lernten und daher als einzige aus der Thora lesen konnten, wurden die religiösen Schriften für die Mädchen und Frauen auf Jiddisch übersetzt. Aus der isolierten Situation und dem täglichen Gebrauch von Deutsch und Hebräisch entstand ein eigener Dialekt. Jiddisch entwickelte sich von Deutschland aus nach Osteuropa zu einer eigenständigen Sprache, die auf ihrer Reise weitere Wörter aus den slawischen Sprachen aufnahm.[2]

Bis heute sind viele Wörter im Gebrauch, deren Ursprung nichtjüdischen Menschen kaum bekannt ist. Wer »schmust« nicht gerne oder redet mal von dem »Schlamassel«, in dem er oder sie gerade steckt? Jemanden »dufte« zu finden oder vom heimatlichen »Kaff« zu erzählen, gehört zu den Grundelementen alltäglicher Konversation. Es macht Spaß, sich auf die Suche nach den Wurzeln verschiedener Wörter zu begeben und den eigenen Blick für diese zu schärfen.

Doch Achtung: Viele Begriffe, die im jiddischen ursprünglich neutral waren, sind durch die antisemitische Brille negativ gefärbt. Das Lehnwort »Ische« bedeutet im Jiddischen einfach nur »Mädchen, junge Frau«, durch die Umdeutung im Deutschen steht der Begriff nun für etwas Negatives, ist nun ein abwertender Begriff der Frau. Hier ist es wichtig darauf zu achten, wie deckungsgleich die ursprünglichen Bedeutungen mit der heutigen Anwendung im Deutschen (von nicht-jüdischen Menschen) sind. Denn wir müssen uns klarmachen, dass durch die jahrhundertelange antisemitische Praxis, Juden und Jüdinnen als Feindbild zu konstruieren, viele Wörter entsprechend entstellt worden sind und ihnen eine Anrüchigkeit angedichtet worden ist, die sie ursprünglich nicht enthielten. Beispiele hierfür sind Worte wie »Mischpoke« (Familie) oder »schachern« (handeln).[3]

Doch wie aus dieser komplizierten Beziehung zwischen dem Jiddischen und dem Deutschen auch ein neues Selbstbewusstsein erwachsen kann, zeigte die Plakataktion anlässlich der im Jahr 2015 in Berlin (70 Jahre nach dem Krieg) stattfindenden größten internationalen jüdischen Sportveranstaltung, der Maccabiade. Auf über 1 500 Plakaten prangten Slogans wie »Bei Gold werden alle meschugge« oder »Die ganze Mischpoke ist am Start« und »Die schnellste Ische Europas«. Mit Selbstbewusstsein und Verve wurde den jiddischen Begriffen ihre ursprüngliche Bedeutung zurückgegeben.

Wie sprechen wir über die Shoah?

Ein Zeichen von Privilegiertheit ist es, über schlimme Realitäten oder schmerzhafte geschichtliche Epochen nicht sprechen zu müssen. Sich den richtigen Zeitpunkt aussuchen zu können, es an die Schule oder andere Orte und Menschen auslagern zu können und zu dürfen. Zu wissen, dass die gesellschaftliche Meinung, Haltung und Perspektive mit deiner übereinstimmen.

Als Menschen, deren Geschichten häufig entlang von Versklavung, Kolonisierung, Vernichtung erzählt werden, als rassifizierte Menschen, die zum Feindbild karikiert wurden, die vertrieben oder vernichtet wurden, gestaltet sich die Situation ungleich schwerer. Denn die Geschichte hat Spuren in den Biografien, in der Erinnerung, im Körper dieser Menschen hinterlassen. Dies zeigt sich in transgenerationalem, genozidalem Trauma, in historischen Erzählungen, im Schweigen, in den (Erinnerungs-)Lücken innerhalb der Familie.

Als Schwarze Personen und Mütter von Schwarzen Kindern fühlen wir uns in der Pflicht, auf diese entsetzliche Vergangenheit hinzuweisen. So brutal sie ist und so sehr wir uns gerne davor drücken möchten, die unschuldige Perspektive der Kinder zu zerstören. Als rassifizierte Kinder haben sie bereits Erfahrungen gemacht und es gab schon genug Anlässe über Rassismus und, ja, auch über die Versklavung Schwarzer Menschen durch *weiße* Menschen, Kolonisierung, Nazis etc. zu sprechen. Nicht als abstrakte historische Randnotizen, sondern ganz konkret. Wenn wir mit unseren Kindern an den Plakaten der diversen Berlinwahlen vorbeiliefen und sie ihre zum Teil gerade erst mühsam errungenen Lesekenntnisse ausgerechnet an den Slogans rechtsextremer Parteien erprobten, die wir dann kontextualisieren mussten, oder auch wenn wir im Berliner Bezirk Schöneberg an den 80 Hinweisschildern und Bildern vorbeispazieren, die zu den Orten des Erinnerns am Bayerischen Platz zählen. »Warum dürfen Juden nicht mehr am Strandbad Wannsee baden?« (Verbot wurde am 22.8.1933 erlassen). Sehr gute Frage, lasst uns dem gemeinsam nachgehen. Denn die Spuren der Geschichte sind an vielen Orten zu finden.

Begriffe klären – eine gemeinsame Sprache finden

Wenn wir über den Holocaust oder die Shoah sprechen, ist es wichtig zu verstehen, wer die Begriffe geprägt hat und wessen Perspektive wir hiermit transportieren.

Reichspogromnacht, auch Novemberpogrome

In der Nacht vom 8. auf den 9. November 1938 brannten die Synagogen, jüdische Friedhöfe wurden geschändet, tausende Geschäfte und Wohnungen von Juden und Jüdinnen wurden zerstört, zwischen 1 300 bis 1 500 Juden und Jüdinnen wurden von den nationalsozialistischen SS, SA, Hitlerjugend und Zivilist*innen misshandelt und ermordet oder nahmen sich das Leben. Mit »Reichskristallnacht« werden diese Pogrome verharmlosend umschrieben.

»Kristallnacht! Das funkelt, blitzt und glitzert wie bei einem Fest! Es wäre längst Zeit, dass diese böswillig-verharmlosende Bezeichnung zumindest aus der Geschichtsschreibung verschwände.«[4]

Hier zeigt sich deutlich, wie selbst in Geschichtsbüchern bis heute das damalige NS-Vokabular überdauert.

Holocaust

Seit der gleichnamigen amerikanischen Filmreihe *Holocaust – Die Geschichte der Familie Weiss* aus dem Jahr 1979 wurde die Vernichtung der europäischen Juden und Jüdinnen und anderer Opfergruppen (z. B. die der Rom*nja und Sinti*zze) durch die Nationalsozialisten als Holocaust bezeichnet. Geprägt wurde der Begriff seit den 1950er-Jahren von den USA. Der Begriff leitet sich aus dem griechischen Wort »holókauston« ab und bedeutet »vollständig verbrannt/Verbranntes«.[5] Vom Holocaust wird seit dem 19. Jahrhundert (da zunächst über die Vernichtung der Armenier durch das Osmanische Reich) gesprochen, wenn es um Massenmorde und Katastrophen geht. Juden und Jüdinnen üben teilweise an diesem Wort Kritik, da »das Wort in seiner biblischen Bedeutung eine religiöse, kultische Handlung meint. Der Holocaust im Nationalsozialismus war jedoch ein systematischer Massenmord.«[6]

Shoah

Der hebräische Begriff bedeutet »große Katastrophe oder Zerstörung«. Das Wort »Shoah« stammt, im Unterschied zum Begriff »Holocaust«, aus der Perspektive der Juden und Jüdinnen und bezieht sich vor allem auf ihre Vernichtung während des Nationalsozialismus, auch wenn der Begriff aufgrund der jahrhundertealten Verfolgung von Juden und Jüdinnen schon vorher existierte.

Churban

Auch dieser Begriff fällt, wenn von der Vernichtung der europäischen Jüdinnen und Juden gesprochen wird. Das Wort stammt aus dem Jiddischen und bedeutet »Verwüstung, Vernichtung«. Orthodoxe Rabbiner*innen bezeichnen die Vernichtung der europäischen Juden und Jüdinnen als Drittes Churban, um die Kontinuität der Verfolgung der europäischen Juden und Jüdinnen zu verdeutlichen. Der Erste Churban und der Zweite Churban stellen die Vernichtung der Jerusalemer Tempel in den Jahren 586 v. u. Z. und 70 n. u. Z. dar.

Warum sollten wir mit Kindern über die Shoah sprechen?

Kinder, die in Deutschland leben und aufwachsen, sollten erfahren, was in diesem Land passiert ist. Denn das Schweigen und Verheimlichen dieser Fakten verstärkt die Wahrscheinlichkeit, dass sie unwissentlich Symbole, Worte oder Bilder falsch kontextualisieren und eventuell auch so wiedergeben. Das Sprechen über die Shoah ermöglicht es Kindern, ein Bewusstsein über die Vergangenheit des Landes zu bekommen, in dem sie leben. Kinder hören von Kriegen und Vertreibungen, lernen über Nachrichten zwischen »guten« und »schlechten« Ländern zu unterscheiden. Sie lernen intuitiv, auf welcher Seite ihr Land steht. In Deutschland wachsen sie mehrheitlich mit einem Gefühl der Sicherheit auf. Und intuitiv lernen sie, Deutschland auf der Seite der »Guten« zu sehen und Themen wie Krieg oder Vertreibung nach außen zu externalisieren, also als etwas zu verstehen, was nichts mit Deutschland zu tun hat.

Doch sie müssen für das vollständige Bild lernen, dass Kriege, Flucht und Vertreibung nicht Themen anderer Länder oder Regionen sind, sondern Prozesse, die menschengemacht sind. Dass bei allen Kriegen auch Widerstand geleistet wird. Dass es auch Kriege in Deutschland gegeben hat. Und dass Frieden, auch und gerade hier, ein mühevoll errungenes Gut ist, das es zu erhalten gilt. All das kann nicht in einem einzigen Gespräch thematisiert werden, sondern sollte als Beginn einer Auseinandersetzung angesehen werden, die sich über die Zeit entwickeln wird.

Das Kind gibt das Tempo vor

Wie bei allen guten Gesprächen lohnt es sich, auf die Geschwindigkeit des Kindes zu achten. Einige Kinder sind früher neugierig und stellen Fragen, andere Kinder lassen sich noch etwas Zeit. Und dann gibt es natürlich auch Momente, die plötzlich und unvorbereitet geschehen. Ein Hakenkreuz auf einer Häuserwand, ein Stolperstein vor einem Haus, ein Bild oder ein Wort. Und schon ergibt sich die Gelegenheit, mit dem Kind über die Shoah zu sprechen.

Ob es den richtigen Zeitpunkt gibt? Wir wünschen uns natürlich, schwierige Themen optimal vorbereitet anzugehen. Wir haben unsere Statistiken parat, haben uns die richtigen Worte im Geiste schon zurechtgelegt. Haben uns von all den anderen Nebenschauplätzen, To-do-Listen etc. zurückgezogen und können uns ganz intensiv gemeinsam mit dem Kind mit diesem Thema auseinandersetzen. Doch in den seltenen Fällen geht es so geordnet zu. Meist brechen die Ereignisse über uns herein und wir müssen uns als erwachsene Bezugspersonen mit der Situation auseinandersetzen. Uns muss jedoch klar sein, dass, wenn *wir* diese Gespräche nicht mit den Kindern führen, sie früher oder später selbst diese »Gespräche« führen werden. In der »secret education«, nach Linda Christensen[7], erwerben Kinder Vorurteile und eben auch Antisemitismus aus vielen unterschiedlichen Quellen: durch das hingesprayte antisemitische Wort, ein Hakenkreuz, Comics oder mediale Bilder oder das große Schweigen zu der jüdischen Vergangenheit und Präsenz in Deutschland. All diese Informationen beeinflussen, was sie konkret oder diffus zu Jüd*innen denken, was sie über das Judentum lernen oder eben nicht lernen, wie vertraut ihnen jüdische Menschen sind oder nach antisemitischer Logik fremd und potenziell Feindbild. Und sie lernen von unserer Reaktion auf diese Symbole: Reagieren wir darauf, lehnen wir sie ab? Ja, aber wie? Erklären wir den Hintergrund für unsere Ablehnung? Sehen wir uns in der Pflicht, diese zu übermalen, zu melden, darüber zu sprechen? Mit welchen Worten sprechen wir mit Kindern darüber? Reden wir über die politische Gesinnung der Akteur*innen, setzen wir diese in einen historischen Bezug? Empfinden wir das Erkennen dieser Symbole als eine wichtige Kompetenz? Falls nein, warum nicht? Falls ja, warum?

Kleine Kinder

Mit kleinen und auch schon etwas größeren Kindern werden wir sicherlich nicht Bilder aus dem Konzentrations- und Vernichtungslager Ausschwitz betrachten. Mit Kleinkindern laufen wir den Weg entlang und betrachten aus ihrem Blickwinkel die Stadt. Schon haben wir in den größeren Städten die ersten Stolpersteine entdeckt. Wer hat denn hier gewohnt? Wie hießen sie? Was passierte mit ihnen? Auch hier ist klar, dass wir kleinen Kindern gegenüber nicht von Mord sprechen können. Aber wir werden einen Weg finden, klarzumachen, dass diese Menschen unfreiwillig dazu gezwungen wurden, dieses Haus zu verlassen, ihr Hab und Gut zurückzulassen. Und ein paar Schritte weiter werden wir weitere Stolpersteine entdecken. Was ist denn hier passiert? Mit jedem Schritt nehmen wir Kinder mit in die Geschichte. Sie erleben, dass hinter jedem Stein eine Person oder Familie steht, sie erfahren ihre Namen, erleben sie als vollständige Menschen. Schon in diesem Alter kann auch über die jüdische Identität der Menschen gesprochen werden. Was bedeutet es denn, »jüdisch« zu sein? Glauben sie auch an Gott? Ihre Kirche heißt Synagoge? Vielleicht wäre das eine schöne Gelegenheit, gemeinsam eine Synagoge zu besuchen.

Lest gemeinsam Bücher über jüdische Menschen. Über Anne Frank, Marie Curie oder Albert Einstein. Es gibt glücklicherweise immer mehr großartige Bücher, die (klein-) kindgerecht von jüdischen Persönlichkeiten erzählen. Und Kindern damit auch Jüd*innen in ihrer Heterogenität zeigen, jenseits der Fokussierung auf die Geschichte der Shoah, als Teil ihrer Gesellschaften, als Vorbilder und Held*innen, die wichtige Beiträge geleistet haben.

Ältere Kinder

Auch hier gilt, dass das Kind das Tempo bestimmt. Denn nicht alle Kinder sind zum selben Zeitpunkt ausreichend gereift, sowohl emotional als auch kognitiv, um sich einem Thema wie dem Holocaust zu widmen. Wenn das Kind bereit für das Gespräch ist, geht es nicht darum, Bilder oder Statistiken aufzubereiten, um die Dimensionen der Vernichtung zu vermitteln. Statistiken bergen die Gefahr, das Unfassbare zu abstrahieren, statt konkret zu veranschaulichen, dass hinter jeder statistischen Nummer ein Menschenleben steckt, eine ganze Welt voller Hoffnungen, Gefühle, Träume. Damit Kinder verstehen, wie es zu dieser unbeschreiblichen Tragödie gekommen ist, ist es wichtig, die Struktur der Shoah herunterzubrechen, beispielsweise auf deine Familiengeschichte.

Sprich über die Geschichte deiner deutschen Familie

Wenn wir über den Holocaust sprechen, müssen wir auch über die Geschichte der eigenen deutschen Familie sprechen. Wie hat sie gelebt, welche Narrative haben sich im kollektiven Gedächtnis der Familie normalisiert? In vielen nicht-jüdischen Familien hören Kinder von den Heldentaten des Opas. Andere von den Jahren der Gefangenschaft oder der Entbehrungen. Wiederum andere hören von der Flucht und dass der eine und so viele andere im Krieg geblieben sind. Das alles sind wichtige Themen und selbstverständlich Teil der Familiennarrative. Aber sehr häufig fehlen in diesen Erzählungen die Perspektive der Politik und die Fragen nach der familiären Beteiligung und danach, wie das alles zusammenhängt. Ein Blick auf das Ganze, das sich nicht auf ein distanziertes »die Deutschen und Hitler« reduziert. Hier offenbart sich ein psychologischer Trick: Die Trennung der Familienerzählungen von der politischen Dimension des Holocaust ermöglicht es vielen Familien, sich von der großen Schuldfrage und den wahrscheinlichen eigenen Verstrickungen freizusprechen.

Aber mit dem Kind ergibt sich die Gelegenheit, diesen Fragen nachzugehen. Auch wenn immer mehr Urgroßeltern verstorben und die wenigen noch lebenden Zeitzeugen hochbetagt sind, können diese Gespräche geführt werden. Was wissen wir über diese Zeit? Wo haben die Großeltern gelebt? Wie hat diese Zeit ihr Leben geprägt? Haben sie von Jüdinnen und Juden erzählt? Wie viele jüdische Menschen gab es in ihrer Stadt, in ihrer Gemeinde, in ihrer Schule? Als diese zunehmend verschwanden, wie haben sie das erlebt, sich erklärt? Was ist mit ihnen passiert? Waren sie in nationalsozialistische Strukturen involviert? Was waren die Beweggründe dafür? Diese Fragen können ein Einstieg sein, um mit Kindern in ein Gespräch zu kommen. Lass die Gefühle, die dabei aufkommen, zu, denn auch sie bergen ein Wissen und zeigen, wie elementar diese Erfahrungen und das Sprechen über diese Themen sind. Ein wichtiger Schritt gegen die Sprachlosigkeit und das Tabuisieren der Shoah.

Gegen den Verlust der Menschlichkeit

Ein Grundelement des Versagens während des Holocaust war der Verlust der Menschlichkeit. Jüdische Nachbar*innen, Freund*innen, Verwandte und Partner*innen wurden, getrieben von antisemitischer Propaganda, die in einer jahrhundertealten Tradition stand, zu einem Feindbild konstruiert. Mithilfe von Gesetzen und einer Bevölkerung, die keine Fähigkeit besaß, Empathie, Akzeptanz oder Verständnis gegenüber den als fremd konstruierten Mitbürger*innen zu empfinden, wurden sie vertrieben und letztendlich vernichtet.

Es ist wichtig, sich zu vergegenwärtigen, dass die ständig heraufbeschworenen Qualitäten wie Empathie, Akzeptanz und Verständnis nicht nur ein schönes Rahmenwerk sind, sondern eine wichtige Grundlage bilden, um eine zunehmend heterogene Gesellschaft verstehen und ihr empathisch begegnen zu können.

Sprich über die Wirkung von Hassrede und Propaganda

Worte sind Waffen und können eine tödliche Wirkung haben. Kinder verstehen, wie Worte verletzen können. Stelle dir mit deinem Kind in einem Gedankenspiel vor, wie es wäre, wenn bestimmte Menschen immer wieder mit negativen Attributen benannt, immer wieder als Schuldige für negative Dinge herangezogen würden. Wie würden sich diese Menschen fühlen? Was löste das in ihnen aus? Wie könnte Unterstützung aussehen? Es ist wichtig, diesen gedanklichen Bogen bei der Erfahrung der Jüdinnen und Juden zu beenden. Und zu benennen, in welcher Form der Antisemitismus sich äußert.

Erzähle Geschichten des jüdischen Widerstands

Wir erinnern uns, dass wir im Geschichtsunterricht, außer vom Aufstand im Getto von Warschau (1943), keine Geschichten von jüdischem Widerstand gehört hatten. Das ist gefährlich einseitig und vor allem nicht korrekt. Mit Oskar Schindler oder mit Sophie Scholl möchten sich Deutsche gerne identifizieren, denn, so Monty Ott:

*»Erzählungen über den militärischen Widerstand und die Weiße Rose (..) bieten eine angenehme Projektionsfläche: Reuige Sünder*innen, erst verführt, haben dann die Wahrheit erkannt und am Ende gehören sie doch zu den Guten. Eine Erzählung, die nicht nur für die*den Einzelne*n, sondern gleich für die ganze deutsche Nation imaginiert wird.«*[8]

Es gab viele Aufstände von Jüdinnen und Juden gegen das nationalsozialistische System. Und es ist essenziell, diese Geschichten zu erzählen, damit Jüd*innen aus dem ihnen aufgezwungenen Opfernarrativ auszubrechen können und um zu zeigen, dass »die Mehrheit der Deutschen das System bis zuletzt unterstützte«[9]. Es gab jüdischen Widerstand: Im Untergrund, als Teil der Alliierten, als Partisanengruppen, im Verborgenen. Dies zeigt, dass Menschen im Angesicht von Unrecht und Verfolgung bereit waren, ihr Leben zu riskieren und letztendlich auch ihr Leben zu lassen.

Für jüdische Bezugspersonen und jüdische Kinder

Viele der beschriebenen Punkte mögen aus eurer Perspektive wie eine Privilegiendemonstration nicht-jüdischer Menschen wirken: sich Zeit nehmen, um sich auf das Thema einzulassen, auf die Aufnahmefähigkeit der Kinder eingehen, die Kinder den Zeitpunkt wählen zu lassen, entspannt die Geschichte der Stolpersteine zu entdecken, bei günstiger Gelegenheit mit der Familie über deren Verstrickungen zu sprechen. Als rassifizierte Personen wissen und verstehen wir, wie schmerzhaft es sein kann, diese Machtdemonstration mitzubekommen und zu wissen, wie viel Zeit und Muße sich ein privilegiertes Gegenüber nehmen kann, um über lebensnotwendige Themen zu sprechen, die ja auch euch und euer Leben und eure Sicherheit betreffen. Und wir haben eine Ahnung davon, wie unendlich vielschichtig und komplex dieses Sprechen sein muss, wenn es eben auch Ebenen beschreiben soll, die tiefe emotionale Dimensionen erreichen. Wenn es von Tod und dem Verlust von Menschen erzählt, von Familien, die sich dadurch über Kontinente und Länder verteilen, von den Ängsten um das Kind, von den Ängsten, in diesem Land zu sein, und so viel mehr.

Wir wissen, dass betroffene Menschen selten das Privileg haben, die Unschuld ihrer Kinder durch Nicht-Sprechen zu bewahren. Welche »Unschuld« kann es haben, wenn dieses Nichtwissen bewirkt, dass andere dadurch schutzloser sind, ihre Identitäten verbergen müssen, mit ahnungslosen Fragen oder Bildern konfrontiert werden könnten?

Rassifizierte Menschen haben dieses Privileg nicht. Wir müssen mit unseren Kindern sprechen. Aber wir haben manchmal die Gelegenheit, zuerst mit unseren Kindern zu sprechen, bevor es die Gesellschaft tut. Wir haben die Möglichkeit, unseren Kindern Schlüssel an die Hand zu geben, damit sie verstehen, wie unendlich wertvoll sie sind und welche unermesslichen Schätze in ihnen und ihrer Geschichte stecken.

Wir möchten daher keine Lösungsvorschläge machen – das Wissen um den Umgang mit Antisemitismus ist innerhalb der jüdischen Communities, Initiativen und Familien am besten entwickelt: mit viel Expertise, Liebe und Klugheit, (schwarzem) Humor, Schalk und Style.

Wir möchten zeigen, wie wir uns empowern, um Kraft tanken und unsere eigene Schönheit sehen zu können. Um zu lachen, albern zu sein und auch mal über unsere Erfahrungen wütend, genervt oder verletzt zu sein. Immer im Wissen, wie viel Zuneigung, Respekt und auch Stolz wir gegenüber Menschen empfinden, deren Verletzlichkeit, Schweigen und Unsichtbarkeit auch die unseren sind.

Wissen, lernen, erzählen

Die offizielle Geschichtsschreibung erzählt vor allem aus und von der Sicht der dominanten Gruppe: die der cis-heterosexuellen Männer, die der *weißen* Menschen, die der Mittelschicht etc. Menschen, deren Identitäten durch Rassifizierung oder durch Feindbildkonstruktion unsichtbar, verdrängt oder vernichtet wurden, werden meist nur auf einseitige Geschichten und Perspektiven reduziert. Daher ist es wichtig, Kinder schon früh für die Vielschichtigkeit zu sensibilisieren. Ihnen zu zeigen, dass auch Geschichtserzählungen Erzählungen sind, in denen viele Aspekte unerzählt bleiben. Fast immer fehlen die weibliche Perspektive, die von Menschen mit Behinderungen, von Transmenschen, jüdischen Menschen, Schwarzen Menschen etc. Und die Geschichten des Widerstands.

Isolation aufbrechen, Communities suchen

Viele rassifizierte Menschen wachsen sehr isoliert in Dörfern, Kleinstädten und ländlichen Regionen auf und kennen außerhalb ihrer eigenen Familie, eventuell nicht einmal da, keine anderen rassifizierten Menschen. Durch die Sozialen Medien und die digitale Durchdringung von Angeboten – wenigstens ein schöner Aspekt, den die Corona-Pandemie brachte –, gibt es immer mehr Möglichkeiten, Online-Angebote zu nutzen und sich mit Menschen zu vernetzen. Diese Communities, mit der ihnen innewohnenden Schwarmintelligenz, können lebensbereichernd sein und den Weg zu anderen Menschen, die vielleicht doch gar nicht so weit entfernt von dir wohnen, eröffnen. Kommt in Kontakt, vernetzt euch, tauscht euch aus und findet zu vielen Fragen Rat, Tat und Unterstützung.

Mehrheitserfahrung machen

Dazu hat uns Tanya erzählt: *»Mit 16 bin ich zu meinen Verwandten nach Israel geflogen und war dann einige Zeit dort. Und das war für mich Augen öffnend, diese Reise. Dort habe ich zum ersten Mal gesehen: Man kann das Jüdischsein einfach offen ausleben. Nicht so wie in Deutschland. Und da waren da auch diese ganzen Feste und Leute, die da mit Kippa rumgelaufen sind. Das war so spirituell für mich, so krass, und ich habe mir dort auch eine Kette mit Davidstern gekauft und bin dann so zurückgekommen.«*

Viele Kinder of Color wachsen isoliert auf, aber es ist wichtig, dass sie auch Mehrheitserfahrungen machen. Dass sie verstehen, es gibt so viele unterschiedliche Ausdrucksformen und sie sind mehr als nur dieses eine Vielfaltsmerkmal. Nicht alle Familien haben die finanziellen, persönlichen oder strukturellen Ressourcen, nach Israel zu reisen. Doch auch in Europa oder vor allem in den USA gibt es große jüdische Communities. Dort durch die Straßen zu schlendern, Veranstaltungen zu besuchen oder in einem Café zu sitzen und jüdische Menschen in ihrer Heterogenität zu beobachten, kann sehr empowernd wirken.

Freude mit der Identität entwickeln

Für uns fast der wichtigste Punkt. Feiere dich und deine Identitäten. Dein Schwarzsein, dein Jüdischsein, dein Muslimischsein ist nicht das Problem. Das Problem liegt in der Gesellschaft, die dies für sich zum Problem konstruiert. Als Individuum ist es schwer, sich komplett von diesen Zuschreibungen zu distanzieren. Umso mehr, da diese ja viele Implikationen für dein Leben haben. Doch es ist wichtig, sich dann und wann diesen projizierten Bildern zu entziehen, raus aus dem Erklärbär-Modus zu kommen und rein in die Freude. Es gibt so viele Momente, die Freude entfesseln: Musik, Filme, Bücher, Gesellschaft, Essen. Suche und kreiere diese Momente sehr bewusst für dich und das Kind. Genießt sie, tankt auf, kommt bei euch an.

Antisemitismus begegnen

Was können wir tun, wenn wir als nicht-jüdische Menschen antisemitischen Situationen begegnen? Erkennen wir diese überhaupt? Wie argumentiere ich am Familientisch? Und wenn es in der Öffentlichkeit passiert? Das mit dem Widerstand klingt immer sehr kompliziert. Doch wie alles Große beginnt der Weg mit einem ersten Schritt:

Get up, stand up. Ally oder Kompliz*in werden

Der Antisemitismus hat in den letzten Jahren wieder stark zugenommen. Die Proteste gegen die Corona-Maßnahmen und die Impfpolitik wurden von einem antisemitischen Grundrauschen begleitet, in Demonstrationen waren hier und da die gelben Davidsterne zu erblicken, die Menschen sich an die Brust steckten, um ihre Situation mit der von Jüdinnen und Juden in der NS-Zeit zu vergleichen. Diese Geschmacklosigkeit muss hier nicht weiter beschrieben werden, es zeigt nur: der Antisemitismus wird immer wieder Möglichkeiten finden, sich zu offenbaren. Sei es auf Demonstrationen, im Klassenzimmer, auf den Pausenhof oder am Familientisch. Das sind die Gelegenheiten, um aufzustehen und eine Situation oder eine Äußerung als antisemitisch zu benennen. Nun, einige werden sagen, dass sie Angst davor haben, sich für diese Feststellung erklären zu müssen. Das bringt uns zum nächsten Punkt.

Wahrnehmung schärfen: Was ist denn nun antisemitisch und wie argumentiere ich dagegen?

Viele nicht-jüdische Menschen kennen die folgende Situation: am Familientisch oder in der Stammkneipe wird über die gute, alte Zeit gesprochen. Gemeint ist natürlich die NS-Zeit. Spätestens wenn von den »guten Projekten« wie dem Ausbau der Autobahn gesprochen wird oder die damalige Beendigung der Massenarbeitslosigkeit gelobt wird, ist es Zeit einzugreifen. Eine Strategie kann es sein, Fakten zu allen möglichen antisemitischen Behauptungen zusammenzutragen und sich argumentativ vorzubereiten (schau mal bei www.nichts-gegen-juden.de). Da der Antisemitismus sich jedoch immer wieder in neuen Gewändern zeigt, ist es ein recht hoffnungsloses Unterfangen. Trotzdem ist es wichtig, sich weiterzubilden und zu sensibilisieren. Denn gewisse Geschichtsrevisionisten sehen Deutsche ebenso als Opfer des Zweiten Weltkrieges. Dabei handelt es sich um den Versuch der eigenen Entlastung von der Schuldfrage und nicht um die Abbildung einer Wahrheit, die eben auch besagt, dass viele Deutsche Mitläufer waren, sich aktiv beteiligten und diesen Krieg einschließlich der Vernichtung von Jüdinnen und Juden zumindest nicht aktiv ablehnten, sondern in Teilen akzeptierten oder gar wollten.

Nicht immer kannst du dich gegen diese Stimmung am Tisch durchsetzen, nicht immer möchtest du einen Kontaktabbruch bewirken. Du kannst jedoch die Situation oder die Äußerung als antisemitisch oder falsch outen und den Tisch/die Situation verlassen. Unrecht geschieht auch, weil zu viele nichts sagen oder nicht handeln. »*If you are neutral in situations of injustice, you have chosen the side of the oppressor*«, sagte der südafrikanische Friedensnobelpreisträger Desmond Tutu.

Ändere deine Seh- und Hörgewohnheiten

Die deutschen und europäischen Film-, Literatur-, Musikindustrien sind maßgeblich von den Werken jüdischer Menschen geprägt. Wegen der Shoah sind viele jüdische Menschen, die in Kunst und Kultur tätig waren, in andere Länder, wie Großbritannien oder die USA, ins Exil gegangen. Und bis heute gibt es vor allem in den USA eine große Kulturlandschaft von jüdischen Kunstschaffenden. Mach dich auf die Suche nach diesen Stimmen, die die Vielseitigkeit jüdischer Beiträge zeigen.

Neue Rituale und Gewohnheiten entwickeln

Wie gehst du mit dem 8. Mai, dem Tag des Kriegsendes, um? Widmest du dem einen Gedanken? Sprichst du mit jemanden über die Bedeutung dieses Tages? Hast du Rituale entwickelt? Nutzt du den Tag, um bestimmte Orte aufzusuchen? Thematisierst du den Tag bei deinen Kindern? Der Frieden in Deutschland, jeder Frieden ist ein Ergebnis mühevoller Prozesse. Er ist teuer und schmerzhaft erkauft. Er sollte nie selbstverständlich sein, vor allem angesichts der Gegenwart, in der Kriege und mit ihnen einhergehende Vertreibungen und Fluchtbewegungen allgegenwärtig sind.

In diesen Jahren sterben die letzten Zeitzeug*innen, Menschen, die eine Verbindung zwischen unserer ach so fortschrittlichen Gegenwart und der düsteren Epoche deutscher Geschichte halten. Während wir diese Zeilen schreiben, erreicht eine unter Verfassungsschutz stehende rechte Partei in einer deutschlandweiten Umfrage 20 Prozent. Die rechten Kräfte erstarken also immer weiter. Wie können wir als Gesellschaft damit umgehen, wenn die Schatten des letzten Krieges scheinbar mit den letzten Zeitzeug*innen verschwinden und rechte Ideologien selbst in der Mitte der Gesellschaft als wählbar erscheinen? Vielleicht ist die Zeit gekommen, die Gedenktage, die mit der Shoah zusammenhängen, zu nutzen, um klarzumachen, was das »Nie wieder« heute bedeuten muss.

Tipps für weiteres Empowerment

Bücher über die Shoah und den Nationalsozialismus

- *Kinder mit Stern,* Martine Letterie, Carlsen Verlag, ab 10 Jahre: Rosa liebt den Zoo. Die Giraffen mit ihrem weichen Fell und den schönen Augen mag sie besonders gern. Und Jules will eigentlich bloß mit der Straßenbahn zu seinem besten Freund fahren, so wie immer. Doch auf einmal dürfen sie das nicht mehr. Das Buch erzählt von jüdischen Kindern, die nicht nur Schrecken und Leid erleben, sondern trotz allem auch Momente voller Glück und Zusammenhalt.
- *Zwei von Jedem,* Rose Lagercrantz, Moritz Verlag, ab 9 Jahre
- *Peter in Gefahr,* Helen Bate, Moritz Verlag, ab 7 Jahre
- *Das Tagebuch der Anne Frank,* Ari Folman & David Polonsky, Fischer Verlag, ab 10 Jahre
- *Als Hitler das rosa Kaninchen stahl,* Judith Kerr, Ravensburger Verlag, ab 12 Jahre

- *Das versteckte Kind,* Marc Lizano & Loic Dauvillier, Panini Verlag, ab 14 Jahre
- *Marisha, das Mädchen aus dem Fass,* Gabriele Hannemann und Inbal Leitner, Ariella Verlag, ab 10 Jahre
- *Maus,* von Art Spiegelman, Fischer Verlag
- *Das kostbarste aller Güter,* Jean-Claude Grumberg und Ulrike Möltgen, Jacoby & Stuart Verlag
- *Anne Frank, Little People Big Dreams*, Suhrkamp Verlag, ab 4 Jahre

Auf der Webseite des Jüdischen Museums in Berlin finden sich weitere Kinderbuchtitel zum Holocaust und Nationalsozialismus.

Bücher zu jüdischem Leben

- *Für jeden ein Licht,* Lee Wind und Paul O. Zelinsky, Fischer Sauerländer Verlag, ab 4 Jahre: Simon hilft bei den Vorbereitungen für das Lichterfest und Teresa schmückt mit ihren Eltern den Weihnachtsbaum. Sie sind Nachbarn und beste Freunde. Abends erstrahlen ihre Fenster im festlichen Licht. Da fliegt ein Stein, Scherben fallen zu Boden, die Kerzen der Chanukkia verlöschen. Simon will die Lichter wieder anzünden, sie sollen sich als Juden nicht verstecken. Entschlossen malt Teresa den Leuchter mit den neun Kerzen auf ein Blatt Papier. Für Simon! Und hängt dieses Bild in ihr Fenster. Tausende machen es ihr nach.
- *Und doch sind alle Äpfel rund,* Christine Hubka & Agnes Ofner, Tyrolia Verlag, ab 7 Jahre
- *Beni, Oma und ihr Geheimnis,* Eva Lezzi, Hentrich und Hentrich Verlag, ab 8 Jahre
- *Der geheimnisvolle Koffer von Herrn Benjamin,* Pei-Yu Chang, NordSüd Verlag, ab 4 Jahre
- *Little People Big Dreams-Reihe* mit jüdischen Biographien: Simone De Bouvoir, Marie Curie, Albert Einstein etc., Suhrkamp Verlag

- *Lena feiert Pessach mit Alma,* Myriam Halberstam und Julia Spätz, Ariella Verlag, ab 4 Jahre
- *Ein Pferd zu Channukka,* Myriam Halberstam und Nancy Cote, Ariella Verlag, ab 3 Jahre
- *Völlig meschugge?!,* Andreas Steinhöfel und Melanie Garanin, Carlsen Verlag, ab 12 Jahre

Der Ariella Verlag hat sich auf die Produktion von jüdischen Kinderbüchern spezialisiert.

Podcast

- JMMPodcast
- Gesternistjetzt
- Chuzpe – jung und irgendwie jüdisch
- Irgendwiejüdisch

Social Media

Instagram

- @oy_jewish_mamma
- @max_czollek
- @meet_a_jew
- @juedisch.und.deutsch
- @jewishintersectional

Kalender

- 27. Januar: Am 27. Januar 1945 befreiten sowjetische Truppen jüdische Menschen aus dem nationalsozialistischen Konzentrations- und Vernichtungslager Auschwitz-Birkenau. Dort trafen sie nur noch auf wenige Überlebende der über 1,1 Millionen ermordeten Menschen. Mit über 90 Prozent stellten die Juden und Jüdinnen die größte Gruppe der hier Ermordeten dar. Erst seit dem Jahr 1996 wurde dieser Tag zum Gedenktag erklärt. An diesem Tag hängen die Fahnen an den öffentlichen Gebäuden auf Halbmast.

- 18. April: In Israel und weltweit wird seit 1951 an Jom Ha-Schoah des jüdischen Widerstands und der über 6 Millionen jüdischen »Helden und Heldinnnen«, die zum Opfer des Nationalsozialismus wurden, gedacht. Zwei Minuten lang heulen am Vormittag die Sirenen und die Öffentlichkeit steht still.
- 9. November: An diesem Tag im Jahr 1938 soll der Opfer der Reichspogromnacht (auch Novemberpogrome) gedacht werden. Doch diesen Tag als Gedenktag zu erwählen, wird von jüdischer Perspektive kritisiert. Denn an diesem Tag verdichtet sich die deutsche Geschichte gleich mehrmals. An diesem »deutschesten Tag« wurde die Weimarer Republik im Jahr 1918 ausgerufen, scheiterte im Jahr 1923 der Putschversuch gegen Hitler und die Mauer fiel im Jahr 1989. All diese wichtigen Ereignisse könnten die Bedeutung des Tages minimieren.

Biografie des/der Expert*in

Tanya Raab wurde 2000 in der ukrainischen Stadt Krementschuk geboren. Mit drei Jahren zog sie mit ihren Eltern nach Deutschland und wuchs in Frankfurt (Oder) auf. Nach ihrem Schulabschluss begann sie ein Lehramtsstudium (Deutsch und Russisch) in Potsdam und zog nach Brandenburg an der Havel. Dort lebt sie mit ihrem Mann und ihrer kleinen Tochter, die 2021 geboren wurde. Seit 2021 berichtet sie in ihrem Instagramkanal *oy_jewish_mamma* aus ihrem Alltag als liberale Jüdin in Deutschland und klärt über die Vielfalt jüdischen Lebens auf.

Anti-Gender-Diversity – Was wird es denn? Ein Mensch

Max: »Wenn ein junger Mensch im Kindergarten oder in der Schule den Mut hat, sich hinzustellen und zu sagen ›Ich bin kein Mädchen, ich bin kein Junge, sondern was komplett anderes‹, dann muss das vor allem auch ernst genommen werden. Das passiert in den seltensten Fällen, dass Kinder, die ihre Transidentität ausdrücken, in dieser Identität ernstgenommen werden. Vor allem von Erwachsenen werden sie oft belächelt oder es wird abgetan als Phase oder gesagt ›das gibt's doch gar nicht‹ oder so in die Richtung.«

»Und was wird es denn?« Es gibt wohl keine schwangere Person, die diese Frage noch nicht gehört hat. Dem Geschlecht des ungeborenenen Kindes wird eine unglaubliche Wichtigkeit zugeschrieben. Sogenannte Gender-Reveal-Partys, bei denen die Eltern eine farblich neutrale Torte aufschneiden, deren rosa oder hellblaue Füllung das Geschlecht des Sprösslings enthüllt, nehmen immer bizarrere Formen an. Diese Farbcodes werden dann auch gleich für die Erstausstattung übernommen. Jedoch nicht nur die Farbe und Art der Ausstattung werden durch das Geschlecht bestimmt, sondern auch die elterlichen und gesellschaftlichen Erwartungen an den kleinen Menschen. Wir möchten uns hier über niemanden erheben. Auch wir haben uns, während wir selbst schwanger waren, Gedanken über das Geschlecht unseres zukünftigen Kindes gemacht. Was wir aber sagen können ist, dass wir keinerlei Präferenzen hatten, und das liegt auch daran, dass wir in einer Gesellschaft leben, in der uns keine Sanktionen oder Ablehnung drohen, hätte unser Kind das »falsche« Geschlecht. Das ist gut.

Vergleichen wir die starke Fokussierung auf das Geschlecht heute mit dessen Thematisierung in unserer eigenen Kindheit, stellen wir fest, dass sich einiges in eher negativer Richtung entwickelt hat. Mit unseren Brüdern teilten wir uns Legosteine, welche in knalligen Grundfarben daherkamen und keine Vorgaben machten zu der Art und Weise, wie, wer oder was damit gebaut wurde. Auch die braunen Cord-Latzhosen wurden unabhängig vom Geschlecht des Kindes vom ältesten bis zum jüngsten aufgetragen. Sicherlich hatten wir Röcke und unsere Brüder nicht. Aber vieles waren auch einfach Kindersachen und nicht Sachen für Mädchen oder für Jungen.

Und ist das jetzt so schlimm? Viele Mädchen mögen rosa und viele Jungen stehen auf Fußball. Aber sind diese Präferenzen wirklich immer die des jeweiligen Kindes? Oder besteht eine Wahlfreiheit gar nicht, weil die Gesellschaft/Medien/Spielzeugproduzent*innen usw. unseren Kindern vorgeben, was ihnen gefallen sollte? Selbst bei Produkten, die jedes Kind irgendwann braucht, wie einem Füller, werden von der Industrie oft gesonderte Produkte jeweils für Mädchen oder für Jungen angeboten. Produkte mit dem absurdesten Gendermarketing werden inzwischen jährlich mit dem *Goldenen Zaunpfahl* gekürt.

Dieses binäre Framing ist schlimm, weil es einengt und Menschen, die nicht den binären Geschlechterklischees entsprechen, abstraft. Von Hänseleien über Mobbing zu Diffamierungen, Gewalt und auch Mord gibt es nichts, was Menschen, die aus Geschlechterklischees und den ihnen zugeschriebenen Rollen heraustreten, nicht erleben müssen. 63 Prozent transidenter Menschen gaben in einer Studie an, dass sie sich in den letzten 12 Monaten aufgrund der Tatsache, dass sie als trans Person wahrgenommen werden, diskriminiert oder belästigt fühlten.[1]

Wir haben uns dafür entschieden, das Thema geschlechtliche Vielfalt mit in dieses Buch aufzunehmen, nicht um Mädchen zu verbieten, rosa zu tragen, und Jungs zum Ballett zu zwingen. Es geht uns um einen eklatanten gesellschaftlichen Missstand, welcher in seiner Konsequenz Menschenleben kostet. Der dazu führt, dass Menschen ausgegrenzt und diskriminiert werden, was sie vereinsamen lässt und psychische Erkrankungen bei ihnen hervorrufen kann. Wir verstehen es als unsere, aber auch als eine gesamtgesellschaftliche, vor allem bildungspolitische Aufgabe, uns mit dem Themenfeld »geschlechtliche Vielfalt« auseinanderzusetzen, um Positives für die nächste Generation bewirken zu können.

Wir haben das Glück gehabt, in diesem Zusammenhang mit Max Appenroth sprechen zu dürfen. Max ist unter anderem Aktivist, Diversity Berater, Moderator und Buchautor. In einem sehr persönlichen Interview hat Max uns von seinem Weg berichtet. Für uns waren insbesondere seine Erfahrungen als transmännliche nicht-binäre Person, seine Rolle als Vater und seine Motivation, unter anderem ein Kinderbuch zu schreiben, spannend.

Denn was ist, wenn ein Kind nicht nur den vorgegebenen Rollenklischees und Stereotypen entspricht, sondern sich dem ihm bei der Geburt zugeschriebenen Geschlecht nicht als zugehörig empfindet, also transident ist? Wir haben aus dem Gespräch mit Max viel über die Lebensrealität transidenter Menschen erfahren. Durch die Beschäftigung mit dem Thema können wir sagen, es ginge uns allen viel besser, wenn wir uns und unsere Kinder früh aus dem Korsett binärer Geschlechtervorstellungen und -vorgaben befreien würden!

Vielfalt – keine Erfindung der Neuzeit

Berichte über alternative Geschlechter finden sich in den verschiedensten Zeitaltern der Menschheitsgeschichte von der Bronze- bis zur Neuzeit.[2] Durch die gewaltvolle Kolonialisierung und Missionierung europäischer Kolonialmächte wurden weltweit kulturell und gesellschaftlich anerkannte Identitäten jenseits des Zwei-Geschlechter-Modells ausgelöscht, so Chistian Säfken in einem Beitrag zu Transgeschlechtlichkeit und Intergeschlechtlichkeit:

»In den westlichen Ländern ist der Umgang mit Menschen, deren Geschlechtsidentität von ihrem körperlichen Geschlecht abweicht, zu einer Domäne der Psychologie und der Medizin geworden. Intersexuelle Kinder, deren Genom, Anatomie oder Hormonphysiologie von der Norm abweicht, werden mittels geschlechtsangleichender Korrekturmaßnahmen verweiblicht oder vermännlicht. Jugendliche und Erwachsene, deren seelisches Empfinden ihrer Geschlechtszugehörigkeit sich von ihrem körperlichen Geschlecht unterscheidet, durchlaufen jahrelange Prozeduren der Diagnostik, bevor eine hormonelle und/oder eine chirurgische Geschlechtsangleichung erfolgt.«[3]

Auch wenn die Zahl geouteter transidenter und intergeschlechtlicher Menschen steigt, so bedeutet es nicht, dass es plötzlich mehr von ihnen gibt, sondern dass die Sichtbarkeit und die öffentliche Wahrnehmung steigen.

Im Folgenden eine Auswahl von Zitaten, die das Trans-Kinder-Netz e. V. gesammelt hat.[4]

Lisa (5 Jahre): »Wenn ich meinen Penis abschneide, wächst mir eine Scheide. Die Fee verzaubert mich dann in ein echtes Mädchen! Ich möchte nicht länger als doofer Junge leben, Junge sein ist blöd. Wenn das nicht geht, möchte ich sterben, um im Himmel ein Mädchenengel sein zu können.«

Lisa (4 Jahre): »Mama, warum hast du mir, als ich geboren wurde, keinen Mädchennamen gegeben? Innen drin bin ich ein Mädchen, im Herzen und im Kopf. Als ich geboren wurde, hatte ich auch schon ein Mädchenherz, ich konnte es euch nur nicht sagen, weil ich nicht sprechen konnte.«

Lars (4 Jahre): »Mama, muss ich später heiraten und ein Baby bekommen? Den Busen kann ich ja dann später abschneiden, der ist eklig, mit der Schere. Dann baue ich mir einen Pullermann, den klebe ich mit Kleber an, weil mit Klebeband fällt der ja ab.«

Julia (6 Jahre): »Mama, wer entscheidet denn, ob man als Junge oder Mädchen zur Welt kommt, hast du dir nur Jungs gewünscht oder warum bin ich so geboren? Bei mir müsste nur der Pipi weg und dann wäre ja alles gut.«

Diese Aussagen spiegeln eine Klarheit und aber auch eine Vehemenz und Dringlichkeit. Kein »Vielleicht« oder »Ich wäre gern«, sondern ein klares »Ich bin«. Diese Kinder wissen schon in ihren jungen Jahren, wer sie sind, welchem Geschlecht sie sich zuordnen, und wollen dies auch zum Ausdruck bringen. Die Dringlichkeit zeigt sich in dem Wunsch, den Körper, insbesondere die Geschlechtsorgane zu verändern, um die wahre Identität leben zu können, oder andernfalls sterben zu wollen. Diese Not führt letztendlich auch zu den hohen Suizidraten transidenter Menschen. Es liegt also an uns allen, die Realität von Transidentität anzuerkennen und junge Menschen in ihrem Ausdruck zu unterstützen – alles andere ist fahrlässig.

Abkürzungen und Anglizismen – eine kleine Begriffsübersicht

Max: »Ich bezeichne mich ausführlich ausgesprochen als trans-maskuline nicht-binäre Person. Und in Kurzversion, was für mich auch okay ist, wenn Leute mich so nennen: einfach nur trans Person.«

Sprache und Bezeichnungen sind dynamisch und wandelbar. Besonders spannend sind diese Entwicklungen im Bereich der geschlechtlichen Identität und sexuellen Orientierung. Wir möchten dich einladen, dich der sprachlichen Vielfalt, den vielen Neuerungen, Wortschöpfungen und Selbstbezeichnungen, die es insbesondere in den letzten zehn Jahren im deutschsprachigen Raum gab, zu öffnen.

Bevor wir auf einzelne Begriffe eingehen, wollen wir uns der Abwehr und Ignoranz widmen, die immer noch vorherrscht, wenn es um geschlechtliche Vielfalt geht. Wir selbst sind Kinder der 80er-Jahre. In unserem Sprachgebrauch gab es keine Begriffe wie trans, inter oder nicht-binär. Und wir können uns gut daran erinnern, wie wir 2019 das erste Mal einen Workshop damit begannen, dass wir die Teilnehmenden baten, nicht nur ihren Namen, sondern auch ihre Pronomen zu nennen. Eine ungewohnte Aufforderung. Je nach Alter und Vorwissen der Teilnehmenden war entweder klar, was wir mit der Aufforderung meinten, oder es stand ein großes Fragezeichen im Raum. Durch die Vorstellung der Pronomen können wir einen Raum diskriminierungsärmer gestalten. Wir werden Menschen dann seltener misgendern und es kommt außerdem nicht zu der Situation, dass nur Einzelne sich explizit vor der ganzen Gruppe diesbezüglich äußern müssen. Es ist eine Kleinigkeit, die aber eine große Auswirkung hat und allen deutlich macht, hier wird sensibel mit geschlechtlicher Vielfalt umgegangen. Damit kommen wir auch gleich zu einem kleinen Tipp, den Max uns mit auf den Weg gegeben hat: Schreibe deine Pronomen unterhalb deines Namens in deine E-Mail-Signatur. Dies kann folgendermaßen aussehen:

Wilma Geröllheimer
(sie/ihr)

Bamm-Bamm Geröllheimer
(Name/keine Pronomen)

Fred Feuerstein
(er/ihm)

Misgendern: »Misgendern bedeutet, dass eine Person einem falschen Geschlecht zugeordnet und/oder sie mit dem falschen Pronomen angeredet wird. Das kann unabsichtlich passieren, aber auch absichtlich z. B. abwertend oder ablehnend eingesetzt werden. Misgendering betrifft vor allem trans und nichtbinäre Menschen und kann Dysphorie auslösen.«[5]

Wir haben uns mit Max verabredet, um über geschlechtliche Vielfalt zu sprechen. Das ist ein weites Feld und umfasst zum einen das Körpergeschlecht und die Geschlechtsidentität. Wir konzentrieren uns hier vor allem auf die Themen »Geschlecht« und »Geschlechtsidentität« und dabei auf die Aspekte, die wir im Umgang und im Gespräch mit jüngeren Kindern für besonders relevant halten. Sprechen wir von »Geschlecht«, so meinen wir meist das »Körpergeschlecht«, welches einem Menschen bei der Geburt zugeschrieben wird. Also weiblich, männlich oder inter/divers. »Geschlechtsidentität« bezieht sich darauf, mit welchem Geschlecht sich ein Mensch identifiziert.

Um schon genannte und andere relevante Begriffe zu erläutern, haben wir kindgerechte Erklärungen ausgewählt, damit du diese direkt weitergeben kannst.[6]

Trans: Ein Begriff, der verwendet wird, um Menschen zu beschreiben, bei denen die gelebte Identität nicht mit dem Geburtsgeschlecht übereinstimmt. Manche Kinder werden bei der

Geburt als Jungen bezeichnet, fühlen sich aber tief in ihrem Herzen wie Mädchen. Oder umgekehrt: Manche als Mädchen bezeichnete Kinder fühlen sich tief in ihrem Herzen wie Jungen.

Cis: Beschreibt Menschen, die sich mit dem Geschlecht identifizieren, mit dem sie bei ihrer Geburt gekennzeichnet wurden. Wenn du als Junge geboren wurdest und dich auch als Junge identifizierst, dann bist du cis-gender. Genauso bist du cis-gender, wenn du als Mädchen geboren wurdest und dich auch wie ein Mädchen fühlst. Die meisten Menschen sind cis-gender, weil sie sich mit dem Geschlecht, mit dem sie bei ihrer Geburt gekennzeichnet wurden, wohl fühlen. Cis-gender zu sein bedeutet einfach, dass du dich mit deinem dir bei deiner Geburt zugewiesenen Geschlecht wohl fühlst.

Nicht-binär: Beschreibt Menschen, die sich nicht ausschließlich als Junge oder Mädchen identifizieren. Manche Menschen identifizieren sich irgendwo zwischen Mädchen oder Junge oder ganz anders.

Fluide: Wird verwendet, um Menschen zu beschreiben, deren Gefühl in Bezug auf ihr Geschlecht sich im Laufe der Zeit oder von Tag zu Tag ändern kann. Die meisten identifizieren sich als Junge oder Mädchen. Aber bei manchen ist das nicht immer gleich: Sie identifizieren sich manchmal als ein Junge, manchmal als Mädchen oder wie keins von beidem.

Queer: Ein Wort, das Menschen benutzen, um zu sagen, dass sie sich nicht in die typischen Vorstellungen von Jungen/Mädchen und Mann/Frau und davon, wie die cis-hetero-normative Mehrheitsgesellschaft es vom Leben in Partner*innenschaften erwartet, einordnen. Viele Menschen, die sich der Gruppe der LGBTQIA+ zugehörig fühlen, bezeichnen sich als queer.

LGBTQIA+ steht für eine Gruppe von Menschen, die sich nicht immer in die typischen cis-hetero-normativen Vorstellungen von

Jungen und Mädchen oder Mann und Frau einordnen lassen. Ihre Arten zu leben, zu lieben und Familien zu gründen, unterscheiden sich von der, die wir bisher üblicherweise aus Filmen, Kinderbüchern oder Geschichten kennen. LGBTQIA+ ist ein Akronym, das verschiedene Identitäten umfasst:

L steht für lesbisch, das bedeutet, dass man sich weiblich identifiziert und sich in weibliche Personen verliebt.

G steht für gay, was auf Deutsch schwul heißt und bedeutet, dass man sich männlich identifiziert und sich in männliche Personen verliebt.

B steht für bisexuell, das bedeutet, dass man sich zu mehr als einem Geschlecht hingezogen fühlt, also sowohl zu männlichen, weiblichen oder nicht-binären Personen.

T steht für trans, s. o.

Q steht für queer, s. o.

I steht für intersexuell, was bedeutet, dass eine Person bei ihrer Geburt körperliche Merkmale hat, die nicht eindeutig männlich oder weiblich sind. Einige intersexuelle Menschen haben sowohl männliche als auch weibliche Körpermerkmale.

A steht für asexuell oder aromantisch, was bedeutet, dass jemand keine besondere sexuelle oder romantische Anziehung zu anderen Menschen verspürt. Bei asexuellen Menschen bedeutet das nicht, dass sie niemanden lieben können, sondern dass sie sich nicht sexuell zu jemandem hingezogen fühlen. Bei aromantischen Menschen bedeutet das, dass sie sich zwar sexuell zu anderen hingezogen fühlen können, nur romantisch eben nicht.

+ steht dafür, dass es noch ganz viele andere Arten, sich zu identifizieren, sich auszudrücken oder zu lieben gibt, die alle mitgemeint sind, hier aber nicht einzeln aufgeführt sind.

Aus der Position zweier cis-Heten

Wir beide sind cis-geschlechtlich und heterosexuell, genau wie unsere Eltern. Aus dieser Position schreiben wir und aus dieser Position wurden wir sozialisiert. Das bedeutet zunächst einmal, dass wir auch davon ausgegangen sind, dass auch unsere Kinder cis-geschlechtlich sind. Das drückt sich darin aus, dass wir sie uns als Junge oder Mädchen vorstellen, dass wir unseren Töchtern Kleider kaufen und unseren Söhnen nicht, das wir von Mädels-Abenden sprechen, wenn wir beide etwas gemeinsam mit unseren Töchtern unternehmen, und in tausend anderen Kleinigkeiten, die wir mit unserer cis-Brille und unserer Sozialisierung überhaupt nicht identifizieren. Unsere Kinder hätten uns gegenüber also ein Coming-out haben müssen oder werden es eventuell noch haben, wenn sie für sich merken, dass sie trans oder nichtbinär sind.

Wir wissen, dass es inzwischen Eltern gibt, die versuchen, von Anfang an eine Geschlechtszuschreibung zu unterlassen. Kleidung, Sprache und Spielzeug werden so geschlechtsneutral wie möglich gehalten. Dies setzt ein hohes Maß an Wissen, Disziplin und Ressourcen voraus.

Unsere Kinder sind inzwischen nicht mehr im Kitaalter und sie wissen, was cis, trans und nicht-binär bedeutet. Sie haben Kinderbücher zu diesem Thema gelesen und wir haben es hoffentlich geschafft, ihnen zu vermitteln, dass wir fine sind mit jeglicher Identität, die sie in sich spüren oder irgendwann zum Ausdruck bringen möchten. Zunächst einmal sind wir jedoch von einer gesellschaftlichen Norm ausgegangen, der auch wir entsprechen.

Neben der geschlechtlichen Identität gibt es dann noch die sexuelle Orientierung. Hier hatten wir schon früher ein Bewusstsein dafür, dass unsere Kinder nicht unbedingt die gleiche haben werden wie wir. Durch dieses Bewusstsein haben wir schon früh auf unsere Sprache geachtet:

- »Wenn du später mal einen Freund oder eine Freundin hast.«
- »Wenn du mit einem Partner oder einer Partnerin oder einer Beziehungsperson zusammenziehst.«
- »Wenn zwei Menschen heiraten.«

Und auch hier hatten wir Kinderbücher, die vielfältige Familienmodelle repräsentieren.

Unsere Kinder werden uns später einmal sagen, wie gut wir uns geschlagen haben. Am Ende des Tages sind wir nun einmal zwei cis-Heten. Wir versuchen vieles abzulegen, inklusiv zu sprechen, unseren Kindern alle Wege zu zeigen und offen zu halten. In der großen Hoffnung, dass sie kein angstbesetztes Coming-out haben müssen, sondern uns eines Tages einfach nebenbei erzählen, wen und wie sie lieben, ob und wie sie in Beziehung mit Partner*innen sein wollen und wie sie sich fühlen und identifizieren.

Wann erlernen Kinder Geschlechterrollen?

Die Emotionen kochen schnell hoch, wenn es um die geschlechtliche Selbstbestimmung geht. Medizin, Juristerei, das Feuilleton, die Politik und alle mit einem Geschlecht mischen mit und haben eine Meinung dazu. In den Medien wird von einem »Hype« gesprochen.

Insbesondere wenn es um die Transidentität von Kindern geht, ist eine rationale Debatte kaum möglich. Wie aber entwickelt sich bei Kindern eine Geschlechtsidentifikation und wann wissen Menschen, dass sie transgeschlechtlich sind, ihr wahres Geschlecht also nicht dem entspricht, welches ihnen bei ihrer Geburt zugewiesen wurde?

Schauen wir uns die Studien an, welche sich mit der Erforschung der Entwicklung von Geschlechtsidentifikation bei Kindern beschäftigen, so fällt schnell auf, dass die meiste Forschung von *weißen* cis-Männern betrieben wurde. Es wurde also viel aus einer einseitigen Perspektive geforscht, die zunächst die Fragestellung, im Weiteren aber auch die Studienergebnisse beeinflusst. Unsere Internet-Suche nach transidenten Psychotherapeut*innen verlief erfolglos. Es wird in der Wissenschaft also hauptsächlich über trans Menschen gesprochen. Wir haben aber auch einige interessante Ergebnisse gefunden, welche uns helfen können, uns dem Thema zu nähern.

0–2 Jahre

Babys können bereits ab dem Alter von etwa 6 Monaten tiefe und hohe Stimmen unterscheiden, welche jeweils weiblichen bzw. männlichen Personen zugeordnet werden. Mit etwa 12 Monaten können sie männliche und weibliche Gesichter auseinanderhalten. Gegenstände und Bilder können sie oft schon im Alter von 2 Jahren als »für Jungen/Männer« und »für Mädchen/Frauen« kategorisieren.

Eine bedeutende Etappe in der Entwicklung der Geschlechtsidentifikation ist die erste zuverlässige Zuordnung der eigenen Person zu einer Geschlechtergruppe. Dieser Schritt wird nach dem Psychologen Lawrence Kohlberg zwischen dem Alter von 2½ und 3 Jahren erreicht. Kinder in diesem Alter sagen also »Ich bin ein Mädchen« oder »Ich bin ein Junge«.

3–6 Jahre

Wenn die Wissenschaft also sagt, dass Kinder im Alter von 3 Jahren zuverlässig ihr eigenes Geschlecht benennen können, sollten wir dann nicht auch jenen Kindern glauben, die sich als abweichend vom Stereotyp der ihnen zugeordneten Geschlechtskategorie empfinden? Wir sollten Kindern nicht widersprechen, wenn sie äußern, einem anderen als dem ihnen zugewiesenen Geschlecht zuzugehören. Dies können erste Anzeichen dafür sein, dass das Kind transident ist, kann aber genauso gut eine Phase oder ein Spiel sein. Viel wichtiger ist, dass wir dem Kind einen sicheren Raum bieten, sich selbst und die es umgebene Gesellschaft und Umwelt zu verstehen. Wir können Fragen stellen wie:

- Was heißt das, ein Junge oder ein Mädchen zu sein?
- Macht das überhaupt einen Unterschied?
- Bedeutet das, dass du bestimmte Dinge magst und andere nicht?

Vielleicht antwortet die Tochter, dass sie stark ist wie der Papa und deshalb ein Junge ist und wenn sie groß ist, ein Mann wird. Vielleicht sagt der Sohn, dass er es nicht weiß und einfach ein Mädchen ist. Im ersten Fall können wir erklären, dass auch Mädchen und Frauen stark sein können. Im zweiten Fall können wir sagen ok, jeder fühlt sich so, wie er oder sie sich fühlt.

In diesem jungen Alter können wir erst einmal einfach begleiten und schauen, wie die weitere Entwicklung sein wird. Zeigt sich ein bestimmter Geschlechtsausdruck, möchte beispielsweise das Kind, welches sagt, es sei ein Junge, keine Röcke anziehen und kurze Haare haben, so können wir diese Wünsche erfüllen. Vielleicht ändert sich dieses Verhalten wieder, vielleicht verstärkt es sich. Zunächst können wir das Verhalten als Spiel verstehen und als Einladung, unsere eigenen und die gesellschaftlichen Vorstellungen von Geschlecht zu erforschen und zu hinterfragen.

Unterschiedliche Reaktionen: Leider ist es so, dass geschlechtsuntypisches bzw. nichtstereotypes Verhalten bei Jungen und Mädchen unterschiedlich bewertet wird. Mädchen werden eher gelobt, wenn sie sich beispielsweise für Fußball interessieren. »Die kann locker mit den Jungs mithalten.« Bei Jungen wird kritisch geschaut, wenn diese »weibliche« Eigenschaften und Vorlieben haben. Als Abwertung gemeinte Sätze wie »Der schießt wie ein Mädchen!« oder die Angst, der Junge könnte homosexuell sein, werden geäußert. Die Angst davor, das eigene als Junge gelesene Kind mit einem Rock in die Kita gehen zu lassen, ist nicht komplett unbegründet, da die Gefahr des Mobbings und der Zurechtweisung besteht. Es lohnt sich hier, ein Gespräch mit dem Kita-Personal zu führen, um diese zu bitten, darauf zu achten, dass alle Kinder sich wohl fühlen können, egal welche Geschlechtsidentität diese bevorzugen.

Im Alter von 3 bis 6 Jahren gewinnt die Geschlechtskategorie weiter an Bedeutung. Kinder beginnen, Dinge nach Ähnlichkeiten und Unterschieden zu gruppieren. Das ist ein wichtiger Schritt in ihrer kognitiven Entwicklung. Etwa im Alter von 5 Jahren entwickeln sie Geschlechterstereotype. Sie schauen sich also ihre Umwelt an, beobachten die Erwachsenen um sie herum, sehen, was Bücher und andere Medien ihnen darüber sagen, was eine Frau und was ein Mann ist. Wie diese sich typischerweise verhalten. Dabei vereinfachen Kinder zunächst oft, das erleichtert ihnen die Einordnung und ermöglicht damit Orientierung. So hört man von Kindern in diesem Alter beispielsweise Aussprüche wie »Du kannst aber keinen Rock tragen, weil du ein Mann bist!« oder »Rosa ist nur für Mädchen!« Während wir innerlich vielleicht zusammenzucken ob dieser konservativen Haltung einer so jungen Person, handelt es sich einfach um eine aus der Beobachtung der Umwelt gelernte Zuordnung. Wer trägt in unserer Gesellschaft Röcke und welche Farbe dominiert die Spielzeugabteilung für Mädchen? Zunächst haben die

Kinder also die korrekten Schlussfolgerungen aus ihren Beobachtungen gezogen.

Auch die Art, wie wir Kinder ansprechen, welches Verhalten wir durch Lob bestärken oder durch Ignorieren abschwächen oder entmutigen, nehmen Kinder war. Oft werden ihnen geschlechterspezifische und stereotype Spiel- und Beschäftigungsanreize gegeben oder entsprechendes Spielzeug geschenkt. All diese Informationen führen dazu, dass sich Stereotype bei Kindern verfestigen und sie Vorurteile gegenüber Menschen entwickeln, die diesen Stereotypen nicht entsprechen.

Mit ungefähr 6 Jahren erkennen Kinder die Konstanz des biologischen Geschlechts. Soziale Einflüsse werden in dieser Phase besonders wichtig und wirksam. Die Zugehörigkeit zu einer geschlechtshomogenen Gruppe gewinnt an Bedeutung, da Kinder ihre eigenen Präferenzen und Verhaltensweisen im Vergleich zur Bezugsgruppe bewerten. Sie verstehen also: »Ich bin ein Mädchen und werde, wenn ich erwachsen bin, eine Frau« oder »Ich werde vom Jungen zum Mann«. In diesem Alter und teilweise auch früher sind dann auch oft Aussprüche wie »Jungs sind doof!« oder »Mit Mädchen spiel ich nicht!« zu hören.

Max: »Es fängt damit an, dass vielen jungen trans Menschen und Kindern die Sprache fehlt, um zu beschreiben, wer sie sind. Meine frühsten Kindheitserinnerungen drehen sich um dieses Thema und den Unterschied, den ich zwischen meinem älteren Bruder und mir gesehen habe. Ich konnte das aber nie beschreiben. Hatte also ein Gefühl: ›Mein älterer Bruder, der hat da was, was ich nicht habe, das wächst mir halt auch noch, wenn ich älter bin.‹ Bis ich verstanden habe: ›Moment, so funktioniert das nicht.‹ Und damit haben die Probleme angefangen. Weil ich gewisse Dinge nicht verstanden habe, die mir auch niemand erklärt hat – andererseits hatte ich auch nicht die Worte, danach zu fragen.«

Kinder brauchen, um sich und ihre Umwelt zu verstehen, eine sehr präzise Sprache. Dies bezieht sich insbesondere auch auf ihren Körper. Wir bringen ihnen in Kinderreimen und Liedern bei, jeden einzelnen Finger korrekt benennen zu können, wie das Organ heißt, mit dem wir riechen etc. Anders sieht es bei den Geschlechtsorganen aus. Hier spielen die Scham und Sprachlosigkeit von uns Erwachsenen eine große Rolle. Vielleicht hast auch du in deiner Kindheit nicht gelernt, wie Geschlechtsorgane mit all ihren Details und deren unterschiedlichen Funktionen korrekt benannt werden, und die Scham, über dieses Thema zu sprechen, hat sich von den Erwachsenen in deiner Umgebung auf dich übertragen. Dann wird es dir wahrscheinlich schwerfallen, deinen Kindern einen entspannten Umgang mit ihren Geschlechtsorganen und deren Funktion zu vermitteln.

Diese Aufgabe bietet dir aber gleichzeitig eine ganz wunderbare Gelegenheit, zu lernen, diese Scham zu überwinden. Du kannst genau wie dein Kind aus Bilderbüchern lernen. Am Ende dieses Kapitels haben wir eine Auswahl moderner Aufklärungsbücher zusammengestellt. Es kann leichter sein, zunächst einmal diese Bücher vorzulesen und dann auf einzelne konkrete Fragen zu antworten. Sei dabei transparent und zeige deinem Kind deine eigenen Grenzen und Wissenslücken. Es ist okay, einem Kind zu sagen, dass es dir schwerfällt, über bestimmte Themen zu sprechen, weil dir das niemand beigebracht hat, du aber dabei bist, dies zu lernen. Auch kannst du frei zugeben, dass du etwas nicht weißt, aber versuchen wirst, es herauszufinden. Das tust du bei anderen Themen sicherlich auch, wenn du beispielsweise nicht aus dem Stand heraus weißt, welches das schnellste Tier ist.

Studien zeigen, dass wir je nach wahrgenommenem Geschlecht des Kindes recht unterschiedlich mit unseren Kindern über ihre Genitalien sprechen. So erleben Kinder mit Penis beispielsweise häufiger, dass dieser unbefangen und locker benannt wird.[7] Hingegen werden noch immer schamhafte und inkorrekte Bezeichnungen wie Scheide oder Schamlippen für Vagina oder die Vulvalippen verwendet. Wir können zum Beispiel beim Wickeln von Säuglingen schon üben, die korrekten Begriffe laut auszusprechen. Dann fällt es uns später leichter, auch im Gespräch mit älteren Kindern die korrekten und präzisen Begriffe zu benutzen.

7–11 Jahre

Im Alter von 7 bis 11 Jahren nimmt die Differenzierung und Flexibilisierung der Geschlechtskonzepte und Einstellungen weiter zu. Kinder erkennen nun auch, dass es innerhalb der Geschlechtergruppen Variationen gibt, nicht alle Jungen oder Mädchen gleich sind. Einer Person wird die Zugehörigkeit zu einem Geschlecht also nicht direkt abgesprochen, weil sie oder er das »falsche« Kleidungsstück trägt oder das »falsche« Hobby hat.

Bei all dem ist es wichtig zu beachten, dass die Entwicklung der Geschlechtsidentifikation individuell unterschiedlich verläuft und von verschiedenen Faktoren beeinflusst wird. Neben biologischen und kognitiven Aspekten spielen auch soziale Einflüsse eine bedeutende Rolle. Familie, Schule, Gleichaltrige und Medien tragen dazu bei, Geschlechterstereotype zu formen und die Wahrnehmung von Geschlechterrollen zu prägen.

Kinder sind sich also sehr früh ihres eigenen Geschlechts und der damit einhergehenden Erwartungen bewusst. Dies gilt für cis-Kinder genauso wie für transidente Kinder. Wie schaffen wir es, Kinder dabei zu unterstützen, sich nicht in das enge Korsett von Stereotypen und Erwartungen zu zwängen? Wie stärken wir sie darin, eigene Ausdrucksformen zu finden und Nuancen ihres Seins auszuleben? Stelle dir folgende Fragen:

- Wie bewerte ich den Gefühlsausdruck eines Kindes? Tröste ich einen Jungen genauso lange wie ein Mädchen oder sage ich ihm eventuell, dass er nicht zu weinen braucht?
- Verstärke ich geschlechterstereotypes Verhalten? Wofür lobe, wofür tadele ich ein Kind? Würde ich ein Kind eines anderen Geschlechts für die gleichen oder andere Dinge loben/tadeln?
- Welches Spielzeug oder welche Bücher wähle ich als Geschenk aus? Entsprechen diese Geschlechtsstereotypen?

Intergeschlechtliche Kinder

In Deutschland gibt es keine offiziellen Zahlen zum Anteil von inter Menschen. Wissenschaftliche Schätzungen gehen von 0,02–1,7 Prozent aus.[8] Eine genaue Zahl ist nicht bekannt, da Intergeschlechtlichkeit häufig auch unentdeckt bleibt. Das bedeutet aber, dass in vielen durchschnittlich großen Grundschulen mindestens ein intergeschlechtliches Kind anwesend sein könnte. Ein sensibler Umgang mit der Thematik gebietet sich natürlich nicht erst, wenn offensichtlich ein entsprechendes Kind anwesend ist, ist dann jedoch umso wichtiger.

Bis 2019 wurden medizinisch nicht notwendige Hormonbehandlungen und kosmetische Operationen an diesen Kindern durchgeführt.[9] Die Eingriffe wurden als ungewollt und geschlechtsverändernd empfunden, die Behandlungen als Verstümmelung, Erniedrigung und sogar Folter beschrieben. Hinzu kommen traumatische Erfahrungen, vor allem wenn der Intimbereich fremden Personen bei Untersuchungen offengelegt werden muss.[10] Wir alle täten also gut daran, Geschlechterbinarität und Geschlechterstereotype aufzubrechen, um allen Kindern die Möglichkeit zu geben, sich frei zu entfalten, und den Ausdruck und die

Identität zu entwickeln, die ihren Gefühlen und inneren Sein entsprechen.

Je mehr wir es schaffen, unsere eigenen unbewussten Prägungen und Einstellungen zu erkennen und neue Ansprachen und Verhaltensweisen zu entwickeln, desto mehr Raum geben wir Kindern, sich individueller und frei von Geschlechterstereotypen zu entwickeln. Ganz nebenbei sorgen wir auch dafür, dass Kinder, die beispielsweise intergeschlechtlich oder transident sind, auf weniger Unverständnis treffen und in der Folge mit weniger Hänseleien und Mobbing konfrontiert sind. Wissen Kinder Bescheid über geschlechtliche Vielfalt und erhalten die Freiheit, sich unabhängig von ihrem Geschlecht zu entfalten, gestehen sie diese Freiheit und dieses Recht auch eher anderen Kindern zu.

Psychische Erkrankungen und Suizidalität

Psychische Erkrankungen und Suizidalität sind bei queeren Jugendlichen signifikant höher als bei ihren nicht queeren Altersgenoss*innen. Und das liegt nicht daran, dass es schlimm oder schlecht wäre, queer zu sein, sondern insbesondere an den Erfahrungen, die diese jungen Menschen auch schon in der Kita und der Schule machen müssen. Wir haben auf unserem Instagram-Account um Rückmeldung zum Thema gebeten und flechten hier exemplarisch einige der Erfahrungsberichte ein. Wir kennen aber auch Berichte von ganz tollen Elterngemeinschaften und Pädagog*innen, die sich die größte Mühe geben, damit alle Kinder sich wohl fühlen.

»Ich war anders als die Mädchen, war anders als die Jungs und hab halt nirgends so richtig dazugepasst. Und war dadurch natürlich auch immer ein leichtes Opfer für Mobbing.«

»Mein Sohn hat in der Kita viel Diskriminierung erlebt. Eine Er-

zieherin hat konsequent seinen Geburtsnamen und die falschen Pronomen verwendet. Das hat dann natürlich auch auf die Kinder abgefärbt. In letzter Konsequenz haben wir die Kita verlassen.«

Nicht für alle transidenten Kinder ist es wichtig, welche Pronomen für sie verwendet werden. Äußert ein Kind jedoch ganz eindeutig, mit welchem Namen es angesprochen werden möchte und mit welchem Geschlecht es sich identifiziert, ist dies insbesondere auch vom pädagogischen Personal so zu akzeptieren.

*»Meine Tochter hat sich in der neunten Klasse als trans geoutet. Insbesondere die Mitschüler*innen waren sehr unterstützend. Ein Problem gab es das erste Mal, als es um die angehende Klassenfahrt ging. Die Schuldirektion schaltete sich ein und bestand darauf, dass meine Tochter in einem der Jungenzimmer übernachten müsse. Für sie war das natürlich ein großer Schock. Letztendlich haben die beiden begleitenden Lehrer*innen auf ihre Einzelzimmer verzichtet und meiner Tochter eins dieser Zimmer zur Verfügung gestellt. Ansonsten hätte sie wohl nicht an der Klassenfahrt teilgenommen.«*

Oft agieren Schulleitungen im Sinne der Mehrheitsgesellschaft und wollen deren Ängsten und Sorgen begegnen. Diese sind jedoch meist in Unwissenheit begründet. Es sollten Lösungen gefunden werden, mit denen alle sich wohl fühlen. Insbesondere sollte aber der Schutz von marginalisierten Kindern und Jugendlichen im Vordergrund stehen.

»Meinem Sohn wurde mit den Worten ›Sitzpinkler dürfen hier nicht rein!‹ der Zugang zur Jungentoilette von seinen Mitschülern verwehrt. Von der Schulleitung haben wir keine Unterstützung erhalten.«

In den meisten Schulen gibt es weder genderneutrale Toiletten oder Umkleiden noch klare Regelungen über die Rechte von trans- oder intergeschlechtlichen Kindern und Jugendlichen. Hier fehlt ein klares Bekenntnis der Schulen gegen Diskriminierung und für geschlechtliche Vielfalt, um entsprechende Kinder und Jugendliche zu schützen.

Die diskriminierenden Erfahrungen, die Kinder und Jugendliche auf Grund ihres trans- oder inter-Seins machen, sind massiv und können lebensbedrohlich sein. Unsere Ängste vor Neuem und Unbekanntem sollten da in den Hintergrund rücken. Wir wünschen uns für alle Kinder, egal welchen Geschlechts, dass sie sich frei entfalten und in Würde und mit Respekt aufwachsen können.

Tipps für weiteres Empowerment

Bücher

- *Egal was sich auch ändert, das Herz bleibt genau dasselbe*, Max Appenroth, Berman Vered, August Dreesbach Verlag, ab 4 Jahre: Noas Vater Quinn war früher Noas Mutter Caroline. Quinns Äußeres hat sich verändert, aber sein Herz ist genau dasselbe geblieben. Dies ist die wunderbare Geschichte eines Elternteils in der Transition aus der Sicht eines Kindes.
- *Florian*, JR und Vanessa Ford & Kayla Harren, Zuckersüß Verlag, ab 4 Jahre
- *Teddy Tilly*, Jessica Walton & Dougal MacPherson, Fischer Sauerländer Verlag, ab 4 Jahre
- *Ich bin Alex*, Jean-Loup Felicioli, Jacoby & Stuart Verlag, ab 9 Jahre
- *Was ist eigentlich dieses LGBTIQ*?*, Linda Becker & Julian Wenzel & Birgit Jansen, migo Verlag, ab 11 Jahre
- *Queer Heroes*, Arabelle Sicardi & Sarah Tanat-Jones, Prestel Verlag, ab 14 Jahre
- *Queer durch den Regenbogen*, Max Appenroth, Community Editions, ab 15 Jahre

Kalender

- Christopher Street Day (CSD): Der Christopher Street Day ist das bekannteste und größte queere Event und zugleich Demonstration und Protest in Deutschland. Er findet jährlich in verschiedenen Städten statt, wobei der Höhepunkt die CSD-Paraden sind. Der CSD erinnert an den Stonewall-Aufstand von 1969 und setzt sich für die Rechte und Sichtbarkeit von LGBTQIA+-Personen ein.
- 31. März: Transgender Day of Visibility: Dieser Tag wurde ins Leben gerufen, um die Sichtbarkeit von transgeschlechtlichen Menschen zu fördern und auf ihre Herausforderungen und Errungenschaften aufmerksam zu machen. Es werden Veranstaltungen und Aktionen organisiert, um Transgender-Personen zu unterstützen und über ihre Lebensrealitäten zu informieren.
- 17. Mai: IDAHOBIT (Internationaler Tag gegen Homo-, Bi-, Inter- und Transphobie: Der IDAHOBIT-Tag dient dazu, auf Diskriminierung und Gewalt gegenüber LGBTQIA+-Personen aufmerksam zu machen und für Akzeptanz und Gleichberechtigung einzutreten. In Deutschland finden zahlreiche Veranstaltungen und Aktionen statt, um Solidarität zu zeigen und Bewusstsein zu schaffen.
- Juni: Pride Month. Der Pride Month ist ein international anerkannter Monat, der der LGBTQIA+-Community gewidmet ist. Er erinnert an den Stonewall-Aufstand von 1969 in New York City, der als wichtiger Meilenstein in der Geschichte der LGBTQIA+-Bewegung gilt. Während des Pride Month finden zahlreiche Paraden, Veranstaltungen und Demonstrationen statt, um für die Rechte und Sichtbarkeit von LGBTQIA+-Personen einzutreten.
- 10. Oktober: International Coming-out Day.
- 26. Oktober: Intersex Awareness Day.

- 20. November: Trans Day of Remembrance. Dem vorangehend die Trans Awareness Week.

Social-Media

- @rosa-hellblau-falle
- Max Appenroth

Biografie des/der Expert*in

© Katrin Chodor

Max Appenroth ist trans Aktivist, Diversity Consultant, Public Speaker und Autor und damit ein kleines Multitalent. Als Gründer und Geschäftsführer bietet er mit dem eigenen Unternehmen diversity factory und seinem Team Beratung und Weiterbildung rund um das Thema Vielfalt an. Bei Social Media spricht Max auf unterschiedlichen Plattformen ebenfalls über die schönen Facetten von Diversity und den Benefit einer tiefgründigen Auseinandersetzung damit. In kurzen, informativen Videos klärt Max vor allem zu Themen der geschlechtlichen und sexuellen Vielfalt und eigenen Erlebnissen und Erfahrungen aus dem Leben einer trans Person auf.

Zudem stand Max in diversen TV-Formaten und im Spielfilm *Einfach Nina* (2022) bereits mehrfach vor der Kamera. Max hat als Autor mehrere Bücher veröffentlicht - u.a. auch ein Kinderbuch und einen autobiografischen Roman, der im September 2023 erschienen ist.

Max steht außerdem kurz vor dem Abschluss seiner Promotion am Institut für Public Health der Charité Universitätsmedizin Berlin (Abschluss Herbst 2023).

Bodyshaming – Nein danke: Du darfst so bleiben, wie du bist!

»Die deutsche Sprache ist erstaunlich ungelenk, wenn es darum geht einen dicken Körper zu beschreiben. Rund, stark, schwer, voll, fett, mächtig, feist, üppig, drall, voluminös, speckig, füllig, beleibt, vollschlank, vollleibig, korpulent. All diese Wörter wirken seltsam verschämt und euphemistisch. Das Wort dick scheint mir das ehrlichste.«

So Daniela Dröscher in ihrem Roman *Lügen über meine Mutter.* [1]

Wir lernen nicht von klein auf, unseren Körper als etwas Wunderbares zu respektieren und wertzuschätzen, stattdessen soll er einfach funktionieren. In einer kapitalistisch geprägten Leistungsgesellschaft wird Kindern sehr früh ein imaginiertes Idealbild des Körpers vermittelt und auch, welche Maßnahmen zur Verfügung stehen, den Körper in diese Richtung zu optimieren. Für Körper, die nicht diesem Ideal entsprechen, gibt es sehr viele Adjektive, die eine gewisse Scham, ein gewisses Unwohlsein transportieren, in ihrem Bemühen die Wörter »dick« oder »fett« zu vermeiden. Und bis heute bewegen sich diese Adjektive in einem Spannungsfeld zwischen Beleidigung und Anerkennung und Selbstermächtigung.

Melodie Michelberger hat uns mit ihrer positiven und empowernden Art, über ihre Reise mit ihrem Körper zu sprechen, berührt und erstaunt. Zu hören und zu lesen, wie ein winziger Moment, eine Aussage ihrer Mutter über ihren Körper, ihre Beziehung zu sich und ihren Blick auf sich selbst für immer veränderte, verdeutlichte uns einmal mehr, wie schnell und tiefgreifend unüberlegte Äußerungen auf Kinder wirken können und wie weitreichend die Konsequenzen sein können.

Immer wieder betonen Menschen, dass es die kleinen Äußerungen und Blicke von ihren Liebsten waren, die ihren Blick auf sich selbst beeinflusst und verstellt haben. Diesen »Abtrennungsmoment« – der mit der Äußerung der Mutter begann, ihr Körper sei zu »dick« für einen bestimmten Rock –, in dem sie weg von einem Zuhausesein im Körper hin zu einem externalisierten Blick auf sich selbst übergeht, beschreibt Melodie Michelberger eindrücklich in ihrem Buch *Body Politics*[2].

Disclaimer: Körper und Krankheit

In diesem Kapitel möchten wir vorab festhalten, dass wir uns nicht mit dem Themenkomplex Körper und Krankheit befassen werden. Der erkrankte Körper oder der krankgemachte Körper, Essstörungen und andere physiologische und psychologische Diagnosen sind ernstzunehmende Realitäten, die die nötige Expertise und medizinische Begleitung benötigen. Dieses Kapitel gibt dir keine Antworten zu diesen Themen. Wende dich am besten an eine erfahrene Ärztin oder einen ebensolchen Arzt, an Fachstellen und Initiativen.

Dieses Kapitel ist für dich gemacht, wenn du dich mit dem Körper als einem Instrument befasst, das innerhalb von gesellschaftlichen Machtstrukturen verletzt, diskriminiert und zum Politikum gemacht wird. Es ist insbesondere für Menschen, die mit Kindern arbeiten und in ihrer täglichen Arbeit erleben, wie auch schon Kinder die in der Gesellschaft existierenden Bewertungen und Abwertungen von Körpermerkmalen erlernt haben und diese zur Grundlage nehmen, um Machtstrukturen herzustellen.

Körper-Perspektiven

Stell dir einen Körper vor, einen Körper, der atmet, fühlt, denkt und träumt. Um uns mit diesem Thema zu befassen, hilft es sehr, erstmal die vielen Schichten, die gesellschaftlich, strukturell und sozial mit dem Aussehen und dem Körper zu tun haben, abzulegen und nur einmal diesen Menschen zu betrachten, der eins mit diesem zugehörigen Körper ist. Durch diese weiteren Schichten, die geprägt sind von unterschiedlichen Aspekten wie Geschlecht (Gender), Hautfarbe und ihre machtpolitischen Implikationen, religiöse Zuschreibungen, Sichtbarkeit (z. B. *weiße* Körper) erfolgt eine Hierarchisierung dieses Körpers. Einige Körper werden entsprechend verschiedener Kriterien wie Maße, Aussehen, Größe etc. als »schön«, »gesund«, »leistungsfähig« (im kapitalistischen Sinne) definiert und mit Privilegien wie bevorzugter Behandlung belohnt. Andere werden als defizitär oder auch »hässlich« abgewertet und marginalisiert. Innerhalb einer kapitalistischen Welt mit ihren unendlichen (unrealistischen) Versprechen wird allen Körpern eine Vielfalt an Produkten angepriesen, die sie angeblich dem konstruierten Ideal näherbringen.

Wenn wir von dem Körper als Spielfeld der Diskriminierungen sprechen, dann ist es wichtig, uns bewusst zu machen, dass wir uns selbst und auch andere Menschen durch Brillen betrachten. Welche es sind, möchten wir im Folgenden kurz erläutern.

Bodyshaming

Melodie Michelberger hat das perfekt zusammengefasst:

»Unaufgefordert etwas Negatives oder Abwertendes über den Körper oder das Aussehen eines anderen Menschen zu sagen, ist keine Kritik, sondern Bodyshaming. Das heißt nicht, dass man alles super finden muss. Natürlich nicht. Aber die Körperform, Outfitwahl, Frisur oder das Make-up anderer gehen einen nichts an.«[3]

Bodyshaming zielt insbesondere auf die Abwertung der Form, Größe, Gewicht und weitere Merkmale eines Körpers ab. Diese Kommentare oder Bemerkungen können langfristig bei Menschen zu seelischen, körperlichen, emotionalen Verletzungen führen, die zu Depressionen, Essstörungen, geringem Selbstwertgefühl etc. werden können.

Body Positivity

Dieses Konzept zielt darauf ab, alle Körper in ihren unterschiedlichen Formen und Aussehen zu feiern und zu respektieren. Body Positivity entstand aus der fettpositiven Bewegung, die von Schwarzen dick_fetten Aktivist*innen geprägt wurde und vor allem in den sozialen Medien verbreitet wurde. Sie löste eine Bewegung aus, nicht mehr nach künstlich generierten, unerreichbaren weil unrealistischen Schönheitsidealen, wie schlank zu sein, *weiß* zu sein, bestimmte Maße oder Größen zu haben etc., zu streben, sondern sich und seinen eigenen Körper schön zu finden und lieben zu lernen. Du bist schön, so wie du bist, lautet daher das Credo dieser Bewegung, mit all deinen individuellen und biografischen Markern (Dehnungsstreifen, Schwangerschaftsstreifen, Falten, Pickel, Flecken etc.).

Body Neutrality

Die Body-Neutrality-Bewegung steht der Bewegung der Body Positivity kritisch gegenüber. Anhänger*innen weisen darauf hin, dass die Body-Neutrality-Bewegung immer noch davon ausgeht, dass der eigene Körper als schön definiert werden muss, um überhaupt glücklich sein zu können. Noch immer wird der Wert eines Menschen über den Körper ermittelt. Stattdessen sollte das eigene Körperbild als Grundlage der Bewertung an Bedeutung verlieren, damit viele Entscheidungen von Menschen hinsichtlich Attraktivität,

Sport, Essen etc., nicht in Beziehung zum Körper fallen. Schönheit als Bewertungsgegenstand hat weiterhin einen zu hohen Stellenwert. Ob wir glücklich sind, wie es um unser Selbstwertgefühl bestellt ist, sollte stärker vom Aussehen des Körpers entkoppelt werden, um zu verstehen: »Ich habe Wert, ganz egal, wie ich gerade aussehe.«[4]

Fatshaming

Mit Fettfeindlichkeit oder auch Fettphobie wird die Diskriminierung und Stigmatisierung von mehrgewichtigen Menschen umschrieben. Dabei werden diese aufgrund ihrer Körpererscheinung oder ihres Gewichts benachteiligt, verletzt und abgewertet. In der Logik des diktatorischen Schönheitsideals von schlanken Körpern werden dicke Menschen als faul und unattraktiv diffamiert. Die Diskriminierung erfolgt durch Ablehnung, Beschämung und Mobbing. Mit Fatshaming wird die Praxis umschrieben, dicke Körper mit einem Makel zu belegen, der nur durch Gewichtsabnahme und Körperoptimierung zu überwinden ist. Die Konsequenz bedeutet für dicke Menschen oder als dick bezeichnete Menschen, sich mit Ablehnung und konstruierter Unattraktivität befassen zu müssen.

Dick_Fett

Diese Bezeichnung hat sich als adjektivische Selbstbezeichnung von Körperaktivist*innen und Fettaktivist*innen, wie Christelle Nkwendja-Ngnoubamdjum oder Melodie Michelberger[5], vor allem innerhalb der sozialen Medien entwickelt. Mit der Schreibweise, die von Körperaktivist*innen geprägt wurde, soll die Grenze zwischen dicken und fetten Körpern aufgelöst werden. Mit dick_fett eignen sich Aktivist*innen Bezeichnungen an, die ursprünglich lediglich zur Beschreibung bestimmter Körperformen dienten, aber häufig diffamierend oder abwertend benutzt werden. Sie prangern damit das dominante Schönheitsideal des dünnen Körpers an, und eine Gesellschaft, die nur negative Beschreibungen für Körper findet, die sich jenseits einer konstruierten Norm bewegen.

Melodie: »Dick_Fett sind eigentlich nur Adjektive, um Körperformen zu beschreiben, ganz ohne Wertung. Allerdings sind sie so negativ konnotiert und mit Vorurteilen und Stigmatisierungen aufgeladen, dass nur die wenigsten Menschen diese auch für sich verwenden.«

Im Gegenteil sind diese Adjektive bis heute für viele Menschen, die mehrgewichtig sind, hochproblematisch. Da viele aktivistische Empowermentbewegungen zumeist in den Sozialen Medien und innerhalb der Erwachsenenliteratur stattfinden, sind Kinder und Jugendliche bisher zumeist davon ausgeschlossen. Und bis heute haben daher viele Menschen und vor allem Kinder und Jugendliche, die mehrgewichtig sind, keine positiven Assoziationsketten zu diesen Begriffen. Sie können sich nicht mit der problematischen und entmenschlichenden Konnotation der Adjektive »dick« oder »fett« selbst beschreiben und lehnen deren Anwendung auf sich und ihren Körper ab.

Und das bedeutet letztendlich, dass die positive Umdeutung und Aneignung von dick oder fett gerade in Bezug auf Kinder und Jugendliche eventuell noch nicht funktioniert. Sie können und dürfen sich gegen diese Selbstbezeichnungen wehren, andere Begriffe für sich finden. Als erwachsene Bezugsperson ist es daher noch wichtiger, ihnen den Vortritt zu lassen und sie bestimmen zu lassen, wie sie sich letztendlich selbst bezeichnen möchten. Und sie dazu zu empowern, sich jenseits der Zuschreibungen zu sehen. Denn ihr Wert und ihr Selbst ist sehr viel mehr als ihre Körperform. Und es lohnt sich für alle Kinder, sich tiefschichtiger und weitläufiger zu erfahren, als die reduzierten Wahrnehmungen signalisieren. Und ihnen die Frage zu stellen: Was macht dich besonders? Ohne deinen Körper oder Teile deines Körpers zu erwähnen?

Daher ist Vorsicht geboten, bevor Adjektive wie dick oder fett ungefragt auf Menschen angewandt werden.

Mehrgewichtig

Viele Menschen wählen daher gerne den Ausdruck mehrgewichtig, wenn sie über ihren Körper sprechen. Dieser steht dem geläufigen Begriff »übergewichtig« gegenüber. Übergewichtig wird nicht selten im Kontext einer ungesunden Lebensführung/Krankheit genannt und signalisiert eine Norm, an der sich Körper orientieren. Da jedoch der Gesundheitszustand eines Körpers nicht nur am Gewicht oder der Körperform abgelesen werden kann, wird häufig von Mehrgewicht gesprochen.[6]

Was tun? Es ist wichtig, sich klarzumachen, welche Beziehungen wir zu unserem Körper haben. Was uns gut tut und in welcher Situation wir körperlich spüren, dass etwas nicht stimmt! Und es ist wichtig, uns selbst zu beobachten und zu sehen, welche Körper in unserer Umgebung uns zu Kommentaren und Überlegungen zu diesem Körper verleiten. Denn häufig geht es in diesen Überlegungen und Betrachtungen sehr viel weniger um diesen spezifischen Körper, sondern viel mehr darum, was wir mit einer bestimmten Körperform assoziieren, was dieser Körper in uns auslöst und welche inneren Stimmen wir zu diesem Körper hören.

Die gefährlichen Wirkungen von Gesagtem und Ungesagtem

»Jungs erhalten eher ein Kompliment dafür, dass sie besonders mutig waren, dass sie hochgeklettert sind oder schnell gerannt sind. Also ir-

gendwas Tolles gemacht haben. Und bei Mädchen ist es viel, viel häufiger so, dass sie aufgrund ihres Äußeren gelobt werden oder ein Kompliment bekommen.«

Melodie Michelberger beschreibt hier sehr treffend, welche Rolle Komplimente bei der Körperwahrnehmung von Kindern spielen. Denn bereits im Kleinkinderalter unterscheiden sie sich in der Intersektion mit Gender und prägen, wie wir uns von klein an sehen.

Das beginnt schon im Kleinkindalter, wenn Mädchen häufiger mit Äußerungen wie »Du siehst ja süß aus in diesem Kleidchen« konfrontiert werden. Mit kleinen Äußerungen wie dieser beginnen Mädchen und weiblich sozialisierte Menschen sich als Objekte zu verstehen, deren Wert sich über ihr Äußeres herleitet. Sie lernen ihren Körper als Objekt zu verstehen, der von der Bewertung Anderer abhängt. Sie lernen nicht, ein positives Körpergefühl des Wohlbefindens und der Stärke und eine eigene innere Stimme zu entwickeln, auf die sie vertrauen können.

»Würden alle Frauen dieser Erde morgen aufwachen und sich in ihren Körpern wirklich wohl und kraftvoll fühlen, würde die Weltwirtschaft über Nacht zusammenbrechen«[7], so Daniela Dröscher.

Die Vererbung der körperlichen Unzufriedenheit

Vor allem Mütter spielen für Mädchen eine wichtige Rolle bei der Bewertung ihres Körpers. Eine Studie erforschte, ob negative Körperbilder von einer Generation zur nächsten vererbt werden können.[8] Dafür untersuchte sie 41 Mutter-Töchter-Paare mit der Eye-Tracking-Methode. Dabei stellte sich heraus, dass sich die Unzufriedenheit von Müttern mit ihrem eigenen Körper und ihrer Erscheinung auf ihre Töchter übertrug. Die Töchter waren dann ebenfalls kritisch ihrem Körper gegenüber und bewerteten diesen negativ. Dass das Auge zuerst den Blick auf die negativ bewerteten Körperteile fokussiert, bezeichnet die Forschung als »verzerrte Aufmerksamkeitslenkung«. Denn statt sich auf das positive zu fokussieren, dominiert bei ihnen eher der defizitorientierte Blick.[9]

Für Jungs und ihre Väter kam es nicht zu diesen Ergebnissen. Ein Grund könnte die geringere bzw. fehlende Kommunikation über den Körper zwischen Vätern und ihren Söhnen sein.

Kleine Jungen und männlich gelesene Kinder werden weniger nach ihrem Aussehen bewertet und bewerten sich auch generell weniger kritisch. Sie werden eher nach individuellen Stärken und Talenten bewertet. Doch auch hier verändert sich durch Medienkonsum und dominanten Bildern ihre »Unschuld« bezüglich ihres Aussehens. Silja Vocks schreibt dazu:

»Wobei sich auch hier eine Entwicklung abzeichnet. Das heißt, dass bei Jungen auch die Körperunzufriedenheit durchaus steigt. Hier geht es gar nicht so sehr um Schlankheit wie bei den Mädchen, sondern auch eher um das Thema Muskularität.(…) Aber nichtsdestotrotz ist der Körper oder das Aussehen bei den Frauen und Mädchen häufig relevanter als beim männlichen Geschlecht. Man kann auch spekulieren, dass Mädchen mehr Anerkennung aufgrund ihres Aussehens bekommen.«[10]

Doch nicht nur Worte können gefährlich sein, auch die Blicke, die auf Körper geworfen werden. Das Scannen des Körpers und die Reaktion auf die Blicke. Wird der Bauch als Problem konstruiert, erfahren Kinder, dass sie dieses oder jenes nicht tragen können, da es ihnen nicht stehen würde. »Volants kannst du nicht tragen, dein Hintern ist dafür zu dick.«[11]

Auch das Verweilen des Blicks auf Körperstellen und die Reaktion darauf können Kinder sehr genau lesen. Kinder wissen sehr genau, ob ihr Körper als »schön« oder »akzeptiert« (in Größe, Gewicht, Aussehen etc.) gelesen wird, sie hören sehr genau, was gesagt oder eben nicht gesagt wird. Wird die Schlankheit eines Kindes betont, während das Aussehen des andern unkommentiert bleibt? So interpretieren Kinder sehr genau, ob sie ähnliche Attribute aufzuweisen haben.

Mein Körper und ich – eine komplizierte Beziehung

Melodie: »Es sind ja oft Kleinigkeiten, man steht vor dem Spiegel und zieht ein komisches Gesicht. Oder man zieht bestimmte Dinge nicht an, oder man möchte sich nicht vor dem Kind ausziehen. Oder man wickelt sich im Schwimmbad irgendwelche Sachen um, um den Bauch ein wenig unsichtbarer zu machen. Oder man isst bestimmte Dinge nicht und sagt ›Ja, ich esse heute nichts mehr‹ oder ›Ich esse heute nur einen Salat, weil …‹. So wird dann eine Verknüpfung zum Essen gemacht, die problematisch ist.«

Wir haben viele tiefsitzende Glaubenssätze über den Körper in unserer Kindheit erlernt. Wie wurde über das Essen gesprochen oder nicht gesprochen? Anhand welcher Kriterien wurde das gute Aussehen eines Menschen bewertet? Glaubensätze sind tief verwurzelte Annahmen und Überzeugungen, die meist nicht hinterfragt wurden, aber unsere Vorstellungen, Handlungen und Annahmen bis ins Erwachsenenalter beeinflussen. Sie prägen und beeinflussen, wie wir zu unserem Körper stehen und die Körper anderer Menschen bewerten und lesen.

Kinder lernen sehr viel über sich und ihren Körper von ihren ersten Bezugspersonen. Mögen Mama und Papa ihren Körper? Darf ich mich an deren weichen und dicken Bauch oder Busen kuscheln? Darf ich sagen, dass ich diese Körperteile so toll finde, weil sie eben weich und rund sind und sich ideal zum Kuscheln und Drücken und Kneten eignen? Unser eigener Umgang mit unserem Körper, dem Körper anderer, wie wir über Körper sprechen oder was wir zeigen oder nicht, sagt viel aus und bildet die Glaubenssätze, mit denen Kinder heranwachsen.

Um den eigenen verinnerlichten Glaubenssätzen auf die Schliche zu kommen, haben wir einige Fragen zusammengestellt.

- Welche Rolle spielt Essen und die Aufnahme von Nahrungsmittel für dich?
- Wirkt sich dein Essverhalten auf dein Wohlbefinden aus?
- Geht es beim Essen um den reinen Genuss oder eher um Kontrolle?
- Fühlst du dich gut beim Essen? Begleitet dich ein schlechtes Gewissen dabei?
- Achtest du beim Essen auf deine Gesundheit?
- Wie lange hast du dich vor deinen Kindern nackt oder in Unterwäsche gezeigt? Warum hast du irgendwann aufgehört?
- Wie sprichst du über deinen Körper vor Kindern? Magst du deinen Körper, sagst du das auch?
- Hebst du Teile deines Körpers positiv hervor oder kritisierst du nur?
- Wie sprichst du über natürliche Veränderungen des Körpers durch Alterungsprozesse, durch Schwangerschaften, Gewichtszunahmen etc.?
- Sprecht ihr viel über bestimmte Diäten, Kalorienaufnahmen, Fette etc.?

Doch auch daran, wie wir uns kleiden und präsentieren, werden verinnerlichte Annahmen deutlich. Verstecken wir unseren Körper oder können wir uns ganz selbstverständlich nackt, in Unterwäsche oder Badekleidung zeigen? Hält ein Elternteil mal wieder Diät, weil der Sommer naht oder ein Geburtstag ansteht, zu dem man in ein bestimmtes Kleidungsstück passen möchte? Es ist wichtig zu verstehen, welche Beziehung wir selbst zu Essen/Körper haben. Und was sich hinter unseren Handlungen an inneren Bildern versteckt.

Wie spreche ich mit Kindern über den Körper?

»Ich war als Kind zum Geburtstag bei einer Freundin eingeladen. Auf dem Weg dorthin im Auto hab ich zu meiner Mama gesagt: ›Aber nicht wundern: sie ist ziemlich dick!‹ Meine Mama entgegnete nur ›Na und?‹ und das Gespräch war beendet. Traurig, dass ich als Achtjährige schon dachte, dass dicke Menschen anders wären oder man sich für sie schämen muss.«[12] So beschreibt eine Frau auf Instagram ihre Gefühle.

Witze über dicke Menschen, Assoziationen zwischen mehrgewichtigen Menschen und Essen oder lächerliche Bezeichnungen für dicke Menschen haben einen festen Platz in Kinderserien. Die bekannte Serie um die Kinderdetektive TKKG sind ein gutes Beispiel für hochproblematische Vorurteile und Stereotypisierungen. Aber auch ein gutes Beispiel, wie sich Bodyshaming anhand der Figur von Willi, »Klößchen«[13], zeigt. Tim, aka Tarzan, macht sich ständig über Willis Gewicht lustig, obwohl er sich seinen Freund nennt. Das lädt Kinder dazu ein, Mobbing und Witz gleichzusetzen. Auf Kosten seines »Freundes«. Not funny.

Von der Darstellung von Dudley[14], dem gemeinen Cousin von Harry Potter, bis zu den dickenfeindlichen Witzen, die zum Standardprogramm von Comedysendungen oder Komiker-Bühnenshows gehören: Fettfeindliche Witze und stereotype Bilder von dicken Menschen durchströmen Kinderbücher und -serien. Dies müssen wir uns bewusst machen, wenn wir Kinder für Fettfeindlichkeit sensibilisieren möchten.

Bevor wir mit Kindern aus unterschiedlichen Gründen über die Erscheinung eines Menschen sprechen, müssen wir unseren eigenen Blick schulen und unsere Argumente klären. Werden wir uns über unsere eigene Beziehung zum Körper bewusst, und erkennen wir auch unsere eigenen Unsicherheiten. Das verhilft zu einer guten Grundlage für ein ehrliches Gespräch mit Kindern.

Es wäre sehr hilfreich, wenn das Sprechen über den Körper normalisiert und entemotionalisiert werden würde. Häufig findet die Kommunikation über dieses Thema aber über vielsagende Blicke, abwertende Bemerkungen oder beredtes Schweigen statt, sodass vielen von uns die Grundlagen fehlen, um entspannt und (wert-) neutral über den (eigenen) Körper zu sprechen. Zur Etablierung eines gesunden und unaufgeregten Umgangs ist es elementar, den eigenen Körper als beste*r Freund*in zu verstehen, für deren/dessen Wohlbefinden wir verantwortlich sind. Und es ist so wichtig, dass wir dies auch unseren Kindern vermitteln: Ja, wir Eltern und Bezugspersonen unterstützen sie dabei, den Körper zu umsorgen, zu nähren etc. – doch sie allein können Freundschaft schließen mit ihrem Körper, sich in und mit ihm wohl fühlen, unabhängig davon, was andere Menschen dazu sagen. Das mag schwer klingen, aber es sollte die Grundlage eines ganzheitlichen Heranwachsens sein, nicht wahr? Folgende Punkte gilt es im Gespräch zu beachten:

Wir kommentieren die Körper und das Aussehen anderer Menschen nicht

Das wirkt erst einmal unrealistisch, denn tatsächlich bilden Gespräche über die Körper anderer Menschen, seien es die Komplimente oder die Kommentierung und Bewertung von Gewichtszu- oder -Abnahmen, ein stetiges Hintergrundgeplätscher, mit dem Kinder aufwachsen. Sie lernen daraus, dass vor allem weibliche Körper, positiv wie negativ, bewertet werden dürfen, dass Körpererscheinungen Unterhaltungswert haben und im Familien- und Freund*innenkreis zum Kaffeeklatsch gehören. Kinder verstehen aber anhand der Gegenfrage »Möchtest du, dass andere Menschen über deinen Körper sprechen und diesen bewerten?«, wie verletzend das sein kann.

Komplimente zu verteilen macht Spaß. Doch wir sollten uns bewusst machen, dass wir ohne Absicht beistehende Dritte verletzen könnten, wenn wir diese in das Kompliment nicht einbeziehen. Daher wähle lieber ein Zwiegespräch für diesen Moment.

Mache dich selbst vulnerabel und zeige deine Verletzlichkeit

Wenn wir mit Kindern sprechen, können wir zuerst unsere eigenen Erfahrungen teilen: Welche Körperteile mag ich an mir gerne und warum? Wir können sehr ehrlich mit Kindern sein und ihnen erklären, warum wir beispielsweise bestimmte Körperteile von uns nicht gerne mögen und diese immer hinter dem Handtuch oder dem übergroßen T-Shirt verstecken. Eventuell wurden wir als Kind immer wieder wegen (angeblichen) Dickseins gehänselt, durch Vergleiche mit anderen verletzt. Welche Erfahrung wir auch immer hatten, es lohnt sich, diese mit dem Kind zu teilen. Verdeutliche, dass dein Unwohlsein nicht von deinem Körper(teil) herrührte: *»Ich denke nicht, dass dicke Oberarme sich verstecken sollen. Meine Scham hat nichts damit zu tun. Verletzend waren die Worte und Blicke, die mir Menschen zugeworfen haben. Diese haben weh getan und haben dazu geführt, dass ich mich bis heute unwohl fühle. Das möchte ich nicht für dich. Ich möchte, dass du dich in deinem Körper wohl fühlst, so wie du bist.«*

Herausfinden, ob das Kind schon Vorurteile gegenüber dem Körper hat

Kinder lernen sehr früh, welche Genderkodierungen Kleiderfarben haben oder mit welchen Kleidungsstücken sie Komplimente erhalten (v. a. Mädchen). Mädchen können durch wiederholtes Feedback zu ihrer Erscheinung lernen, wie wichtig das Aussehen ist, da es mit ihrem Wert verknüpft wird. Jungs erlernen durch die fehlende Kommentierung ihrer Erscheinung, wie unwichtig diese für ihre eigene Bewertung ist. Ebenso lernen Kinder früh, ob sie beim Griff nach dem Kuchenstück oder dem Verlangen nach Eis auf kritisches Stirnrunzeln oder Widerstand stoßen. Um herauszufinden, welche internalisierten Bilder das Kind hat, lohnt es sich, es beim Betrachten eines Buches oder dem eigenen Sprechen über den Körper zum Gespräch zu animieren.

Hat das Kind bereits Erfahrungen mit Ablehnung gemacht?

Beobachtest du, dass das Kind begonnen hat, den eigenen Körper in übergroßen, weiten Kleidern zu verstecken? Fängt es an, über den dicken Bauch zu sprechen und zieht ihn vor dem Spiegel ein? Spricht es über Diäten und teilt Lebensmittel zunehmend in gute (gesunde) und schlechte (ungesunde) ein? Sind Kalorien plötzlich ein Thema? Entwickelt es Interesse an Sport mit dem Ziel der Gewichtsabnahme? Sollten diese Anzeichen da sein, hat das Kind sicherlich schon gewichtsbedingt Diskriminierung erfahren. Spätestens jetzt ist es wichtig einzugreifen, mit dem Kind ins Gespräch zu kommen und herauszufinden, welche Bilder es internalisiert hat und wie sehr es unter diesen leidet. Studien haben nachgewiesen, dass schon fünfjährige Mädchen das Ideal des dünnen Körpers internalisiert haben und erste Diäterfahrungen machen.[15] Eine gefährliche Entwicklung.

Das Sprechen über Körper entspannen

Lest gemeinsam Bücher über Körpervielfalt. Sprich mit dem Kind über Menschen und achte darauf, den Körper nicht als Beschreibungskriterium zu nutzen. Zeige deinem Kind, dass ein Mensch viele Eigenschaften hat, die Figur ist nur eine davon. Lernt fettfeindliche Kommentare oder Abschnitte oder Bilder in Büchern zu identifizieren und gegenzuhalten. Sucht Vorbilder und betone unabhängig davon, ob dein Kind von Bodyshaming betroffen ist oder nicht, dass der Wert eines Menschen sich auf ganz anderen Ebenen ergibt als der der körperlichen Erscheinung.

Mobbinganlass Nummer 1 in der Schule

»Als ich mit ca. 6 Jahren beim Seepferdchenkurs war, haben sich einige Kinder mit dem Schwimmlehrer übers Grillen unterhalten. Er fragte mich dann, ob ich viele Bratwürste essen würde, was ich verneinte, weil ich kein Fleisch aß. Daraufhin sagte er ›Wirklich nicht? Das hätte ich gedacht, du siehst nämlich so aus.‹«[16] So erzählt eine weitere Stimme bei Instagram.

Beleidigung, Ausgrenzung, Ausschluss sind Mobbingformen unter denen viele Schüler*innen leiden.[17] Die Art und Weise, wie Schüler*innen andere Schüler*innen attackieren, reicht von spitzen Bemerkungen bis hin zu physischer und psychischer Gewalt. Kinder, die zu Opfern von Mobbing geworden sind, leiden nicht selten ein Leben lang unter diesen verstörenden Erfahrungen. Diese beeinflussen ihren Selbstwert und können Anlass für Essstörungen, Depressionen und andere psychische Erkrankungen sein.

Schüler*innen, die mehrgewichtig sind, zählen zu den häufigsten Zielen von fettfeindlichen Angriffen. Vor allem weiblich gelesene Menschen, die noch stärker über ihr Aussehen bewertet werden, zählen dann zu den Opfern solcher Mobbingattacken. Schon im Grundschulalter beginnen Kinder sich für ihren Körper zu schämen. Sie erfahren erste Hänseleien über bestimmte Körperteile, beginnen zunehmend Bilder von Personen, die sie über die Sozialen

Medien konsumieren, mit sich selbst zu vergleichen und durchschauen die zumeist »perfekt« inszenierte Oberfläche der Influencer*innen nicht. Sie sehen die perfekte Fassade und bewerten diese unerreichbaren Schönheiten unrealistisch.

Mit dem Einsetzen der Pubertät beginnen Kinder und Jugendliche sich mit ihrem verändernden Körper kritisch auseinanderzusetzen. Die Veränderungen ihres Körpers verunsichern sie. Ihr Selbstwertgefühl und ihre Körperzufriedenheit nehmen ab. Sie hinterfragen und vergleichen sich zunehmend mit ihrer Peergruppe. Wenn sie in dieser vulnerablen Situation mit Abwertungen konfrontiert werden, ruft dies Scham, Trauer, Wut und/oder ein Gefühl der Einsamkeit in ihnen hervor.[18] Möglicherweise schotten sie sich dann ab und verinnerlichen diese negativen Bilder.

Als Pädagog*innen und Bezugspersonen von Kindern und Jugendlichen ist es daher sehr wichtig, mit Kindern über das Thema Bodyshaming zu sprechen, um frühzeitig eventuelle Verletzungen zu erkennen und junge Menschen in dieser vulnerablen Phase ihres Lebens zu unterstützen. Aber auch wenn sie nicht von körperbezogener Diskriminierung betroffen sind, sollte ihnen die Funktionsweise von Fatshaming aufgezeigt werden, damit sie zu Kompliz*innen von mehrgewichtigen Kindern werden und sich für diese einsetzen können. Denn nicht die Opfer sind das Problem, sondern bodyshamende Kinder und Jugendliche und die stille Akzeptanz der Mehrheit, die die Fortsetzung der feindlichen Handlungen und Äußerungen ermöglicht. Um Kinder und Jugendliche nicht zu schweigenden Mehrheitsangehörigen zu sozialisieren, müssen sie lernen, Allies zu sein, körperbezogene Diskriminierungen zu erkennen und die Freund*innen zu werden, die sich für andere einsetzen.

Die Causa Sportunterricht

Viele Erwachsene kennen den Ursprung ihrer Sportmuffligkeit sehr genau: der schulische Sportunterricht. Erniedrigung, sexualisierte Belästigung und Übergriffe durch Sportlehrer*innen sind häufige Erfahrungen, die nachwirken.[19]

Wer erinnert sich nicht an die Momente, als Schüler*innen dazu aufgefordert wurden, sich in zwei Gruppen aufzuteilen. Die sportlichsten Schüler*innen waren schnell vergeben, alle Schüler*innen wussten sehr wohl, in welcher Position in der Hackordnung sie einzureihen waren. Und zu schlimmster Letzt (von gut kann ja nicht die Rede sein) blieben dann diejenigen Schüler*innen zurück, die keines der Teams aufnehmen wollte. Sie mussten den Widerwillen des Teams, das sie letztendlich aufnehmen musste, spüren und ertragen. Alle Beteiligten erlernten aus diesen schamvollen Momenten folgende körperfeindliche »Wahrheit«: Mehrgewichtige Menschen dürfen in aller Öffentlichkeit beschämt und beleidigt werden, das ist gesellschaftlicher Konsens.

Viele sportliche Disziplinen orientieren sich am Gedanken der Leistung und des Messens aneinander. Wer ist am schnellsten, geschicktesten und ausdauerndsten? Kinder erlernen, dass sich durch kontinuierliche Praxis einer Disziplin ihre Leistung verbessert. Das ist ja per se kein Problem und Bewegung ist ein wichtiger Gegenpol zum meist von sitzender Haltung gekennzeichneten Schullalltag. Leider befördert diese Leistungsausrichtung, die besonders den traditionellen Sportdisziplinen immanent ist, dass Kinder, die aus den verschiedensten Gründen keine Spitzenleistungen abliefern können, häufig Demütigungen in Form von Kommentaren, Demonstrationen und Ignorieren über sich ergehen lassen müssen. Gerade im Schulrahmen sollte Sport aber den Grundgedanken haben, Kinder über sportliche Angebote zu Gesundheitsförderung, Bewegung, Teamfähigkeit und Empathie zu animieren. Der Leistungsgedanke sollte dem nachordnet sein. Gerade für deprivilegierte Kinder, die vielleicht nicht über das Elternhaus mit sportlichen Aktivitäten in Berührung kommen, stellt die Schule eventuell den einzigen Ort dar, an dem sie für Sport begeistert werden können. Wenn dieser Ort jedoch zu einem Ort der Scham und Erniedrigung wird, dann kehrt sich die Wirkkraft um und Kinder assoziieren Sport mit diesen negativen Gefühlen.

Es gibt dank engagierter Sportlehrer*innen viele Ansätze, die sich gut für den Sportunterricht eignen. Wir haben folgende zusammengestellt:

- Die Kinder bilden einen Kreis und zählen der Reihe nach bis zur gewünschten Gruppenzahl durch, alle Kinder mit derselben Ziffer bilden dann eine Gruppe.
- Spiele im Sportunterricht einbinden, die sich nicht an Leistung oder Konkurrenz orientieren, sondern auch mentale Gesundheit, Spaß und Freude bringen: Yoga, Tanz, Gymnastik.[20]
- Besteht die Notwendigkeit, Noten zu vergeben? Oder kann der Bewertungsmaßstab individualisiert werden, indem man sich am Ausgangspunkt des Kindes orientiert? Ein Beispiel: Ein Kind, das schon immer Handball gespielt hat, wird selbstverständlich besser spielen als andere Kinder, die statt Handball beispielsweise Schwimmen oder eben keinem Sport nachgehen. Damit das Kind, das bisher noch keinen Sport praktizierte (oder einen anderen), nicht benachteiligt wird, wird sein Lernfortschritt im Umgang mit dem Ball und dem Team bewertet – also sein Zugewinn! Andernfalls ergibt sich sonst oft der gegenteilige Effekt der Demotivation.

Empowerment für mehrgewichtige Kinder

Fettfeindliche Ausgrenzung und Mobbingerfahrungen sind tiefgreifende Verletzungen, die umso härter treffen, da sich die Täter*innen häufig ihres Fehlverhaltens kaum oder nicht bewusst sind und nicht selten durch eine unterstützende und unwissende Mehrheit geschützt werden. Wie können Bezugspersonen oder Pädagog*innen Kinder empowern, die bereits fettfeindliche Ausgrenzungen erfahren haben?

Zeige dem Kind, dass es wundervoll ist, so wie es ist

Zeige, wie vielfältig Körper sein können und dass nicht alle Körper gleich designt sind. Es gibt große und kleine Körper. Dicke und dünne Körper und all jene Körper, die sich dazwischen und jenseits dieser Kategorien bewegen.

Achte darauf, was dein Kind an Medien, Büchern und Liedern konsumiert

Gerade auch Kindermedien enthalten fettfeindliche Inhalte. Überlege dir vorab, wie du damit umgehst, wie du das mit dem Kind thematisierst. Denn es sind diese kleinen Wörter und Wortbilder, die die Grundlage für Selbstliebe, aber auch Selbstablehnung transportieren.

Finde Spielsachen, Kindermedien oder Puppen, die es dem Kind erlauben, sich selbst darin zu reflektieren

Es ist wichtig für Kinder zu verstehen, dass sie, so wie sie sind, einen Platz in ihrer Fantasie- und Spielewelt haben. Versuche eure Sehgewohnheiten zu ändern. Es gibt die coolen, lustigen, kreativen Held*innen, deren Körper sich jenseits der Norm bewegen: Sucht und entdeckt sie.

Vermeide es, einseitige Verbindungen zwischen Körpergewicht und Gesundheit oder Krankheit zu kreieren

Es gibt dicke, sportliche Menschen und faule, dünne Menschen. Dicksein kann ungesund sein, Dünnsein auch. Die Figur einer Person sollte keinen dazu einladen, ungefragt Kommentare, vermeintliche Ratschläge oder Tipps zu geben.

Sprecht über Bodyshaming und Fettfeindlichkeit

Es hilft Kindern zu verstehen, was hinter diesen Konzepten steckt und dass diese Konzepte nichts mit ihnen und ihrem Wert zu tun haben.

Lernt eine Sprache der Wertschätzung

Frage dich: Was gefällt mir an meinem Körper? Was kann mein Körper? Was fühlt mein Körper? Und fokussiere dich auf die Stärken und Fähigkeiten des Körpers.
Zu guter Letzt möchten wir das symbolische Mikrofon wieder an Melodie reichen, die mit ihren Worten genau das wiedergibt, was wir dir als Geschenk, als Möglichkeit für euch mitgeben möchten: Zu tun, was dir beliebt!

»Mittlerweile habe ich das Gefühl, ich bin genau die Person, die ich sein möchte. Dass ich jetzt Eiskunstlauf mache, was ich mich früher nie getraut hätte, weil ja Eiskunstläuferinnen immer so dünn sind … Das wollte ich immer als Kind machen und jetzt als sehr erwachsene Frau tue ich es. Das ist total schön!«

Ja genau, darum geht es. Folge deinem Traum und lass dich nicht von Meinungen oder Kritik anderer aufhalten. Es ist dein Leben.

Tipps für weiteres Empowerment

Bücher

- *Faith* (Limited Series), Jody Houser, Francis Portela and Marguerite Sauvage, von Valiant Comics, ab 14 Jahre: Die erste dicke Superheldin mit einer eigenen Comicreihe. Als Zephyr fliegt sie durch die nächtliche Stadt und rettet mit ihren Kräften die Stadt vor dem Niedergang. Für alle Comicfans, die nicht genug von der Superheldenwelt bekommen können. Leider gibt es diese Serie nur auf Englisch.
- *Groß. Eine Geschichte über Selbstliebe*, Vashti Harrison, Zuckersüß Verlag, ab 3 Jahre
- *Ballula Kugelfee*, von Asja Bonitz und Mele Brink, Edition Pastorplatz, ab 3 Jahre
- *Flauschig Mauschig*, Nora Burgard-Arp & Franziska Viviane Zobel, Jupitermond
- *Körper sind toll*, Tyler Feder, Zuckersüß Verlag
- *Alle haben einen Po*, Anna Fiske, Hanser Verlag
- *Anybody*, Katharina von der Gathen & Anke Kuhl, Klett Kinderbuch, ab 8 Jahre

Social Media

- @melodie_michelberger
- @marshmallow_maedchen.de
- @nkweeny
- @yzlm_
- @kurvenrausch
- @schoenwild
- @wenigstenseinhuebschesgesicht
- @yrfatfriend

Kalender

- 6. Mai: Anti-Diät-Tag. Dieser Aktionstag wurde von der Bodyaktivistin und Feministin Mary Evans Young im Jahr 1992 initiiert, um auf den problematischen Umgang der Gesellschaft mit Diäten, Schlankheitswahn und Fettfeindlichkeit aufmerksam zu machen.

Biografie des/der Expert*in

© Julia Marie Werner

Melodie Michelberger wurde 1976 in einem kleinen Dorf mit Blick auf die schwäbische Alb geboren. Sie arbeitete als Mode-Redakteurin und PR-Expertin für verschiedene Modelabels, bevor sie begann, sich als Aktivistin für Körperakzeptanz zu engagieren. Auf Instagram folgen ihr mittlerweile knapp 60 000 Menschen. Ihr Buch *Body Politics* erschien im Januar 2021 und löste in Deutschland eine Diskussion um Körperbilder und Fat Shaming aus. Melodie Michelberger schreibt viele Beiträge für Zeitschriften. Sie lebt mit ihrem Sohn in Hamburg.

Ableismus – Denkanstöße zum Barriereabbau

Raúl: »Seitdem ich Schuhe trage, obwohl ich keine brauche, werde ich weniger schräg angeguckt.«

Wir beschäftigen uns alleine von Berufs wegen viel mit Vielfalt. Dabei werden oft die einzelnen Dimensionen aufgezählt, die zum Thema Vielfalt bzw. Diversität dazugehören. Bis vor einigen Jahre war es noch so, dass insbesondere im Berufskontext im Bereich der Diversität fast ausschließlich von Geschlechtergleichstellung gesprochen wurde. Inzwischen werden auch Menschen mit Rassismuserfahrungen mitgedacht, geschlechtliche Vielfalt und auch Alter als Diskriminierungsmerkmale. Die Dimension, die sehr oft außen vorgelassen wird, ist Ableismus, also Diskriminierung wegen Behinderung. Auch um das zu ändern, wollen wir diese unbedingt mit aufnehmen.

Ableismus: Abgeleitet von dem englischen »to be able« (fähig sein), bedeutet es die Abwertung, Diskriminierung, Marginalisierung von Menschen mit Behinderung oder chronisch Kranken aufgrund ihrer Fähigkeiten. Somit beinhaltet Ableismus »die Annahme, dass Menschen mit Behinderungen weniger Wert oder weniger Fähigkeiten haben als nicht behinderte Menschen« und reduziert diese damit auf ihre psychischen oder körperlichen Beeinträchtigungen. Die Folgen sind ungerechtfertigte Diskriminierung, Ausgrenzung, Grenzüberschreitungen und stereotype Zuweisungen.

In diesem Zusammenhang fanden wir in Raúl Krauthausen unseren Experten. Raúl ist Aktivist für Inklusion und Barrierefreiheit, Gründer der *Sozialhelden* und Autor. Wir wollten von ihm insbesondere wissen, welchen Umgang er sich von Menschen wünscht. Auf die Frage, warum das Thema Behinderung selbst im Antidiskriminierungsbereich so oft vernachlässigt wird, sagte er: *»Es ist die Dimension, die als letztes genannt und als erstes vergessen wird.«* Auch führte er gleich vor Augen: *»Die Dimension Behinderung ist, vielleicht neben der des Migrationshintergrunds, die Einzige, die als Kostenfaktor gesehen wird.«* Gebärdensprachendolmetscher*innen, Rollstuhlrampen, Fahrstühle, barrierefreie Webseiten – all das hat mit Kosten zu tun. Aber vielleicht müssen wir den Blickwinkel ändern und uns klar machen, dass wir in unserer Welt ja beispielsweise Straßen immer ohne Treppen bauen, weil Autos sonst nicht darauf fahren könnten. Wieso können wir dann nicht mitdenken, dass alle Zugang zu Bauten für Arbeit, Bildung oder Kultur haben sollten?

Die unterschiedlichen Arten von Behinderungen, das Ausmaß, inwieweit Menschen in ihrem Umfeld behindert werden, ist vielfältig. Was die einzelnen Bedürfnisse betroffener Menschen und Familien sind, wo es im Einzelnen an Unterstützungen fehlt und was es auf politischer Ebene braucht, können wir nicht sagen. Wir können keinen Rat dazu geben, was pflegende Eltern brauchen, was fehlt. Wir möchten hier insbesondere auf das Buch *WIR Geschichten aus dem Alltag mit behinderten Kindern* von Anna Mendel verweisen, die uns in ihrem Debüt einen Einblick in ihr Familienleben schenkt.[1]

Es geht also in diesem Kapitel weniger um Lösungsvorschläge, sondern um eine Selbstreflexion unseres Zugangs zum Thema Behinderung und darum, mithilfe von Raúl Einblicke zu gewinnen.

Parallelwelten

Für viele Menschen braucht es Schlüsselmomente – wenn sie z. B. das erste Mal die öffentlichen Verkehrsmittel mit einem Kinderwagen benutzen – um auch nur den Hauch einer Ahnung zu bekommen, wie viele Barrieren unser Alltag für viele Menschen bereithält. Vielleicht ist es auch der Besuch der ersten Veranstaltung mit Gebärdensprachedolmetscher*in. Allein diese beiden Beispiele zeigen, wie viele exkludierende Momente unser Alltag bietet.

Ende 2021 lebten laut statistischem Bundesamt 7,8 Millionen schwerbehinderte Menschen in Deutschland. Bei nur 3,3 Prozent der Menschen besteht dieser Grad der Behinderung von Geburt an. Bei 90 Prozent erfolgt der Zustand durch Krankheit.[2] Diese Zahlen haben uns noch einmal deutlich gemacht, dass das Thema »Behinderung«, das für viele so weit weg scheint, uns alle im Laufe unseres Lebens mit großer Wahrscheinlichkeit direkt oder mittelbar durch einen uns nahestehenden Menschen berühren kann. Trotz dieser relativ hohen Zahlen haben viele in ihrem Alltag kaum bis keinen Kontakt zu Menschen mit Behinderung. Dies liegt vor allem an bestehenden Parallelsystemen des Arbeitsmarktes (z. B. Behindertenwerkstätten) oder des Bildungswesens (z. B. Sonderschulen).

Seit 2009 gibt es in Deutschland die UN-Behindertenrechtskonvention. *Wer Inklusion will, findet einen Weg. Wer sie nicht will, findet Ausreden*– dieser Titel von Raúls aktuellem Buch könnte auch die Überschrift zur Lebenssituation vieler Menschen mit Behinderungen sein.[3]

Arbeitsmarkt

Viele Menschen mit Behinderung arbeiten in sogenannten Werkstätten, in denen sie im Schnitt weniger als 200 € Lohn im Monat erhalten – also noch nicht einmal den Mindestlohn. Das Projekt *Job-*

inklusive des Vereins Sozialhelden e. V. bemängelt weiterhin, dass die Werkstätten eine Segregation von behinderten Menschen fördern und die Vermittlungsquote in den allgemeinen Arbeitsmarkt seit Jahren unverändert bei 1 Prozent liegt.[4]

Bildung

Artikel 24 II in Verbindung mit Artikel 4 II der UN-Behindertenrechtskonvention verpflichtet die Vertragsstaaten zur Verwirklichung eines inklusiven Bildungssystems. In unserer eigenen Schulzeit haben wir keine inklusive Schule besucht. Auch unsere Kinder tun dies nicht. In einer perfekten Welt wären alle Schulen für alle Kinder inklusiv, mit entsprechender Ausstattung und Personal. Das Recht zumindest besteht, in der Realität sieht es anders aus. In seiner Analyse *Wer Inklusion will, sucht Wege* stellt das Deutsche Institut für Menschenrechte fest:

»Einzelne Länder haben zwar entscheidende gesetzliche Schritte hin zu einem inklusiven System geschafft und praktische Erfolge zu verzeichnen, andere wiederum haben trotz Novellierung der Schulgesetze keine richtungsweisenden Schritte unternommen. In keinem Bundesland ist der notwendige gesetzliche Rahmen für die Schaffung und Gewährleistung einer inklusiven Schule abschließend entwickelt worden. Und auch in der Praxis ist es nur einrichtungsbezogen, maximal regional gelungen, qualitativ hochwertige inklusive Bildung anzubieten.«[5]

Sowohl im Bildungsbereich als auch auf dem Arbeitsmarkt treffen behinderte und unbehinderte Menschen kaum aufeinander.

Zwischen Euphemismus, Selbstbezeichnung und Beleidigung

Diese Segregation auf dem Arbeitsmarkt und im Bildungsbereich erklärt vielleicht auch, warum so viele Menschen schon sprachlich äußerst unreflektiert und unbeholfen sind. Insbesondere auf unseren Schulhöfen haben sich »behindert« genauso wie »Spasti« als Schimpfwörter etabliert. Es gibt aber noch weitere ableistische Bezeichnungen und Ausrufe, die wahrscheinlich schon viele von uns im Alltag benutzt haben. Bezeichnest du jemanden als »hysterisch«, »doof«, »Idiot«, oder »Psycho«, verwendest du ableistische Sprache. Nicht ein bestimmtes Verhalten wird kritisiert, sondern die geistige Fähigkeit einer Person.

Raúl berichtet, wie er einmal mit dem Fahrdienst vor der Schule abgesetzt wurde, als gerade einer seiner Lehrer vorbeikam und laut vorlas, was seitlich außen auf dem Fahrzeug stand: »Schwerbehindertentransport«. Bis dahin hatte er sich noch nie Gedanken darüber gemacht. Sein Lehrer aber sprach den Fahrer an: »Warum steht denn da Schwerbehindertentransport? Dinge und Tiere transportiert man, Menschen werden befördert!«

Raúl hat einen entspannten Umgang mit Sprache und eine gute Strategie, wenn es darum geht, Begriffe einzuführen oder zu verbreiten. Er findet es ermüdend, sein Umfeld zu korrigieren oder politisch korrekte Sprache einzufordern. Er benutzt einfach die Selbstbezeichnung seiner Wahl und macht die Erfahrung, dass sein Gegenüber dies übernimmt.

Raúl: »Die bevorzugte Selbstbezeichnung ist ›Mensch mit Behinderung‹ oder ›behinderter Mensch‹. Gerade durch die Bezeichnung ›behinderter Mensch‹ wird offengelassen, ob der Mensch behindert wird oder ob der Mensch behindert ist.«

Disability Studies[6]: Das soziale Modell der Disability Studies geht davon aus, dass Menschen durch ihre Umwelt behindert werden, indem beispielsweise Stufen den Zugang unmöglich machen oder Informationen nicht in leichter Sprache zur Verfügung stehen.
Selbst wenn wir grundsätzlich keine Schimpfwörter benutzen, kamen den meisten von uns wahrscheinlich schon einmal Ausrufe wie »Bist du blind?« oder »Bist du taub?« oder Ausdrücke wie »auf dem rechten Auge blind sein« über die Lippen. Desinteresse, Ignoranz und Rassismus sind aber keine Behinderungen und wir sollten in unserem Sprachgebrauch darauf achten, diese Dinge nicht zu vermischen.

Weil viele Menschen sich mit dem Begriff »behindert« unwohl fühlen, benutzen sie Euphemismen wie »anders fähig«, »besondere Bedürfnisse«, »eingeschränkt« oder »mit Handicap«.

Dazu schreibt die Comedienne Maysoon Zayid in einem Beitrag für Refinery29: *»Es ist an der Zeit, dass die Gesellschaft die Wohlfühlalternativen loslässt und einfach das Wort ›be_hindert‹ laut und stolz sagt.«*[7] Es handele sich nicht um »besondere Bedürfnisse«, sondern teilweise um lebensrettende Anpassungen. Außerdem ist es nicht so, dass Menschen mit Behinderung sich grundsätzlich in ihren Bedürfnissen von anderen Menschen unterscheiden.

Der Drang, bloß nicht das B-Wort zu benutzen, ist unserer Meinung nach vor allem ein Ausdruck dafür, wie unwohl wir uns mit der Thematik fühlen. Und das kommt durch mangelnden Kontakt und hieraus resultierender Angst und Unsicherheit im Umgang mit dem Unbekannten.

Behindert ist also kein Schimpfwort, sondern eine Selbstbezeichnung. Wie bei allen Merkmalen, aufgrund derer eine Person

Diskriminierung erfahren kann, sollten wir uns immer fragen, inwieweit es nötig ist, dieses Merkmal zu erwähnen. Raúl ist für uns zum Beispiel »der mit dem Hut«. Dass er einen Rollstuhl benutzt, ist eigentlich nur relevant, wenn es um barrierefreien Zugang geht.

Wir konnten das schon besser …

Seit es Menschen gibt, gibt es solche mit und ohne Behinderung. Der Umgang der Mehrheitsgesellschaft mit ihnen hat sich im Laufe der Menschheitsgeschichte jedoch geändert. Die Dokumentation *Geliebt, geduldet, getötet – die Geschichte von Menschen mit Behinderungen*[8] zeigt, wie bereits bei den Neandertalern Inklusion funktioniert hat. Im alten Ägypten wurden sie als von Gott geschaffene und zu achtende Mitmenschen verstanden. Bereits in der Antike begann die Bewertung und Entscheidung darüber, wer lebenswert ist und wer nicht, anhand von Fähigkeiten. Im Mittelalter verbreitete sich die abergläubische Idee, Behinderungen seien das Werk des Teufels. Eine entsprechende Verfolgung insbesondere auch während der Hexenverbrennungen war das Resultat. Menschen mit Behinderung galten im Nationalsozialismus als »Belastung für die deutsche Volksgemeinschaft«. Mehr als 400 000 Menschen wurden deswegen sterilisiert und über 200 000 ermordet. Das Wort Euthanasie, welches auch von den Nazis verwendet wurde, wird heute durch den Begriff »Aktion T4« ersetzt, welches den Ort (Tiergartenstraße 4) beschreibt, an dem insbesondere Karl Brandt und Philipp Bouhler die Ermordungen planten. Die Zwangssterilisierung wurde erst 2007 als grundgesetzwidrig anerkannt. Seit dem Ende der 70er-Jahre verstärkte sich das Emanzipationsbestreben und es entstanden die sogenannten »Krüppelgruppen«, um sich von den Integrations- und Normalisierungserwartungen zu befreien.[9] Seit 2002 soll das Bundesgleichstellungsgesetz die gleichberechtigte Teilhabe am gesellschaftlich Leben gewährleisten, auf internationaler Ebene gibt es seit 2008 die UN-Behindertenrechtskonvention.

Dieser schlaglichtartige Abriss der Geschichte soll vor allem Folgendes zeigen: Menschen mit Behinderung sind und waren immer Teil der Gesellschaft. Die Exklusion und Segregation ist kein natürlicher Zustand, sondern hat sich im Laufe der Zeit entwickelt. Vielleicht können wir von den Neandertalern und den alten Ägyptern etwas in punkto Inklusion lernen. Der schrittweise Abbau von Barrieren und ein alltägliches Miteinander in allen Lebenslagen sollten gesellschaftliche Ziele sein.

Ableismus erkennen, benennen und besser reagieren

Wir erinnern uns gut an eine Buchpremiere einer Anthologie, zu der wir ein Kapitel beigetragen hatten. Der Saal war mit 400 Plätzen komplett ausverkauft. Nach und nach trafen die Autor*innen ein und wir fingen fröhlich an zu schnattern. Die fröhliche Stimmung trübte sich, als sich herausstellte, dass zwar der Saal, jedoch nicht die Bühne einen barrierefreien Zugang hatte. Damit war klar, dass eine*r der Autor*innen vor statt auf der Bühne würde lesen müssen. Da der Saal nur wenig Neigung hatte, war auch klar, dass sie für das Publikum kaum sichtbar sein würde. Was für eine Ironie: Bei einer Buchpremiere zu einem intersektionalen Buchprojekt wird eine Autorin mit Behinderung im wahrsten Sinne des Wortes unsichtbar gemacht. Wir entschieden uns kurzerhand, uns auf den Bühnenrand zu setzen, um zumindest etwas Nähe herzustellen. Abgesehen davon wurde das Bühnenprogramm wie geplant durchgeführt. Es hat bis zum nächsten Tag gedauert, dass wir als Nicht-Betroffene so richtig verstanden hatten, was dort eigentlich passiert war. Du kommst als Autorin auf deine Buchpremiere und kannst die Bühne nicht erreichen.

Die Wut und Frustration, die solche immer wiederkehrenden Erfahrungen auslösen müssen, haben wir nicht verspürt. Eine kurze Empörung war da, ja, aber dann haben wir den Abend weiter genossen. Wir haben nicht darüber nachgedacht, aus Protest zu gehen. Es fehlte uns das Gespür für diese Lebenserfahrungen, obwohl wir live dabei waren. Was also können wir tun, um unsere Sensibilität zu schärfen, mehr Empathie zu haben, um auch Kindern als gutes Beispiel voranzugehen?

Fragt doch einfach – oder lieber nicht?

Wir haben erwartet, dass Raúl, genauso wie wahrscheinlich jede Person mit einer sichtbaren Behinderung, in der Öffentlichkeit übergriffigen Fragen fremder Menschen ausgesetzt ist – und dem ist auch so. Es hat uns aber doch schockiert, wie grenzüberschreitend Menschen sein können. So erzählte uns Raúl, dass er regelmäßig von Menschen gefragt würde, ob er Sex haben könne. Seine Antwort lautet dann: »Ja, aber nicht mit Ihnen.« Auch die Frage nach der Art seiner Behinderung komme oft. Wenn jemand fragt, ob er oder sie dies wissen dürfe, kontert er mit »Ja, und Sie? Sind Sie homo- oder heterosexuell?« Wahrscheinlich steht dir grad der Mund offen. So erging es uns jedenfalls während des Gesprächs.

Anders seien die Gespräche mit Kindern: »Die Kinder fragen immer das Gleiche: ›Warum bist du so klein? Warum kannst du nicht laufen? Warum hast du nen dicken Bauch?‹« Das sei völlig in Ordnung. Trotzdem hat er lange experimentiert, wie ein solches Gespräch mit Kindern am besten funktioniert.

Raúl: »Ich bin zu der Erkenntnis gekommen, dass je weniger ich erkläre, desto besser ist es eigentlich. Ich sage ihnen ›Ist halt so! Es gibt große Menschen, es gibt kleine Menschen und ich find das ok.‹ Dann ist das Thema meistens geklärt. Wenn ich sage ›Ich bin so auf die Welt gekommen‹, dann fragen sie ›Aber wieso und tut das weh?‹ Und dann wechsle ich auch recht schnell das Thema. Im Sommer sage ich zum Beispiel ›Ich hol mir jetzt ein Eis. Mein Lieblingseis ist Schoko und deins?‹ Dann nehmen sie mit: Kleine Menschen haben auch ein Lieblingseis.«

Für Raúl sind die Fragen von Kindern also völlig in Ordnung. Wie in den Beispielen gezeigt, sind diese ja auch vergleichsweise harmlos. Wir möchten aber an dieser Stelle klar betonen, dass es natürlich nicht für jede Person mit Behinderung ok ist, wenn sie von fremden Menschen, auch wenn es Kinder sind, angesprochen und ausgefragt wird. Wir finden, jeder Mensch hat das Recht, unbehelligt seiner Wege zu gehen, ohne persönliche Fragen beantworten zu müssen. Wir halten es für sinnvoll, auch Kindern die persönlichen Grenzen anderer Menschen aufzuzeigen, und ihnen zu erklären, dass dieser Mensch Fremden die gleiche Frage immer und immer wieder beantworten muss und dass das müde und auch traurig machen kann.

Was sollten Kinder also lernen?

Achte auf deine Sprache

Bringe Kindern von Beginn an die korrekten Bezeichnungen »Mensch mit Behinderung« oder »behinderter Mensch« bei. Die Art und Weise, wie wir über Behinderung sprechen, kann einen großen Einfluss auf die Einstellung und das Verständnis von Kindern haben. In diesem Zusammenhang sollten wir ihnen auch erklären, dass die Verwendung von Begriffen aus dem Themenfeld »Behinderung« als Beleidigung nicht in Ordnung ist. Aussagen wie »Sie ist an den Rollstuhl gefesselt« sind zum einen nicht korrekt und hinterlassen zusätzlich bei Kindern einen negativen Eindruck. Solche Aussagen zeichnen das Bild einer hilflosen, handlungsunfähigen Person. Vielmehr ist es so, dass ein Rollstuhl vielen Menschen selbstbestimmte Bewegungsfreiheit ermöglicht.

Neugierde ist ok

Kinder sind von Natur aus neugierig und stellen gerne Fragen. Wenn sie auf Menschen mit Behinderungen treffen, werden sie Fragen haben. Diese Fragen sind wichtig, um Situationen und andere Menschen besser zu verstehen. Bei unseren Antworten sollten wir immer bedenken, welches Bild diese über Menschen mit Behinderungen hinterlassen. Die meisten Kinder haben wenige Informationsquellen zu Menschen mit Behinderung. In Kinderbüchern werden sie noch oft nur als hilfsbedürftig oder Außenseiter portraitiert. Das bedeutet, dass die wenigen Informationen, die Kinder von uns bekommen, ein umso stärkeres Gewicht erhalten. Sprechen wir von Schmerzen oder verminderten Fähigkeiten, so kann diese Aussage zur bekannten single story werden. Viele Fragen, etwa zu Art und Ausmaß einer Behinderung, werden wir nicht beantworten können. Das ist ok. Wir können (online) recherchieren oder es dabei belassen und eine andere Eigenschaft der Person hervorheben.

Es ist wichtig, Kindern zu zeigen, dass Neugierde in Ordnung ist, solange sie respektvoll und einfühlsam ist. Sie sollten ermutigt werden, Fragen zu stellen, aber auch zu verstehen, dass nicht jeder Mensch (mit Behinderung oder ohne) bereit ist, über seine Erfahrungen zu sprechen. Hier bietet sich eine gute Gelegenheit, Kindern zu erklären, dass es wichtig ist, die Privatsphäre und die persönlichen Grenzen anderer zu respektieren.

Behinderung ist keine Krankheit

Es ist wichtig, Kindern den Unterschied zwischen einer Krankheit und einer Behinderung zu erklären. Viele Krankheiten kommen und gehen. Eine Behinderung ist keine Krankheit, aber eine Krankheit kann eine Behinderung verursachen. Eine Behinderung bleibt und Menschen finden Wege, damit umzugehen. So eröffnen Rollstuhl, Brailleschrift oder Gebärdensprache Alternativen, sich fortzubewegen, zu lesen oder zu kommunizieren. Menschen mit Behinderungen haben wie wir alle unterschiedliche Fähigkeiten und Bedürfnisse und sind natürlich in der Lage, ein erfülltes und glückliches Leben zu führen. Behinderung gehört zur Vielfalt der menschlichen Erfahrung.

Gemeinsamkeiten betonen

Obwohl Menschen unterschiedliche Fähigkeiten haben können, ist es wichtig, die Gemeinsamkeiten hervorzuheben. Kinder verstehen dann, dass wir alle ähnliche Bedürfnisse nach Freundschaft, Liebe, Anerkennung und Glück haben, unabhängig von unseren körperlichen oder geistigen Fähigkeiten. Indem wir die Gemeinsamkeiten betonen, können wir Barrieren abbauen und ein Gefühl der Verbundenheit und des Miteinanders fördern. Wir alle können voneinander lernen und uns gegenseitig bereichern.

Sprechen auf Augenhöhe

Das ist eigentlich ja klar! Aber viele Menschen sind im Umgang und in der Kommunikation mit Menschen mit Behinderung unsicher, wollen besonders zuvorkommend und hilfsbereit sein und fangen dann an, erwachsene Menschen wie Kinder zu behandeln. Wir hatten auf einer Veranstaltung zu Vielfalt in Kinderbüchern vor einigen Jahren einen Büchertisch und durften einer Gruppe kundiger Menschen auf dem Panel lauschen. Eine der Panelist*innen war eine Wissenschaftlerin, die sowohl gehörlos als auch blind war. Nach dem Panel begrüßte uns die Wissenschaftlerin zusammen mit ihrer Assistentin. Diese kommunizierten mit dem sogenannten Lorm-Alphabet, einer Buchstabiersprache, die direkt in die Handinnenfläche gelormt wird. Da wir diese Art der Kommunikation nicht gewohnt sind und wir damit auch nicht direkt, sondern nur mit Hilfe der Assistentin mit ihr sprechen konnten, waren wir unsicher. Dürfen wir ihr die Hand geben oder ist das unangenehm für sie, da sie uns nicht kennt und dann von zwei fremden Frauen angefasst wird? Zum Glück war die Assistentin nicht nur eine Profi-Dolmetscherin, sondern routiniert im Umgang mit Ableds (Menschen mit als »normal« geltenden Fähigkeiten) wie uns, und hat uns souverän in ein Gespräch geleitet und uns gezeigt, wie eine Kommunikation möglich ist. Was wäre ohne die Assistentin passiert? Wahrscheinlich hätten wir den Kontakt gemieden, weil unsere eigene Unsicherheit uns im Weg gestanden hätte. So funktioniert sozialer Ausschluss.

Wir können uns also folgende Fragen stellen:

- Spreche ich besonders langsam oder laut?
- Spreche ich mit meinem Gegenüber dem Alter angemessen oder verfalle ich in eine Sprache, die ich einem Kind gegenüber benutzen würde, obwohl ich mit einem Erwachsenen spreche?
- Ist meine Themenwahl angemessen oder grenzüberschreitend, weil ich persönliche Fragen zu Alltag und Lebensumständen stelle, die ich sonst so nicht fragen würde?

Ableismus anklagen

Hier haben auch wir, wie das Beispiel oben zeigt, noch einiges zu lernen. Menschen mit Behinderung sind neben Beleidigungen und Abwertungen auch Ungeduld und Unwillen im öffentlichen Raum ausgesetzt. Wenn wir eine solche Situation miterleben, sollten wir uns äußern und nicht akzeptieren, dass diese Form von Diskriminierung in unserer Anwesenheit geschieht.

Was ableistische Sprache angeht, können wir uns auch zunächst an die eigene Nase fassen. Wir sind während der Recherche auf sehr viele Begriffe gestoßen, die wir bisher ganz selbstverständlich im Alltag benutzt haben. Beispiele sind die Wörter »Idiot« und »dumm«. Auch wenn wir sie meist für uns selbst und nicht für andere benutzen, geben wir uns Mühe, diese aus unserem eigenen Wortschatz zu streichen. Im nächsten Schritt können wir dann unser Umfeld auf deren ableistische Bedeutung hinweisen. Es liegt noch viel Arbeit vor uns.

Hilfe anbieten, nicht aufzwingen

Was nervt dich im Alltag am meisten? haben wir Raúl gefragt.

»Nichtakzeptieren, wenn man sagt ›nein, ich kann das allein‹, dass einem dann trotzdem geholfen wird – und überschwängliches Mitleid!«

Wir sollten nicht davon ausgehen, dass Menschen mit Behinderungen automatisch Hilfe benötigen oder dass sie unfähig sind, bestimmte Aufgaben selbstständig zu erledigen. Beispiele für übergriffiges Verhalten in diesem Sinne sind: ungefragt einen Rollstuhl zu schieben oder einfach eine blinde Person an die Hand nehmen, um sie an einen bestimmten Ort zu führen. Stell dir einmal vor, eine fremde Person fasst dich im Bus an den Schultern und schiebt dich einfach aus dem Weg oder ein*e Fremde*r ergreift einfach deine Hand. Unvorstellbar. Wenn wir eine Person mit schweren Taschen sehen, bieten wir eventuell an, beim Tragen zu helfen, akzeptieren aber auch ein »Nein, danke, passt schon« und schnappen uns nicht einfach die Taschen. Wir können und sollten also Hilfe anbieten, wenn wir sehen, jemand könnte diese vielleicht brauchen, und dann nur in der Form helfen, die gewünscht ist. Gilt eigentlich immer und für alle Menschen.

Diskriminierung durch Aufwertung

Wir waren von der Wissenschaftlerin, die wir oben in unserem Beispiel erwähnt haben, absolut fasziniert. Ihre messerscharfen Analysen waren umwerfend und ja, wir hatten auch den Gedanken, wie sie das alles schafft, trotz ihrer Behinderungen. Geäußert haben wir zum Glück nur den ersten Teil. Nichtbehinderte Menschen neigen dazu (wir nehmen uns da nicht aus) Menschen mit Behinderungen zu bemitleiden oder sie als »heldenhaft« zu bezeichnen, nur weil sie ihren Alltag bewältigen. Wir betrachten sie damit als »anders« oder »besonders« und entlarven damit unseren einfach nur etwas netter verpackten Ableismus. Es hat etwas Paternalistisches, andere Menschen dafür zu loben, was sie schon alles allein können. Let's stop this!

Infragestellung von Behinderungen

Nicht alle Behinderungen sind sichtbar oder für Außenstehende ersichtlich. Die meisten von uns sind keine Expert*innen und es steht uns nicht zu, die Schwere oder überhaupt das Vorhandensein einer Behinderung in Frage zu stellen. Wenn eine Person beispielsweise einen Ausweis für einen Behindertenparkplatz hat, können wir davon ausgehen, dass eine Berechtigung vorliegt. Niemand schuldet uns eine Rechtfertigung, beispielsweise durch die Darlegung einer Diagnose oder persönlichen Lebensgeschichte. Wir sollten vielmehr darauf achten, entsprechende Parkplätze nicht zu blockieren.

Gut gemeint ist der kleine Buder von sch …

Raúl: »Wir haben im Religionsunterricht vier Wochen lang die Vorstadtkrokodile geguckt. Ein Junge im Rollstuhl ist zunächst ausgeschlossen, hat aber, weil er etwas durch ein Fernrohr beobachtet, mehr Wissen als die Gruppe und wird daher akzeptiert und Teil der Gruppe. Also ein typisches Superkraftthema. Ich fand die Situation so unangenehm, da ich genau wusste, dass wir den Film geguckt ha-

ben, weil ich DER Rollstuhlfahrer in der Klasse war. Und ich hatte Angst, die ganze Zeit, dass der Film legitimiert, dass meine Freunde mich mobben, weil der Junge wird am Anfang des Films gemobbt. Die Lehrerin sagte dann auch irgendwas zum Film: ›Blablabla, so wie bei Raúl.‹ Und ich wäre so gerne vor Scham im Boden verschwunden.«

Die Lehrerin hatte sicherlich gute Absichten, als sie den Film *Die Vorstadtkrokodile* auswählte. Aber, wie das Zitat zeigt, war es für Raúl eine Qual. Zum Abschluss dieses Kapitels möchten wir ein paar typische Motive aus Kinderbüchern mit behinderten Protagonisten aufgreifen und erklären, warum diese problematisch sind. Außerdem einige Punkte ansprechen, auf die wir bei der Auswahl entsprechender Bücher achten können.

Heldentat

Die Vorstadtkrokodile ist eine sehr typische Erzählung, in der der Protagonist zunächst ausgeschlossen wird, dann jedoch (ganz in der kapitalistischen Logik) etwas leistet und daraufhin von der Gemeinschaft akzeptiert und aufgenommen wird. Wir alle sind wertvoll aus uns selbst heraus. Wir sollten nicht akzeptiert oder geliebt werden, weil wir etwas leisten, sondern einfach, weil wir sind.

Besondere Fähigkeit

Noch immer gibt es Bücher, die die Behinderung des oder der Protagonist*in durch eine besondere Fähigkeit oder Superkraft ausgleichen wollen. So kann der/die Held*in beispielsweise mit Tieren sprechen. Auch dies suggeriert, du bist nicht genug, so wie du bist, sondern brauchst etwas Besonderes, das deinen Mangel ausgleicht.

Wundersame Heilung

Die wundersame Heilung zeigt sich zum Glück immer seltener als Motiv. Viele von uns erinnern sich an Forrest Gump, der bei der

Flucht vor einer Gruppe Gleichaltriger beim Laufen seine Gehhilfen sprengt und zum schnellsten Läufer der Nation wird. Als hätte er sich zuvor einfach nicht genug angestrengt, seine Gehbehinderung zu überwinden. Behinderung ist nicht etwas, was es zu überwinden gilt. Am besten wird sie einfach nur als eines von vielen Merkmalen einer Person betrachtet.

Worauf wir bei Kinderbüchern achten sollten

- Die Lebenssituation sollte realistisch dargestellt werden.
- Sowohl Schwächen als auch Stärken der Person sollten beschrieben werden, ohne diese künstlich zu überhöhen.
- Verzicht auf bemitleidenswerte Darstellungen.
- Keine Reduzierung auf die Behinderung.

Und nun?

Wie bereits einleitend beschrieben, haben wir nicht die großen Lösungen gegen den gesellschaftlichen Ausschluss und gegen die Diskriminierung von Menschen mit Behinderung. Das wäre auch vermessen. Wir hoffen, wir konnten dir einige Denkanstöße mit auf den Weg geben – der Prozess des Lernens und Verlernens sollte sich auch bezüglich dieser Diskriminierungsform fortsetzen.

Tipps für weiteres Empowerment

Bücher

- *Unter den Wellen*, Meritxell Martí (Autor), Xavier Salomó (Illustrator), 2020, Jacoby Stuart Verlag, ab 6 Jahre: Ein Strand, zwei Kinder und was sich unter den Wellen verbirgt. Diese scheinbar einfache Geschichte einer zufälligen Begegnung zweier Kinder am Meer hat ebenso viel Tiefgang wie der Tauchgang des kleinen

Jungen Max. Da niemand mit ihm spielen möchte, taucht Max in eine Fantasiewelt ab und sucht in den Tiefen des Ozeans nach verborgenen Schätzen.

- *Lauf, kleiner Spatz!*, Brigitte Weninger (Autorin), Anna Zeh (Illustratorin), 2022, Tyrolia Verlag, ab 4 Jahre
- *Astronautenkinder*, Natascha Berger, Anna Taube, arsEdition, ab 4 Jahre
- *Ungebremst*, Ruth Anne Byrne, Tulipan Verlag, ab 11 Jahre
- *Lilly gehört dazu*, Irmgard Partmann & Laura Bednarski, Coppenrath, ab 5 Jahre
- *Das blaue Herz von Finn*, Katharina Sieg & Thomas J. Hauck, Kunstanstifter Verlag, ab 5 Jahre
- *Ich bin Mari*, Shari und André Dietz & Saskia Gaymann, arsEdition, ab 4 Jahre

Kalender

- 3. Dezember: Internationaler Tag der Menschen mit Behinderung. Er soll das Bewusstsein für die Belange von Menschen mit Behinderungen stärken.

Social Media

- @wheelymum
- @rollifrauelein
- @fraugehlhaar
- @notjustdown
- @raulkrauthausen

Biografie des/der Expert*in

Raúl Krauthausen: Als Inklusions-Aktivist und Gründer der SOZIALHELDEN, studierter Kommunikationswirt und Design Thinker arbeitet Raúl seit über 15 Jahren in der Internet- und Medienwelt. 2013 wurde Raúl Krauthausen mit dem Bundesverdienstkreuz am Bande ausgezeichnet und im Januar 2014 veröffentlichte er seine Biografie *Dachdecker wollte ich eh nicht werden – Das Leben aus der Rollstuhlperspektive*. Sein drittes Buch *Wer Inklusion will, findet einen Weg. Wer sie nicht will, findet Ausreden* landete 2023 auf der SPIEGEL-Bestseller-Liste.

Klassismus – Gedanken zur Klassenreise

Seit einigen Tagen versuche ich einen Einstieg in diesen Text zu finden. Ich habe unser Interview mit Tanja Abou zum Thema Klassismus und Armut ein zweites Mal durchgehört. 2,5 Stunden voller Weisheiten. Olaolu hat ihr Fragen gestellt, Tanja hat geantwortet. Die beiden sind in einen Dialog getreten und es war ein Privileg, ihnen zu lauschen. Das Interview haben wir im Dezember geführt und in den Wochen danach hat sich eine innere Unruhe in mir breit gemacht. Ich dachte bis vor diesem Interview, dass ich aus einem bildungsbürgerlichen Haushalt stamme, weil mein Vater über den zweiten Bildungsweg studiert hat, genau wie die Mehrheit seiner Geschwister. Aber rückblickend ist mir bewusst geworden, dass ich wohl eher aus einem Arbeiterhaushalt stamme, wenn auch keinem klassischen. Sätze und Szenen tauchen seitdem wie Schlaglichter vor meinen inneren Augen und Ohren auf.

»Eure Möbel sehen aus wie vom Sperrmüll.«

»Schaut mal, wie Tebbi isst! Hat dir keiner gezeigt, wie man die Reste mit dem Messer auf die Gabel schiebt?«

»Eure Familie ist ärmer als unsere.«

Als ich ein Kind war, haben wir in einem Haus zur Miete gewohnt. Ich hatte ein eigenes Zimmer. Ich hatte nie Hunger. Unsere Haustür war niemals abgeschlossen. Menschen kamen zu Besuch. Einige angekündigt, andere nicht. Ich erinnere mich an einen Freund der Familie, der wohnungslos war und in regelmäßigen Abständen zu uns kam. Statt zu klingeln, öffnete er die Haustür und kündigte sich immer mit den Worten »Eine Tasse Tee, bitte!« an. Diese Bitte wurde nie abgelehnt. Ich erinnere mich an Familienessen als eine fröhliche, laute Runde mit dampfenden Töpfen auf dem Tisch. Was einen Tisch »eindecken« bedeutet, habe ich erst spät gelernt. Bei uns wurde gedeckt. Wir hatten zeitweise ein Auto, größtenteils aber nicht. Wir haben Ausflüge, aber keine Urlaubsreisen gemacht. Ich habe uns nicht als arm empfunden und glaube bis heute nicht, dass wir es waren. Die oben wiedergegebenen Sätze waren verletzende Bemerkungen von Menschen aus meinem Umfeld, die mich irritiert haben, sich aber nicht so recht mit meiner Eigenwahrnehmung deckten. Es ist Quatsch zu sagen, dass in meiner Kindheit immer eitel Sonnenschein war, aber es war fröhlich und ehrlich und echt. Unprätentiös, ohne den Versuch, etwas darzustellen, was wir nicht waren.

Rückblickend war es der Wechsel aufs Gymnasium nach der 6. Klasse, bei dem ich das erste Mal gemerkt habe, wie schwer dieser Wechsel von der Herkunftsklasse in eine andere ist. Ich hatte nur eine wirkliche Freundin, auch diese kam nicht aus einem typischen bildungsbürgerlichen Haushalt. Nach einem Jahr habe ich das Gymnasium wieder verlassen. Eine große Niederlage zunächst. Aber ich werde nie die ersten Wochen auf der Realschule vergessen: Wie ein Fisch, der ein Jahr auf dem Trockenen gelegen hatte, war ich zurück in meinem Element – der Humor, die Themen und die Sprache waren meine! Damals dachte ich, dass es nur an den Unterrichtsinhalten gelegen hatte, durch die ich mich im Gymnasium quälen musste – aber nun fielen sie mir leicht! Heute weiß ich, dass es ein ganzer Strauß an Dingen war, die mich erschöpften, bis hin zu dem Punkt, dass ich nicht die Leistungen erbringen konnte, die für eine Versetzung notwendig gewesen wären, obwohl ich die Fähigkeiten dazu hatte.

Dieser kleine Ausflug in Tebbis Vergangenheit zeigt schon, wie stark die Herkunft aus einer bestimmten sozialen Klasse wirkt, selbst dann, wenn materielle Armut dabei gar nicht zum Tragen kommt. Bestimmte Weichenstellungen im Leben eines Menschen, beispielsweise den Bildungsweg oder Zugang zu Ressourcen betreffend, werden ermöglicht oder bleiben verschlossen. Wir haben uns entschlossen, die Themen »soziale Klasse« und »materielle Armut« als Diskriminierungsform mit in dieses Buch aufzunehmen, weil sie so wirkungsmächtig sind und gleichzeitig so unsichtbar gemacht werden. Um zu verstehen, warum das so ist, und was wir, obwohl es sich um ein strukturelles Problem handelt, individuell und was die Bildungseinrichtungen tun können, haben wir mit Tanja Abou gesprochen. Tanja Abou ist Sozialarbeiterin, queere Poverty-Class Akademikerin, Social-Justice-Trainerin, Careleaverin, Gründungsmitglied des Instituts für Klassismusforschung, systemische Therapeutin, DJ und Kinderbuchautorin.

Careleaver: Das Wort stammt aus dem Englischen und heißt wortwörtlich übersetzt »Fürsorge-Verlasser« (Care-Leaver). Dies bezeichnet Menschen, die einen Teil ihres Lebens in einer Pflegefamilie oder einer Einrichtung der Jugendhilfe verbracht haben und diese auf dem Weg in ein eigenständiges Leben wieder verlassen. Dieser Übergang ist mit vielfältigen Herausforderungen verbunden, die Careleaver im Gegensatz zu ihren gleichaltrigen Peers oft alleine bewältigen müssen.[1]

Gelebte Wohlstandsleugnung

Ein Ruck ging durch Deutschlands politische Landschaft und die sozialen Medien. Fast zeitgleich zur Anhörung der erfolgreichen

Petition *Erhöhung des Elterngeld-Höchstbetrages und der Ersatzraten/Regelmäßiger Inflationsausgleich*[2] wurde von politischer Seite die Streichung des Elterngeldes für Haushalte mit einem Gesamteinkommen ab 150 000 € beschlossen (die Grenze lag bisher bei 300 000 €). Berichte von Frauen, die entweder bereits schwanger oder mitten in der Familienplanung stecken, machten auf Social Media die Runde. In denen geht es um die Angst vor der finanziellen Abhängigkeit von ihrem Partner und die Frage, ob ein Kind zu bekommen oder das zweite oder dritte, finanziell überhaupt möglich ist. Eine eigene Petition wird gestartet. Gut vernetzte Frauen mit zeitlichen und finanziellen Ressourcen schafften es, innerhalb von drei Tagen eine halbe Million Unterschriften zu sammeln. Die Kritik an der Kürzung des Elterngelds bei einkommensstarken Haushalten ist äußerst komplex. Da es sich nicht um eine Sozialleistung, sondern um ein familienpolitisches Instrument handelt, schauen wir auf das Ziel: Für die Gleichstellung unter den Geschlechtern ist es ein verheerendes Signal. Bei den betroffenen Paaren werden es größtenteils die Mütter sein, die mit dem Kind zu Hause bleiben und Karriere-, Finanz- und Renteneinbußen in Kauf nehmen.

Die Befürworter*innen der Petition argumentieren genau damit. Frauen werden diejenigen sein, die die Folgen dieser politischen Entscheidung zu tragen haben. Das ist ein valides Argument. Gleichzeitig ordnen sich viele in die Mitte der Gesellschaft ein und sagen, sie würden ja nicht zu den Superreichen gehören. Die Zahlen sind genauso komplex wie das Thema, Fakt aber ist, wir sprechen hier von den 2–10 Prozent der einkommensstärksten Familien des Landes. Auch wenn es Menschen gibt, die viel viel reicher sind, Menschen, die nicht arbeiten müssen, weil sie vermögend sind, haben mindestens 90 Prozent der Haushalte weniger Einkommen zur Verfügung. Wir sprechen also definitiv nicht über die Mitte der Gesellschaft. Aber ja, wir leben in einer Gesellschaft, in der wenig über

Geld gesprochen wird, da fällt eine Selbsteinschätzung schwer. Das ist nicht ironisch gemeint!

Es gab aber auch Argumente, sich solidarisch mit den Familien zu zeigen, die zukünftig vom Erhalt des Elterngeldes ausgeschlossen werden sollen, die spaltend, unfair und schlicht nicht korrekt sind. Eines davon ist, dass es sich schließlich um die Leistungsträger*innen handle, die unser Sozialsystem finanzieren. Wer sind die Leistungsträger*innen dieser Gesellschaft? Sind es jene, die das Glück haben, viel Geld und Anerkennung für ihre Arbeit zu bekommen, oder jene, die für ein viel zu niedriges Gehalt arbeiten, um Dienstleistungen zu erbringen, ohne die es anderen gar nicht möglich wäre, entsprechende Gelder zu verdienen? Die Pflegekräfte, Erzieher*innen, Bahnfahrer*innen, Putzkräfte etc.! Sich zu brüsten, viel Steuern zu zahlen, während andere für den Bruchteil deren Gehalts Carearbeit für sie übernehmen, spricht ihnen ab, genauso Leistungsträger*innen dieser Gesellschaft zu sein. Diese Art der Argumentation ist unsolidarisch.

Eines zeigt diese Debatte sehr deutlich. Menschen mit Geld, Netzwerken und anderen Ressourcen schaffen es sehr gut, ihre politischen Forderungen zu platzieren. Während eine Petition zur Unterstützung von 10 Prozent der reichsten Familien in Deutschland es schafft, auf eine halbe Millionen Unterzeichner*innen zu kommen, schafft die Petition *Stoppt Lindners Blockade der Kindergrundsicherung* es nach drei Monaten gerade auf gut 133 000 Unterschriften. Hier geht es um die Verbesserung der Lebensumstände von rund 5 Millionen von Armut gefährdeten Kindern.[3]

Diese beiden Wahrheiten nebeneinanderzustellen hat nichts mit spalten zu tun. Wenn reiche Eltern, wobei es hier zumeist Mütter waren, Solidarität einfordern für ein berechtigtes Anliegen, müssen sie sich die Gegenfrage nach ihrer Solidarität bei verwandten Themen gefallen lassen.

Wir haben keine einfachen Lösungen. Nur die Aufforderung, dass wir alle uns solidarisch gegen Kinderarmut einsetzen müssen. Ansonsten haben wir nach der Beschäftigung mit diesem Thema mehr Fragen als zuvor. Warum machen die Ausgaben des Bundesministeriums für Familie, Senioren, Frauen und Jugend nur 2,85 Prozent des Gesamtbundeshaushalts aus? Warum hat die Familienministerin, nachdem sie 12 Milliarden Euro für die Kindergrundsicherung gefordert hat, nach Monaten noch immer kein Konzept vorgelegt, was genau sie mit dem Geld machen will? Warum leben in einem der reichsten Länder der Welt so viele Kinder in Armut? Warum gibt es keinen gesellschaftlichen Aufschrei, in dem wir mindestens 10 Millionen Unterschriften zusammenbekommen, um Kinderarmut zu beenden? Sofort!

Klassismus verstehen

Wir wollen Klassismus und dessen Wirkweise verstehen. Wir wollen wissen, warum es so wenig Solidarität und Protest gibt angesichts der Lebensumstände von so vielen Kindern in diesem Land. Wie haben wir die klassistische Idee von Leistungsträger*innen und dem Wert von Menschen und ihren Anliegen gemessen an materiellen Gütern erlernt?

Klassismus bezeichnet die Diskriminierung aufgrund der sozialen Herkunft und/oder der sozialen und ökonomischen Position. Es geht also nicht nur um die Frage, wie viel Geld jemand zur Verfügung hat, sondern auch, welchen Status er hat und in welchen finanziellen und sozialen Verhältnissen er aufgewachsen ist. Klassismus richtet sich mehrheitlich gegen Personen einer »niedrigeren Klasse«. Es werden insbesondere wohnungs- und erwerbslose Menschen, Menschen aus der Arbeiter*innen- und Armutsklasse ausgegrenzt.[4]

Frag dich .....

Um die eigene Verwobenheit zu verstehen, ist es hilfreich, einen Blick in die eigene Vergangenheit zu werfen. Bei Tebbi war es das Interview mit Tanja, das ihr Zugänge zu verschütteten Erinnerungen ermöglicht hat. Wir haben einige Fragen zusammengestellt, um dir zu helfen, die eigene Kindheit in Bezug auf Klassismus zu beleuchten.

Wenn du an deine Freund*innen in der Kindheit zurückdenkst, hatten diese die gleiche oder eine andere soziale Herkunft als du?

Anzeichen hierfür können die Wohnsituation sein. Haus oder Wohnung? Wie war die Einrichtung? Waren die Freizeitaktivitäten und Feriengestaltung deiner Familie und der deiner Freund*innen ähnlich oder gab es Unterschiede? Wurde eure Kleidung im Kaufhaus oder in der Boutique gekauft oder habt ihr Kleidung aus dem Kreis der Bekannten und Freund*innen aufgetragen?

Menschen tendieren dazu, sich eher zur gesellschaftlichen Mitte zu zählen. Das bedeutet, dass Menschen, denen es statistisch gesehen sehr gut geht, sich eher nach unten, also zur Mitte der Gesellschaft zuordnen, wie das Beispiel der Elterngelddebatte gezeigt hat. Menschen, denen es sozioökonomisch gesehen eher schlecht geht, schätzen ihre Lage oft besser ein, als sie tatsächlich ist, und zählen sich ebenfalls zur Mitte der Gesellschaft, obwohl sie im statistischen Vergleich mit sehr weniger auskommen müssen. Dies liegt daran, dass wir uns mit unseren Peers vergleichen, also den Menschen, mit denen wir uns umgeben. Dabei finden wir in jeder Gesellschaftsschicht, in der wir uns gerade bewegen, immer Menschen, denen es besser oder schlechter geht. So kommt es bei Selbsteinschätzung zur Verortung in der Mitte.

Hatten alle deine Freund*innen den gleichen Zugang zu eurem Zuhause?

Gab es Unterschiede, welche Kinder bei dir übernachten durften, wer bei euch mitessen durfte oder mit auf Familienausflüge genommen wurde? Diese Unterschiede können sich natürlich einfach dadurch ergeben, dass es Kinder gab, die regelmäßiger bei euch ein- und ausgegangen sind und damit bestimmte Privilegien bzw. mehr Zugang zu eurem Familienleben hatten. Aus Gesprächen mit Freund*innen wissen wir, dass viel öfter PoC erzählen, dass sie, wenn sie bei anderen Kindern zu Besuch waren, während der Essenszeit im Kinderzimmer warten mussten oder nach Hause geschickt wurden. Dies kann einfach eine Familienregel gewesen sein – oder mit Rassismus oder Klassismus zu tun gehabt haben. Wichtig bei der Überlegung ist, ob hier Unterschiede bei verschiedenen Kindern gemacht wurden und wie diese begründet wurden.

Welche Freundschaften wurden von den Erwachsenen in deinem Umfeld gefördert?

Hand aufs Herz: Wenn wir eigene Kinder haben, gibt es Freundschaften unserer Kinder, die wir stärker fördern als andere. Das kann unterschiedliche Gründe haben. Vielleicht sind wir mit den Eltern eines Kinders befreundet und wir können das Abholen unseres Kindes mit einem netten Plausch bei einer Tasse Kaffee verbinden. Freundschaften werden von Erwachsenen aber auch bewusst gefördert oder manipuliert, je nachdem, ob sie als vermeintlich guter oder schlechter Umgang empfunden werden. Dies hat auch oft mit der unterschiedlichen sozialen Herkunft zu tun. Frage dich also, welche Freundschaften du förderst: Weshalb hältst du einige Kinder für passender und sympathischer als andere?

Welches Wissen hattest du bezüglich deiner bzw. eurer Zugehörigkeit zu einer bestimmten sozialen Klasse? Haben deine Eltern mit dir über eure soziale Herkunft gesprochen und wo ihr euch im Vergleich zu anderen verortet? Wie und in welchem Zusammenhang wurde über materielle Armut und Geld gesprochen? Hast du Sätze wie »Über Geld spricht man nicht« oder »Dafür haben wir kein Geld« gehört? Oder war immer Geld für alles da?

Auch das seltene Sprechen über Geld (und dann nie über konkrete Summen) und der Mangel an Kommunikation über sozioökonomische Privilegien führen zu einer falschen Selbsteinschätzung. Viele von uns haben als Kinder keine Werkzeuge in die Hand bekommen, um eine realistische Einschätzung vornehmen zu können.

Die Beantwortung dieser Fragen lässt dich möglicherweise auf Glaubenssätze stoßen, die du in deiner Kindheit entwickelt hast und die noch heute auf dich wirken. Gleichzeitig bekommst du, falls du noch nicht darüber nachgedacht hast, ein besseres Gefühl dafür, wo du dich im sozialen Gefüge einordnen kannst. Dies hilft dir, eigene Verhaltensweisen besser zu verstehen und deinen Blick für eigenes diskriminierendes Verhalten zu schärfen. Hierbei ist auch hilfreich, das eigene Haushaltsnettoeinkommen mit dem bundesdeutschen Durchschnitt von 3 880 €[5] zu vergleichen. Stelle dir außerdem die Frage danach, welches sonstige kulturelle bzw. soziale Kapital du hast. Hast du als Kind ein Musikinstrument erlernt? Hast du studiert? Hast du Familie und/oder Freund*innen, die dich finanziell oder bei der Bewältigung deines Familienalltags unterstützen (können)? Weißt du, ob und wo du Unterstützung beantragen kannst?

Wie sagt man das am besten?

Der Begriff »Unterschicht« ist uns schon immer irgendwie sauer aufgestoßen. Nicht nur weil dieser herabwürdigend klingt, sondern auch weil er eine Hierarchie aufmacht, die materiell gesehen zwar durchaus einer Realität entspricht, jedoch nichts mit dem Wert der zu einer bestimmten sozialen Schicht Gehörenden zu tun hat. Wir haben Tanja gefragt, »was man denn jetzt noch sagen darf« ☺, und sie hat uns weitergeholfen.

»Ich find Sprache und das Achten auf Sprache total wichtig, einerseits. Andrerseits erlebe ich es sehr oft, dass Sprache auch als Machtmittel benutzt wird. Das man halt denkt, so ich habe jetzt hier das richtige Vokabular. Grade in politischer Bildungsarbeit oder auch in politischen Bewegungen habe ich manchmal den Eindruck, dass es sehr stark darum geht, auf nem gefühlten Up-to-date zu sein, und wenn jemand nicht up-to-date ist, dann wird sehr schnell moralisch in falsch/richtig gut/böse eingeteilt.«

Auch wenn es Tanja um eine Haltung geht, so gibt es doch auch Begriffe, die sie am liebsten sofort aus dem kollektiven Sprachgebrauch streichen würde. Und zwar »Assi« und »asozial«. Diese Worte, sagt sie, haben eine so brutale »*Geschichte der Herabwertung von materiell armen Menschen und auch wohnungslosen Menschen. ›Asoziale‹ war eine Kategorie, unter der im Nationalsozialismus Menschen zusammengefasst wurden, die verfolgt und umgebracht wurden. Dieser Begriff trägt so viel Schmerz, so viel Kontinuität in der Geschichte von Verfolgung.*« So schrecklich diese Begriffe sind, so inflationär werden sie unter anderem auch von Jugendlichen benutzt. In den meisten Fällen wohl, ohne die geschichtliche Bedeutung zu kennen. »*Man kann mit Jugendlichen sehr gut über Diskriminierung sprechen.*« Als erfahrene Sozialarbeiterin bietet Tanja Jugendlichen ihre Perspektive an. »*Ich habe gelernt zu fragen, ob ich meine kritische Perspektive einbringen darf.«* Das klappe mit Hinweis auf diskriminierende Sprache auch sehr gut.

- Materiell arm: »*Denn man ist nicht arm an Empathie, sozialer Kompetenz oder Ideen, wie man gerade mit dieser materiellen Armut umgehen kann.*«
- Armutsklasse anstelle von »Unterschicht«: »*Ich spiele aber auch gerne mit Begriffen, sage gerne »Unterschichtsakademikerin«, wenn ich in akademischen Kontexten unterwegs bin.*«
- Bildungsfern: »*Der Begriff wird schon länger diskutiert.*« Diese Diskussion scheint noch nicht abgeschlossen.
- Formale Bildung anstelle von »höherer Bildung«.
- Soziale Position: Sie kann von der sozialen Herkunftsklasse abweichen. Menschen entstammen beispielsweise einem bildungsbürgerlichen Haushalt, leben aktuell jedoch in materieller Armut. Dabei ist zu beachten, dass ihnen gegebenenfalls trotzdem ein hohes kulturelles und soziales Kapital zur Verfügung steht.

Wir mögen Tanjas Einstellung zur Sprache sehr. Weil sie klarmacht, dass einige Begriffe einfach eine zu schreckliche Vergangenheit haben, um weiterhin benutzt zu werden. Gleichzeitig legt sie nicht einzelne Worte auf die Goldwaage, sondern achtet darauf, welche Haltung ein Mensch hat. Es handelt sich bei den Begriffen rund um Armut und soziale Herkunft meist nicht um Fremdwörter. Das heißt, wir alle können ein Gefühl entwickeln, ob Begriffe sich abwertend anfühlen. Würden wir selbst mit diesem Begriff bezeichnet werden wollen oder würden wir uns verletzt fühlen? Sprechen wir auf Augenhöhe oder mit einem Überlegenheitsgefühl? Mit einer achtsamen Haltung und sensibler Sprache können wir einen machtkritischen Umgang mit den Themen »soziale Herkunft« und »Armut« entwickeln.

Armut versucht, sich unsichtbar zu machen

Wir haben uns gefragt, warum Klasse als Diskriminierungsform so oft vernachlässigt wird. »*Klasse wird als veränderbare Dimension wahrgenommen, weil der Mythos ›Alle können den Aufstieg schaffen‹ wirkt.*« So Tanjas Erklärung dafür, dass sie während ihrer akademischen Ausbildung immer wieder auf Ablehnung gestoßen ist, wenn sie vorschlug, das Thema zu behandeln.

Auch in der Wissenschaft wurden »arme Kinder« als eine Gruppe, die von multiplen Benachteiligungen betroffen ist, bis ins 21. Jahrhundert hinein vernachlässigt.[6] Wurden Kinder bis dahin nur als Teil eines Haushalts oder gar als Armutsrisiko betrachtet, weil statistisch die steigende Kinderzahl mit höheren Armutszahlen korreliert, so werden Kinder erst seit den 1990er-Jahren als eigenständige Akteur*innen betrachtet.[7]

Die negativen Folgen von Armut sind vielfältig und daher keineswegs zu vernachlässigen. Immerhin leben in Deutschland 2,88 Millionen Kinder in Armut, also jeder 5. Mensch bis 18 Jahre.[8] Als arm gelten Menschen, wenn sie weniger als Hartz IV erhalten oder in Haushalten leben, die weniger als 60 Prozent des durchschnittlichen Nettoeinkommens zur Verfügung haben. Trotz der hohen Anzahl an Kindern, die dies betrifft, haben wir in Deutschland noch immer nicht die Kindergrundsicherung. Das liegt unter anderem daran, dass unsere politischen Entscheidungsträger*innen es nicht schaffen, ein schlüssiges Konzept vorzulegen und sich auf die Freigabe entsprechender Mittel zu einigen. Es besteht ein tiefsitzendes Misstrauen gegenüber armen Menschen, das in der Vorstellung zum Ausdruck kommt, dass das entsprechende Geld nicht den Kindern zugutekommen würde. Dieser Irrglaube ist jedoch widerlegt. Erst 2001 wurde der erste Armuts- und Reichtumsbericht der Bundesregierung vorgelegt. In dem Bericht von 2021[9] heißt es, dass für die Bevölkerungsgruppen aus den unteren Einkommensklassen die Aufstiegschancen seit den 80er-Jahren kontinuierlich gesunken sind. Die Wahrscheinlichkeit, arm zu bleiben, ist von 40 Prozent auf 70 Prozent gestiegen. Im *Index der Entbehrungen*[10] der UNICEF liegt Deutschland im Mittelfeld. Das müssen arme Kinder hierzulande am häufigsten entbehren:

- Regelmäßige Freizeitaktivitäten.
- Eine warme Mahlzeit täglich.
- Einen ruhigen Platz für Hausaufgaben.
- Angemessene Kleidung.

Über Geld spricht man nicht, Geld hat man zu haben

Während wir dieses Kapitel geschrieben haben, haben wir über unsere eigene Beziehung zu Geld und Status nachgedacht und auch darüber, welche Informationen hierzu wir unseren Kindern bewusst und unbewusst mitgeben. Wir sind zu dem Schluss gekommen, dass es in Deutschland ein großes Schweigen rund um das Thema »Geld« gibt. Es wird verdeckt und es gibt eine Tendenz der »gespielten Abwärtsmobilität« (wie Tanja sagt).

Während vielen Menschen der Zugang zu einem Studium komplett verwehrt bleibt, haben auch wir uns schon damit gebrüstet, dass wir ja im Studium abhängig waren von Bafög und auch jobben mussten, um uns unseren Lebensunterhalt zu verdienen. Wie ein Schlag ins Gesicht mussten solche Aussagen sich für jene anfühlen, denen die Möglichkeiten, die wir hatten, niemals offenstanden. Gleichzeitig standen wir auf der anderen Seite dieses Gesprächstisches, wenn wir von Kommilitonen hörten, die stöhnend darüber sprachen, dass sie pleite waren. Hieß »pleite sein« für uns, dass der Dispo komplett ausgereizt war und wir uns die letzten Tage des Monats mit dem günstigsten Essen, das wir auftreiben konnten, begnügen mussten, was völlig ok war, so wussten wir von unserem Gegenüber ganz genau, dass das Studium von den Eltern vollfinanziert und der Urlaub in den Semesterferien auch schon gebucht war. »Pleite sein« hieß für sie, dass sie eventuell ihr separates Tagesgeldkonto anzapfen mussten.

Eine wirkliche Transparenz, wer wie viel hat und woher das Geld kommt, gibt es umso weniger, desto mehr materielle Ressourcen Menschen zur Verfügung haben. Anders als in Schweden, wo die steuerpflichtigen Einnahmen aller Bürger*innen online einsehbar sind, wissen in Deutschland teilweise Menschen in Beziehungen nicht genau wie hoch die Einnahmen ihrer Partner*innen sind. Diese Intransparenz erhält und verstärkt Ungerechtigkeiten. Wir haben gesellschaftlich zu wenig Bewusstsein für Armut. Dafür, wie weit diese verbreitet ist und welche vielfältigen Auswirkungen diese insbesondere für Kinder hat.

Wir sind der festen Überzeugung, dass es gesellschaftlich offene und ehrliche Gespräche über Geld braucht, um Ungerechtigkeiten besser aufzuzeigen. Das fängt im Kleinen an, nämlich bei uns selbst.

Wie ist deine persönliche Beziehung zu Geld?

Stresst dich das Thema Geld, weil es immer knapp ist? Bist du sorgenfrei in dieser Beziehung, weil du viel Geld besitzt? Bist du neidisch auf Menschen mit viel Geld? Glaubst du, dass Menschen viel Geld haben, weil sie es verdient haben und hart dafür gearbeitet haben? Wie war das Verhältnis der Erwachsenen in deinem Leben zu Geld, als du ein Kind warst?

Wer weiß, wie viel du verdienst?

Wie schon erwähnt, gibt es ein großes Schweigen um die eigenen Einkünfte. Selbst in intimen Beziehungen ist oft nicht bekannt, wer genau wie viel Geld zur Verfügung hat. Je mehr Geld Menschen zur

Verfügung haben, desto größer ist das Schweigen darum. Dieses Schweigen fördert Ungerechtigkeit. Werden wir beispielsweise für einen Vortrag oder ein Panel gebucht, bleibt meist intransparent, wie viel Budget für die einzelnen Teilnehmer*innen zur Verfügung steht. Ein Angebot muss eingereicht werden, welches dann angenommen wird oder eben nicht. So passiert es, dass auf einem Panel Menschen sitzen, die das Vielfache von anderen Teilnehmenden erhalten. Bei gleicher Leistung.

Wie viel Geld eine Person verlangt bzw. sich traut zu verlangen, hat viel mit der eigenen Sozialisierung rund um das Thema Geld und mit der eigenen sozialen Herkunft zu tun. Denn, wie wir unten noch aufführen werden, halten insbesondere Kinder aus ärmeren sozialen Schichten sich für weniger talentiert, was auch im Erwachsenenalter dazu führen dürfte, dass sie ihrer eigenen Arbeit weniger Wert beimessen.

Wen bittest du um Geld und wer bittet dich?

Viele von uns waren schon einmal knapp bei Kasse. Wenn wir Glück haben, gibt es Menschen in unserem Umfeld, die wir nach Geld fragen können, um einen Engpass zu überstehen. Wie fühlt es sich für dich an, nach Geld zu fragen? Ist es unangenehm oder macht es dir nichts aus? Liegen negative Gefühle in dir begründet als ein Gefühl des Scheiterns oder werden diese Gefühle durch die Reaktion deines Gegenübers ausgelöst? Gibt es Menschen in deinem Umfeld, die dich schon einmal um Geld gebeten haben? Wie reagierst du, wenn du die Möglichkeit hast auszuhelfen? Gibst du freizügig oder haderst du? Welches Gefühl löst du wohl bei jemandem aus, der bereits in einer schwierigen finanziellen Lage ist?

Wie sprichst du mit deinem Kind über Geld?

Unsere tief verwurzelten Glaubenssätze über Geld werden meist in der Kindheit geprägt. Diese geben wir dann an unsere Kinder weiter. Weiß dein Kind, wie viel Geld du verdienst? Wäre es vielleicht grundsätzlich für dich ok, es deinem Kind zu erzählen, du befürchtest aber, dass dein Kind dies weitererzählt und plötzlich alle Eltern in der Kita wissen, wie es um deine Finanzen steht? Erklärst du deinem Kind eventuell, dass es arme Menschen gibt, machst aber nicht transparent, wie es um eure finanzielle Lage steht? Benutzt du Sprüche wie »Geld verdirbt den Charakter« oder »Wer Geld haben will, muss nur viel arbeiten«?

Es geht bei diesen Fragen nicht um ein richtig oder falsch, sondern darum aufzudecken, wie wenig wir über Geld sprechen und wie wenig wir darüber wissen, wo wir vergleichsweise stehen. Mit welch knappen Ressourcen unsere Freundin eventuell ihren Alltag bestreiten muss und wie viel Geld unser ständig klagender Onkel tatsächlich zur Verfügung hat. Dieses Wissen soll uns dazu inspirieren, uns für mehr Gerechtigkeit einzusetzen und damit als Vorbild für Kinder zu agieren. Denn Fakt ist, dass viele Menschen in diesem Land wenig finanzielle Mittel zur Verfügung haben. Nur 10 Prozent der Frauen verfügen über ein Nettoeinkommen von mehr als 2000 €. Das bedeutet, dass 90 Prozent darunter liegen. Wenn diese dann nicht auf das Einkommen von Partner oder Partnerin zurückgreifen können und Kinder haben, können wir uns ausrechnen, was es nach Abzug aller monatlichen Kosten bedeutet, das Geld für eine Klassenfahrt aufzubringen.

Mama, sind wir arm?

Wie lernen Kinder etwas über Armut und soziale Klassenzugehörigkeit? Im Anfangskapitel haben wir bereits aufgeführt, dass Kinder im Alter von 4–5 Jahren eine Präferenz für andere Kinder zeigen, die sie als materiell reicher einschätzen – wir schreiben materiell reichen Menschen höhere Kompetenz und Beliebtheit zu.[11] Wie aber können Kinder andere Menschen dahingehend einschätzen, ob diese arm oder reich sind oder zu welcher sozialen Klasse sie gehören?

In einem Interview von Marvin Xin Ku[12] wurden Kinder zum Thema Armut befragt. Auf die Frage »Kennst du Kinder mit Eltern, die mehr Geld haben?« antwortete ein Kind: *»Mein Freund Marcel kommt aus einer reichen Familie. Das sieht man, weil ihm sein Vater vier Handys, viele Spielsachen, Lego und eine PlayStation 4 gekauft hat. Meistens gehe ich zu ihm zum Spielen.«*

Kinder können also anhand von materiellem Besitz eine Einschätzung darüber machen, ob den Familien ihrer Freund*innen viel Geld zur Verfügung steht oder nicht. Das Thema ist natürlich komplex und wir wissen, dass der Besitz einer Playstation nichts über die tatsächliche finanzielle Lage einer Familie aussagt, noch welcher sozialen Klasse sie zugehörig sind. Kinder können aber an bestimmten Codes erkennen, welche Familien mehr oder weniger finanzielle Mittel zur Verfügung haben. Sie erkennen es an der Größe des zur Verfügung stehenden Wohnraums, dem Besitz oder Nicht-Besitz eines Autos (und dessen Marke/Modell), an den Reisen und Ausflügen der Familien, an deren Kleidung. Zusätzliche Informationen erhalten sie dann von Erwachsenen. Insbesondere über unser Verhalten und wie wir mit anderen Eltern umgehen oder eben nicht umgehen.

Tanja erzählt von einer Szene, die sie als »Abwertung durch Nichtinteraktion« beschreibt:

»Es gibt Verkörperungen von Armut, die real sind. Wenn ich zum Beispiel in einer Kita bin, wo Eltern Wert auf Klamotten aus Biobaumwolle legen, dann bin ich nicht die Person, die damit kokettieren und spielen kann, wenn deutlich wird, dass ich meine Kleidung auftrage.« Diese Zeichen der Armut sind auch für Kinder sichtbar. Kleidung, die nicht passt, die abgetragen oder nicht passend zum Wetter ist, einfach weil keine andere Kleidung zur Verfügung steht. Hier war es jedoch subtiler. *»Ein Elternteil wurde sehr stark ausgegrenzt und Kinder merken das. Meine Eltern unterhalten sich nicht mit der Person.«*, verdeutlicht Tanja.

Wir kennen solche Gruppenszenen. Beispielsweise unterhalten sich alle über ihre tollen Jobs. Haben wir selber einen Job, sprechen wir vielleicht nicht mit einer Person, von der wir wissen, dass diese arbeitssuchend ist. Eine Gruppe Eltern spricht über ihre Eigenheime, da ist der- oder diejenige in einer Mietwohnung raus. Kinder beobachten, wie und welche Grüppchen sich unter der Elternschaft bilden. Wer nie Teil der Gruppe ist.

Tanja: »Es sind kleine Feinheiten, gerade in urbanen Gegenden, wo Kinder unterschiedlicher Klassenherkünfte zusammenkommen …Es ist nicht nur das, was man macht, sondern auch das, was man nicht macht.«

Also lasst uns beim nächsten Sommerfest in Kita oder Schule oder beim Warten am Spielfeldrand, während unser Kind sein Training absolviert, nach links und rechts schauen. Wer steht immer allein? Welche Grüppchen bilden sich? Vielleicht können wir auf Menschen zugehen oder Einladungen aussprechen. Wenn du jemand bist, der oder die sich ausgeschlossen fühlt, überlege, was dich davon abhält, den Kontakt zu suchen. Vielleicht gibt es einzelne Eltern, zu denen du einen Kontakt aufbauen kannst, wenn eine ganze Gruppe zu abschreckend ist. Du hast das Recht, Teil dieser Gemeinschaft zu sein, und darfst deinen Platz einfordern.

Wie erziehen wir NICHT die nächsten rücksichtslosen Superkapitalist*innen?

Wir haben lange überlegt und diskutiert, wie ein Gespräch mit Kindern über Armut und soziale Klasse aussehen kann. Für unsere eigenen Kinder haben wir die Gefahr gesehen, dass sie einen mitleidigen Blick entwickeln und das Problem außerhalb verorten. Denn Fakt ist, sie wachsen nicht in Armut auf. Wir sind zu dem Schluss gekommen, dass es darum geht, ihnen einen Sinn für soziale Gerechtigkeit zu vermitteln. Natürlich können wir damit nicht das große Problem von ungerechter Ressourcenverteilung lösen. Wir werden auch Kinderarmut damit nicht abschaffen. Wir stellen uns also die wirklich schwierige Frage: Wie erziehen wir nicht die nächsten rücksichtslosen Superkapitalist*innen?

Bei einer entsprechenden Internetrecherche erscheinen Tipps darüber, wie wir Kinder früh darauf ausrichten, dass sie reich werden wollen. Ohne Rücksicht auf Verluste. Das Gegenteil von dem, was uns vorschwebt – und das wir nicht im Internet gefunden haben (was uns nicht sehr überrascht hat). Wir haben einige Punkte für uns entwickelt:

Meins, meins, alles meins und wo bleibt die Solidarität?

Die Ressourcen in unserer Gesellschaft sind ungerecht verteilt und der Glaube daran, dass Menschen, die viel haben, dies auch verdient haben, ist tief verwurzelt. Schon junge Kinder besitzen Unmengen von Spielzeug, mit dem eine ganze Kitagruppe ausgestattet werden könnte. Oft wird Kindern dann auch vermittelt, dass diese Dinge ihnen gehören und sie über diese Gegenstände verfügen und bestimmen dürfen. Das ist ja auch nicht komplett falsch. Wenn jedoch, wie es beispielsweise auf dem Spielplatz zu beobachten ist, Schaufel und Eimer unbeachtet im Sand liegen und erst, wenn ein anderes Kind sich diese schnappt, das eigene Interesse daran erwacht, dann ist die

Situation reif dafür, auch noch kleinen Kindern beizubringen, dass Teilen nur fair ist. Mit der Regel, dass geteilt wird, wenn Spielzeug mit auf den Spielplatz genommen wird, oder wenn andere Kinder zu Besuch kommen, lernen Kinder dies von Anfang an.

Gesellschaftlich müssen wir über die gerechte Verteilung und die Umverteilung von Ressourcen nachdenken. Wie soll dies gelingen, wenn wir als Kind noch nicht einmal gelernt haben, einen Plastikeimer mit anderen zu teilen? Um Gedanken über und ein Gefühl für gerechte Verteilung zu fördern, sollten Kinder von Anfang lernen, solidarisch in ihrem Umfeld zu agieren. Dies geschieht dadurch, dass wir es ihnen vorleben: Meinen Besitz zu teilen, nicht nur mit meinen Freund*innen, ist dabei ein guter erster Schritt.

Sind wir arm oder reich?

Viele Eltern beantworten diese Frage von Kindern mit einem ominösen »Wir sind nicht arm, aber jetzt auch nicht reich«. Das sagt so ziemlich gar nichts aus und bringt einem Kind auch nichts über gesellschaftliche Ungerechtigkeit bei. Mach dir wirklich Gedanken über eure Situation und vermittle diese kindgerecht. Du musst deinem Kind nicht exakt sagen, wie viel Geld dir/euch zur Verfügung steht. Neben Geld steht euch eventuell soziales oder kulturelles Kapital zur Verfügung. Erlebt ihr trotz geringer finanzieller Mittel keinen gesellschaftlichen Ausschluss, weil ihr einer bestimmten sozialen Klasse angehört, was sich über Bildungsabschlüsse oder Freizeitverhalten zeigt? Mithilfe dieser Informationen könnt ihr euch einordnen und vermeidet, zu verschleiern, welche Privilegien ihr genießt.

Über gesellschaftliche Zusammenhänge sprechen

Kinder sollten von Anfang an lernen, dass Armut und die Zugehörigkeit zu einer Schicht nicht im Verhalten oder Charakter von

Menschen begründet liegen, sondern darauf beruhen, dass wir in einem System leben, in dem Ressourcen höchst ungerecht verteilt sind. Arme Menschen sind nicht arm, weil sie faul sind, sondern weil ihnen der Zugang zu Ressourcen verwehrt bleibt. Viele Menschen leisten überlebenswichtige Arbeit für die Gesellschaft, werden dafür aber wahnsinnig schlecht bezahlt. In Stadtteilen, in denen mehr arme Menschen leben, kommt die Straßenreinigung seltener, werden Jugend- und Familienzentren geschlossen.[13]

»Kevin ist kein Name, sondern eine Diagnose«

Mit dieser Schlagzeile titelte *Zeit Online* am 18.09.2009.[14] Die Erziehungswissenschaftlerin Prof. Dr. Astrid Kaiser und ihre Mitarbeiterin Julia Kube kamen bei der Auswertung von 500 Fragebögen, die von Grundschullehrer*innen ausgefüllt wurden, zu erschreckenden Ergebnissen:

»Von dem überwiegenden Anteil der befragten Lehrpersonen werden SchülerInnen mit bestimmten Namen eher negativ oder eher positiv wahrgenommen. Als eher freundlicher, leistungsstärker und verhaltensunauffällig stellen sich Kinder mit Vornamen wie Charlotte, Sophie, Marie, Hannah, Alexander, Maximilian, Simon, Lukas oder Jakob im Bewusstsein von LehrerInnen dar, während Namen wie Chantal, Mandy, Angelina, Kevin, Justin oder Maurice eher mit Leistungsschwäche und Verhaltensauffälligkeit assoziiert werden. Besonders ›Kevin‹ hat sich als stereotyper Vorname für einen ›verhaltensauffälligen‹ Schüler herausgestellt.«[15]

Einige Vornamen werden mit einer bestimmten sozialen Herkunftsklasse verbunden und, wie die Studie zeigt, auch mit den Leistungserwartungen an Schüler*innen. Dies ist nur einer von vielen Punkten, welcher Kindern unverdiente Vor- bzw. Nachteile in ihrem Bildungsweg eröffnet. Inzwischen ist hinlänglich bekannt, dass der Bildungsweg, den ein Kind einschlagen wird, in Deutschland am stärksten vom Bildungsgrad der Erwachsenen im Haushalt des Kindes abhängt. So zeigt der Bildungstrichter noch einmal sehr eindrücklich, wie stark die Unterschiede sind. Während 79 Prozent der Kinder, die aus einem Akademikerhaushalt stammen, ein Studium beginnen, sind es bei Kindern, die in einem Nichtakademikerhaushalt aufwachsen, gerade einmal 27 Prozent.

Bildungstrichter: Grundschule – Studium – Promotion

Anzahl der Grundschulkinder von 100 Grundschulkindern, welche die nächste Bildungsstufe erreichen, sowie Übergangsquote- und Änderungsrate seit der letzten Messung in Prozent, nach Bildungshintergrund der Eltern.

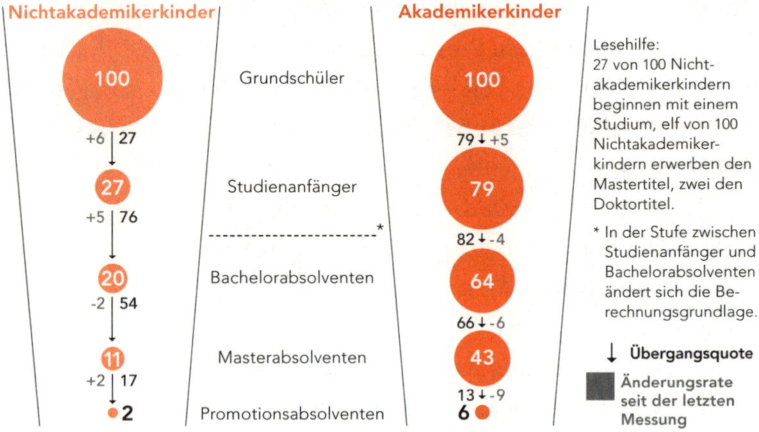

Quelle: Middendorff et al. 2017, Kracke et al. 2018, Autorengruppe Bildungsberichterstattung 2020, DZHW 2019, Statistisches Bundesamt 2021, ISTAT-KOAB 2021, Konsortium Bundesbericht Wissenschaftlicher Nachwuchs 2021

Neben bildungspolitischen Notwendigkeiten wie der besseren finanziellen Ausstattung unseres Bildungssystems, um Benachteiligungen besser ausgleichen zu können, liegt es auch an Lehrkräften, sich ihre Vorurteile bewusst zu machen und bereits im Kleinen zu versuchen, diese Ungerechtigkeiten auszugleichen. Bei welchen Kindern wird bei einer ungewöhnlich guten oder schlechten Note von einem Ausrutscher ausgegangen? Bei welchen hält man es für den Spiegel der tatsächlichen Leistungsfähigkeit dieses Kindes? Das Themenfeld der Bildungsungerechtigkeit ist weit und wir empfehlen für eine Übersicht das Buch *Mythos Bildung* von Aladin El-Mafaalani.[16]

Kleine Schritte

Gerade Menschen mit sehr begrenzten Mitteln tun wahnsinnig viel, um diesen Fakt nicht zu zeigen. Insbesondere dann, wenn es um die Teilhabe ihrer Kinder geht. Dass dies Ängste und schlaflose Nächte auslöst, bleibt unsichtbar. Schulmaterialien sind wahnsinnig teuer. Die Anträge für die Übernahme der Kosten aus dem Teilhabepaket sind bürokratisch und aufwendig. So wird das Geld für Aktivitäten in der Kita und Schule irgendwie aufgebracht, um nach außen nicht zu zeigen, wie groß die Not ist. Hier sind einige Punkte, die du als Elternteil oder als Lehrer*in tun kannst.

Klassenkasse

Wird Geld für die Klassenkasse eingesammelt, sollte der Beitrag so hoch wie nötig, aber auch so gering wie möglich gehalten werden. Du kannst auch den Vorschlag machen, dass das Geld halbjährlich eingesammelt wird. Damit halbiert sich der zunächst aufzubringende Betrag erst einmal.

Klassenfahrt

Einigen Eltern wird das Geld für die Klassenfahrt vom Jobcenter erstattet. Es ist aber nicht notwendig, dass alle Eltern wissen, wen dies betrifft. Als Lehrkraft kannst du zur Zahlung des Beitrags ein Papier gestalten, das sowohl für die Erstattung durch das Jobcenter gilt als auch die Informationen für Selbstzahler enthält. Dadurch erhalten alle das gleiche Schreiben und niemand muss explizit nach einem gesonderten Papier fragen. Falls ein solches einheitliches Papier nicht durch die Lehrkraft ausgehändigt wird, kannst du dies als Elternteil einfordern.

Taschengeld

Geht es um das Taschengeld für einen Ausflug oder eine Klassenfahrt sollte es nicht dazu kommen, dass einige Kinder mit 5 Euro, andere mit 50 Euro erscheinen. Hier ist es sinnvoll, sich in der Elternschaft auf einen kleinen Betrag zu einigen, der ausreicht, da die meisten Kosten ja bereits durch den vorab geleisteten Beitrag beglichen sind. Auch bei dem zu Hause ausgezahlten Taschengeld können wir uns im Internet oder beim Elternabend informieren, ob die Peers unserer Kinder überhaupt Taschengeld erhalten und wenn ja wie viel. Kinder sollen anhand des Taschengelds lernen, mit Geld umzugehen. Dazu ist es nicht notwendig, dass sie das Vielfache von dem erhalten, was ihren Freund*innen zur Verfügung steht.

Geburtstagsfeier

Kindergeburtstage sind auch ohne finanzielle Sorgen für viele Eltern mit Stress verbunden. Einladen, einkaufen und organisieren, um dann einen halben Tag eine aufgedrehte Kinderschar zu betreuen. Und ja, es kann auch lustig und spaßig sein. Nicht so lustig ist es, seine finanziellen Mittel für fremde Kinder einzusetzen, wenn die Kasse sowieso schon knapp ist. Auf ihrem Instagram Kanal *@b.wie.berlin* berichtete die dreifache Mutter Alissa Hitzemann kürzlich, dass sie den Geburtstag ihres Sohnes nachfeierte. Warum? Weil ihr Sohn Ende des Monats Geburtstag hat und es für viele Eltern schwer sein kann, da Geld für ein Geschenk aufzubringen. Eine super Idee, fanden wir. Weiterhin kannst du darauf achten, welche

Geschenkewünsche du nennst, wenn du von den Eltern der eingeladenen Kinder gefragt wirst. Achte darauf, Dinge zu nennen, die sich auch Menschen mit schmalem Geldbeutel leisten können. Menschen werden an einer anderen Ecke sparen, um deinem Kind ein Geschenk kaufen zu können. Das kann nicht in unserem Sinn sein.

Ausblick

Was ist nun das Fazit dieses Kapitels über Klassismus und Armut? Wir werden die großen gesellschaftlichen Probleme nicht von heute auf morgen ändern können. Aber wir können achtsamer durch den Alltag gehen und unsere Empathie und Solidarität auf einen größeren Kreis erweitern. Wird das nächste Mal eine familienpolitische Forderung gestellt, können wir hinterfragen, ob diese Maßnahmen allen Familien zugutekommen. Wird die Erhöhung des Kindergelds gefordert, ist klar, dass diese Erhöhung bei vielen Familien nicht ankommt, weil sie mit anderen Sozialleistungen verrechnet wird. Entsprechende Petitionen und Forderungen müssen intersektionaler gedacht werden.

Im Kitaverbund, in der Schule oder im Sportverein hilft es, im Hinterkopf zu haben, dass nicht alle Menschen die gleichen finanziellen Mittel zur Verfügung haben. Daher sollten Extrakosten und zusätzliche Beiträge so gering wie möglich gehalten werden. Auch die Einführung von Soli-Töpfen, die unkompliziert und anonym in Anspruch genommen werden können, ist hilfreich.

Wir müssen unseren Kindern solidarisches Verhalten schon im Kleinen beibringen. Und das Verständnis dafür, Teil einer Gemeinschaft zu sein, in der es uns langfristig allen schlecht gehen wird, wenn Menschen in Armut leben müssen und Chancengleichheit und Aufstiegschancen kaum noch vorhanden sind.

Tipps für weiteres Empowerment

Bücher

- *Adrian hat gar kein Pferd*, Marcy Campbell & Corinna Luyken, cjb Verlag, ab 5 Jahre
- *Stromer*, Claude K. Dubois, Moritz Verlag, ab 6 Jahre
- *Zimteis mit Honig*, Barbara Schinko & Ulrike Möltgen, Picus Verlag, ab 6 Jahre
- *100 Kinder*, Christoph Drösser & Nora Coenenberg, Gabriel Verlag, ab 8 Jahre
- *Mama Mutsch und mein Geheimnis*, Frauke Angel & Jana Pischang, Jungbrunnen Verlag, ab 8 Jahre

Vereine

- Arbeiterkind e. V.
- Deutsches Kinderhilfswerk e. V.

Podcasts

- ArbeiterKind.de
- Klassenreisen

Social Media

- #IchBinArmutsbetroffen
- @arbeiterkinder
- @armutsbetroffen
- @santktionsfrei

Kalender

- 17. Oktober: Internationaler Tag der Armut

Biografie des/der Expert*in

Tanja Abou ist Praxisforscherin, Sozialarbeiterin und Social Justice Trainerin mit dem Schwerpunkt Klassismus. Sie bietet Workshops, Vorträge und Beiträge verschiedenster Formate für unterschiedliche Zielgruppen an.

Sie arbeitet als wissenschaftliche Mitarbeiterin am Institut für Sozial- und Organisationspädagogik der Universität Hildesheim im Projekt: CLS – Care Leaver Statistics, die erste Langzeitstudie zum Thema Leaving Care. Ihre Arbeits- und Forschungsschwerpunkte sind Leaving Care, soziale Ungleichheit, Bewegungsforschung und intersektionale Perspektiven.

Schlusswort

Wir sind müde. Das Schreiben über gesellschaftliche Strukturen, die dazu dienen, Menschen herabzusetzen oder zu verletzen, macht müde. Die Statistiken zu sehen, die unsere Ausführungen stützen, macht müde und raubt Kraft. Zu sehen, wie auch wir in diese Strukturen verwickelt sind, macht müde.

Pünktlich zum Beginn der Berliner Sommerferien Mitte Juli 2023 hat uns eine neue Studie erreicht: Es steht schlecht um die deutschen Schulbücher. Bereits drei Wochen zuvor bescheinigte eine Untersuchung der Bremer Schulbücher, dass in diesen bei der Darstellung der Geschichte des Holocaust zu viel Fokus auf die Täterperspektive gelegt wird, kaum die Perspektive der Überlebenden abgebildet wird. In den Schulbüchern seien zudem »… antisemitische, rassistische, sinti- und romafeindliche sowie frauen- und queerfeindliche Inhalte und Abbildungen« zu finden.[1] Während wir dieses Buch schreiben, reiht sich eine Hiobsbotschaft an die nächste. Welche Stimmen zu hören sind, wenn es um Kappung des Elterngeldes geht, oder welche nicht zu hören sind, wenn es um die Kindergrundsicherung geht. Ob dies als relevant angesehen wird oder nicht, ist eine Frage der Perspektive. Die Studie *Muslimfeindlichkeit – Eine deutsche Bilanz* bestätigte dann die düstere Realität, die wir bereits erahnten. Auch das macht müde.

Wir erinnern uns an unsere Gespräche mit den klugen, humorvollen, aktivistischen Expert*innen, die wir in Vorbereitung auf das Schreiben dieses Buches interviewen durften, an den Austausch mit ihnen. An die Intimität dieser Gespräche, an das Vertrauen, das uns entgegengebracht wurde. Das gab Kraft. Wir erinnern uns an das Lachen angesichts himmelschreiender Ungerechtigkeit und an die Resilienz und die Kraft, die in jedem von ihnen steckt. Auch das gab Kraft. Und wir fühlten uns privilegiert, diesem Wissen, dieser Weisheit zu lauschen und daraus lernen zu dürfen. Und wir erinnern uns an die Zuversicht, die diese Gespräche in uns erweckten. All diese Momente des Widerstands, all diese kleinen und größeren Veränderungen, die ihre Arbeit bewirkt. Das gibt Kraft.

Das Beschäftigen mit Rassismus und anderen Diskriminierungsformen ist kräftezehrend. Wir lernten aus diesen Gesprächen, wie Diskriminierungen strukturell wirken, wie sie Menschen voneinander separieren.

Mit diesem Buch haben wir Neuland für uns betreten. Denn nun mussten wir uns in die Rolle der Fragenden und Lernenden begeben. Mussten Wege begehen, die für uns zunächst nicht intuitiv sind. Natürlich dient uns unsere eigene Erfahrung als Schwarze Frauen in Deutschland als Referenz- und Ausgangspunkt, von dem aus wir uns anderen Rassismusformen nähern. Und trotzdem wurden wir immer wieder auch damit konfrontiert, dass wir privilegiert sind in Bereichen, in denen andere von Diskriminierung betroffen sind. Privilegiertheit ist oft mit Ignoranz, Inkompetenz und Empathielosigkeit gegenüber der Lebensrealität von Diskriminierten verbunden. Und wie die Intersektion auch da Menschen mit Mehrfachdiskriminierungen immer stärker aus der Mitte in die Peripherie der Gesellschaft drängt. Zum Teil so weit raus, dass sie nicht mehr gehört werden, nicht mehr selbst für sich sprechen können, kaum noch Teilhabe an politischen Entscheidungen haben.

Und wir sehen auch, welche Rolle die Gesellschaft einnimmt, die dieses Wissen individualisiert, indem sie Schulen aus der Pflicht nimmt, diese Wissenslücken zu füllen. Wo sind die inklusiven Schulen, die es allen Kindern erlauben, Kompetenzen im sozialen

Miteinander, Rücksichtnahme, gegenseitige Unterstützung, Empathie und vieles mehr zu erlernen? In Zeiten der Bildungskrise werden Stimmen laut, die die Inklusion als Grund für die Schieflagen entlarvt haben wollen. Abgesehen davon, dass Inklusionsschulen immer noch die große Ausnahme im Schulsystem darstellen und eventuelle Lernrückstände hier auch im Kontext einer gesamtgesellschaftlichen Bildungspolitik gelesen werden müssen, sollten wir weiter sein und nicht die Deprivilegiertesten als Ursache einer gesellschaftlichen Problematik sehen.

Wo sind die Schulen, die uns die Perspektiven der Opfer des Nationalsozialismus zeigen? Die die Überlebensgeschichten von Jüdinnen und Juden, die der Rom*nja und Sinti*zze erzählen?

Es kann beschämend und unangenehm sein, sich in die Rolle der Lernenden zu begeben, die eigenen Privilegien so glasklar vorgehalten zu bekommen. Wenn uns vor Augen geführt wird, wie wir anfangen nach Worten zu suchen, um ja nicht das Falsche zu sagen. Wie wir uns zu bestimmten Menschen verhalten, vielleicht sogar Distanzen aufbauen, um nicht mit den eigenen Unsicherheiten (und Privilegien) konfrontiert zu werden. Das Gegenteil von Liebe ist Gleichgültigkeit. Und Gleichgültigkeit ist die Grundlage für Ungerechtigkeit.

Die Unsicherheit war unsere ständige Begleiterin beim Schreiben. Sie hat uns herausgefordert und wir haben mit uns gerungen. Sie hat Licht ins Dunkle gebracht und uns gezwungen, dort hinzuschauen, wo es wehtut. Während wir uns zunächst gesträubt und geziert haben, haben wir im Laufe des Schreibens gelernt, sie zuzulassen. Sie als Richtungsweiserin zu betrachten, die uns immer wieder dazu bringt, von dem einzigen Standpunkt aus zu schreiben, der Sinn macht. Aus uns selber heraus. Unsere Fehler und Verletzlichkeiten offenzulegen und dich mitzunehmen in diesem Prozess. Und mit jedem gesellschaftlichen Konflikt und neuen Kriegsschauplätzen (in diesen Tagen fand der brutale Angriff der Hamas auf die israelische Zivilbevölkerung statt), dem Erstarken von rechten politischen Parteien, der Normalisierung von rechten politischen Positionen in der Mitte der Gesellschaft, erkennen wir, wie wichtig der gesellschaftliche Austausch ist. Das Debattieren auch über unterschiedliche Haltungen und Meinungen, die Fähigkeit, andere (politische, persönliche) Perspektiven mitdenken und anerkennen zu können und diese akzeptieren zu lernen.

Selbstverständlich müssen wir uns auf eine gemeinsame Wertebasis verständigen, die Menschenfeindlichkeit, die Verletzung von Menschenrechten oder Demokratiefeindlichkeit ausschließt. An diesen Grundpfeilern zu zweifeln oder diese als verhandelbar zu begreifen, ist indiskutabel. Deren Akzeptanz muss die Grundlage jeglicher Debatte sein. Aber wenn wir uns in unserer Menschlichkeit begreifen, in unseren Ungewissheiten und Fehlbarkeiten, dann entstehen Räume für Veränderung.

Wir haben während dieses Prozesses viel gelernt und freuen uns, dass du nun daran teilnehmen kannst und dich auf deinen eigenen, individuellen Weg machst.

Viel Erfolg dabei und bleibe mutig!

Anmerkungen

Einleitung

1. Fajembola & Nimindé-Dundadengar, Gib mir mal die Hautfarbe – Mit Kindern über Rassismus sprechen, 2021
2. BMI, 2023

Diskriminierung hat viele Gesichter

1. humanrights, 2020 Definition von »Diskriminierung« – humanrights.ch (abgerufen 23.08.2023)
2. Sangrigoli & de Schonen, 2004
3. Clark, 1955
4. Unlearning the Myths that Bind Us – Rethinking Schools (abgerufen 23.08.23)
5. Gibt es mehr als zwei Geschlechter? – Spektrum der Wissenschaft (abgerufen 23.08.23)
6. Ali-Tani, KiTaFT_AliTani_2017_WIeKinderVielfaltwahrnehmen.pdf (kita-fachtexte.de) (abgerufen 23.08.23)
7. Dian & Triventi, 2021
8. Cramer & Steinwert, 1998
9. Kinderarmut in Deutschland: Entwicklung bis 2022 | Statista (abgerufen 23.08.23)
10. Vgl. Wohlstandsland Deutschland: Millionen Kinder leben in Armut (malteser.de) (abgerufen 23.08.23)
11. Shutts, Brey, Dornbusch, Slywotzky & Olson, 2016
12. Bauer, Job & Hannover, 2023
13. https://behinderung.org/sonder-oder-integrationsschule.htm (abgerufen 23.08.23)
14. Cloerkes, 2001, 89
15. Kuhl & Walther, 2008
16. Ritz, 2008
17. Croft, C., 15.05.2020 Ally Versus Accomplice | NC Coalition Against Sexual Assault (nccasa.org) (abgerufen 23.08.2023)

18. beautifulcolours, 2021 Ally oder Komplize? Diesmal habt ihr gleich zwischen zwei Designs zum teilen! #ally #komplize #SozialeArbeit #gerechtigkeit #Poc… | Instagram (abgerufen 23.08.23)

Anti-Schwarzer Rassismus – Colorism

1. Hoeder, C.-S., 09.04.2019 Rosapedia: Was bedeutet Colorism? | RosaMag (rosamag.de) (abgerufen 23.08.2023)
2. instagram.com/aaliyah_adeyemi/, 29.06.2020
3. Musafiri, K., 20.06.2019 Hä, was heißt Colorism? – Missy Magazine (missy-magazine.de) (abgerufen 23.08.2023)
4. Aus dem Song *Brown Skin Girl*, Beyonce, Saint Jhn, Wizkid
5. Matias, 2016
6. Ogette, 2022
7. Haarberatung und Pflegeprodukte für Afrohaare und Locken (@jona_curlyhaircare), Instagram-Fotos und -Videos
8. Fajembola, Afrokids – Ein Ratgeber für die ersten Lebensjahre Schwarzer Kinder, 2016
9. Harvey, J. (2020) How to not raise a racist white kid Parents must teach their children to oppose racism | CNN (abgerufen 23.08.2023)
10. Hathaway, B. 27.09.2016 Preschool expulsion: Implicit bias may help explain high preschool expulsion rates for black children | YaleNews (abgerufen 23.08.2023)
11. Brown, E., 27.09.2016 Yale study suggests racial bias among preschool teachers – The Washington Post (abgerufen 23.08.2023)
12. 16.01.2023 Unconscious Bias – implizite Vorurteile erkennen und reduzieren – fe:male leadership development (female-leadership-development.com) (abgerufen 23.08.2023)
13. Gibson, B.; Robbins, E.; Rochat, Ph. 26.08.2015 White Bias in 3–7-Year-Old Children across Cultures in: Journal of Cognition and Culture Volume 15 Issue 3-4 (2015) (brill.com) (abgerufen 23.08.2023)
14. Schneider, R., 04.11.2022 Das Experiment mit Puppen gegen den Rassismus (nzz.ch) (abgerufen 23.08.2023)
15. Bostancı, S. et al., 2022, S. 11 »Ich habe lange gekämpft, aber dann sind wir doch gewechselt«: Eine explorativ-qualitative Pilotstudie zum Umgang mit institutionellem Rassismus in Berliner Kitas (dezim-institut.de) (abgerufen 23.08.2023)

16. Ebd., S. 10

17. Thibault, O. 2022, S. 83 The Impact of Colorism on Early Childhood Learners (suny.edu) (abgerufen 23.08.2023)

Antimuslimischer Rassismus – #SayTheirNames

1. Kuhn, J., 23.05.2022 Klasse Gegen Klasse – Mein Name ist Ausländer. Mein Name ist Semra Ertan. (abgerufen 23.08.2023)
2. Şeyda Kurt, 25.05.2023, Semra Ertan: Unser Name ist Ausländer | ze.tt (zeit.de) (abgerufen 23.08.2023)
3. BMI, 2023
4. Arndt, S., Wenn Rassismus aus den Worten spricht, 2015, S. 18 W_R_a_W_s_B_Pantone_2.Auflage.indd (zwst-kompetenzzentrum.de) (abgerufen 23.08.2023)
5. Aziz, N. A., 14.02.2021 »Muslim« oder »Moslem«? – Respekt drückt sich auch in der Benennung aus (deutschlandfunkkultur.de) (abgerufen 23.08.2023)
6. BMI, 2023, S. 138
7. Ebd., S. 139
8. Ebd., S. 139
9. Bostancı, S. et al., 2022, »Ich habe lange gekämpft, aber dann sind wir doch gewechselt«: Eine explorativ-qualitative Pilotstudie zum Umgang mit institutionellem Rassismus in Berliner Kitas (dezim-institut.de) (abgerufen 23.08.2023)
10. de.statista.com, 2021 Entwicklung der Anzahl der Muslime in Deutschland seit 1945 | Statista (abgerufen 23.08.2023)
11. rad./AFP, 2018 Horst Seehofer: Islam gehört doch nicht zu Deutschland (faz.net) (abgerufen 23.08.2023)
12. Cheema, Saba-Nur, 27.06.2023 Wie muslimfeindlich ist Deutschland? Heute erscheint der Bericht »Muslimfeindlichkeit – Eine deutsche Bilanz«. Erarbeitet wurde der Bericht … | Instagram (abgerufen 23.08.2023)
13. Kröhnert-Othman, S. et al.: Keine Chance auf Zugehörigkeit? Schulbücher europäischer Länder halten Islam und modernes Europa getrennt, 2001, Microsoft Word – Islamdarstellung_Kurzfassung_final (2) SL_he1_rahe_4_Bilder1.doc (gei.de) (abgerufen 23.08.2023)
14. Ebd., S. 7
15. BMI, 2023, S. 144
16. Bonefeld, M., 2018 Max versus Murat: schlechtere Noten im Diktat für Grund-

schulkinder mit türkischem Hintergrund | Universität Mannheim (uni-mannheim.de) (abgerufen 23.08.2023)

17. #MeTwo stößt Debatte über Rassismus an Schulen an – IslamiQ (abgerufen 23.08.2023)
18. Pisa und die Schieflagen im deutschen Bildungssystem (merkur.de) (abgerufen 23.08.2023)
19. Tag der Muttersprache – »Deutschpflicht auf dem Schulhof ist Unsinn« (deutschlandfunk.de) (abgerufen 23.08.2023)
20. Strafarbeit für Schülerin, die Türkisch sprach, war rechtswidrig | STERN.de (abgerufen 23.08.2023)
21. Baden-Württemberg: Strafarbeit für Drittklässlerin wegen Türkisch auf Schulhof war rechtswidrig – Vergleich – DER SPIEGEL (abgerufen 23.08.2023)
22. Die »Anderen« empowern? – RISE (rise-jugendkultur.de) (abgerufen 23.08.2023)

Antiasiatischer Rassismus – Vorzeigemigrant*innen?

1. Arndt, 2021, S. 61
2. Ha, 2021
3. Simon & al, 2022, S. 65 Leitfaden_2Auflage_12_web.pdf (oegg.de) (abgerufen 23.08.2023)
4. Juang, L. P., 05.2013 Are all Asian-heritage parents »Tiger Parents«? (apa.org) (abgerufen 23.08.2023)
5. 07.07.2018 Not your Vorzeigemigrant – VLab Berlin – Neue Impulse für deutsch-vietnamesischen Kulturtransfer
6. Ebd.
7. nachzuhören beim Grimme-Preis nominierten Podcast Rice and Shine, Episode Hamburg 1980 – Als der rechte Terror wieder aufflammte
8. 02.07.2023 Ausländische Bevölkerung in Deutschland nach Herkunftsregion 2022 | Statista (abgerufen 23.08.2023)
9. Dickinson, Kari, 13.06.2023 CCBC's latest Diversity Statistics show increasing number of diverse books for children and teens – School of Education (wisc.edu) (abgerufen 23.08.2023)
10. 2022-CCBC-Diversity-Stats-PRIMARY.pdf | Bereitgestellt von Box (abgerufen 23.08.2023)

11. Dapp, Teresa, 21.02.2014 Asiaten in Deutschland: Wir sind keine Schlitzaugen! | ZEIT ONLINE (abgerufen 23.08.2023)
12. siehe Métraux, Daniel A., 2009 Jack London and the Yellow Peril – Association for Asian Studies (abgerufen 23.08.2023)
13. Vgl. Yi (2020), S. 9 Representations, Racialization, and Resistance: Exploring Asian American Picturebooks, 1993-2018 – ProQuest (abgerufen 23.08.2023)
14. Wollrad, E., 2013, S. 2 Geschichte des Kinderbuchs (situationsansatz.de) (abgerufen 23.08.2023)
15. Siehe Gohring, 2022
16. 16.12.2021 »Drei Chinesen mit dem Kontrabass« und Co.: Wie diskriminierende Kinderlieder unsere Gesellschaft prägen (tagesspiegel.de) (abgerufen 23.08.2023)
17. Song, S. How to talk to kids about anti-Asian racism – Dr. Suzan Song (abgerufen 23.08.2023)
18. Ali-Tani, 2017, S. 14 KiTaFT_AliTani_2017_WIeKinderVielfaltwahrnehmen.pdf (kita-fachtexte.de) (abgerufen 23.08.2023)
19. Ebd., S. 13
20. Zips, M., 02.03.2019 Chinesen-Fasching in der Oberpfalz – Panorama – SZ.de (sueddeutsche.de) (abgerufen 23.08.2023)
21. Siehe Kong, 2021, S. 49 Microsoft Word – Jessica_Kong_FinalCapstone.docx (yale.edu) (abgerufen 23.08.2023)

Rassismus gegen Rom*nja und Sinti*zze – Selbstbestimmt in die Sichtbarkeit

1. Verfolgungsgeschichte der Rom*nja – YouTube (abgerufen 23.08.2023)
2. RASSISTISCHE FREMDBEZEICHNUNG GEGEN ROM:NJA UND SINTI:ZZE Handreichung 3 Begleitmaterial zum Kurzfilm: Romani Chaji – Wie wir genannt werden wollen – RomaniPhen (romnja-power.de)/ (abgerufen 23.08.2023)
3. Das Gedicht steht auf dem Rand eines Brunnens, der Bestandteil des 2012 in Berlin eingeweihten Denkmals für die im Nationalsozialismus ermordeten Sinti und Roma Europas ist.
4. Erinnerungsarbeit | Zentralrat Deutscher Sinti und Roma (abgerufen 23.08.2023)
5. Randjelović &al, 2020, S. 55 Studie zu Rassismuserfahrungen von Sinti:zze und Rom:nja in Deutschland (bund.de) (abgerufen 23.08.2023)

6. Ebd., S. 55
7. IniRromjna, 2015 Fernandez_IniRromnja_Hintergrundbericht.pdf (rassismus bericht.de) (abgerufen 23.08.2023)
8. Strauß, D. (Hrsg.) 2011_Strauss_Studie_Sinti_Bildung.pdf (mediendienst-integ ration.de) (abgerufen 23.08.2023)
9. Decker und Brähler, 2018 Leipziger Autoritarismus-Studie 2018: Methode, Ergebnisse und Langzeitverlauf | Heinrich-Böll-Stiftung (boell.de) (abgerufen 23.08.2023)
10. Randjelović & al, 2020, S. 149 Studie zu Rassismuserfahrungen von Sinti:zze und Rom:nja in Deutschland (bund.de) (abgerufen 23.08.2023)
11. Zentralrat Deutscher Sinti und Roma (2001)
12. Randjelović & al, 2020, S. 206 Studie zu Rassismuserfahrungen von Sinti:zze und Rom:nja in Deutschland (bund.de) (abgerufen 23.08.2023)
13. Ebd., S. 206
14. Fox, R., 04.2015 Cottbus mit rechten Ultras beim Halbfinale in Potsdam | Fußball gegen Nazis (fussball-gegen-nazis.de) (abgerufen 23.08.2023)
15. Hildegard Gantzer, YouTube, 2016. 1. FC Magdeburg – Eintracht Frankfurt 3:4 (n. E.) 21.08.2016 Pyro – YouTube (abgerufen 23.08.2023)
16. Awosusi-Onutor, 2021, 220216_Begleitheft.pdf (romnja-power.de) (abgerufen 23.08.2023)
17. Ausstellung »Abseits im eigenen Land – Sinti und Roma-Sportler« von Andrzej Bojarski – Dokumentations- und Kulturzentrum Deutscher Sinti und Roma (abgerufen 23.08.2023)
18. Civitillo, S.; Ialuna, F.; Lieck, D.; Jugert, P., 2020 PsyArXiv Preprints | Do infrahu manization and affective prejudice drive teacher discrimination against Romani students? A conceptual replication of Bruneau et al. (2020) in Germany (abgerufen 23.08.2023)
19. Özkök, Ali, 26.07.2021 Antiziganismus: »Sinti und Roma erleben Schulen nicht als sicheren Ort« (trtdeutsch.com) (abgerufen 23.08.2023)
20. Randjelović & al, 2020, S. 115 ff.
21. Schulze, 2016, S. 287

Antisemitismus – Mit Kindern über das »Nie wieder« sprechen

1. Butler, Dawn, 25.01.2023 Black-Jewish solidarity is a rejection of divide-and-rule culture wars – Voice Online (voice-online.co.uk) (abgerufen 23.08.2023)
2. Paál, Gábor, 04.03.2021 Wie ist Jiddisch entstanden? – SWR Wissen (abgerufen 23.08.2023)
3. Cords, Suzanne, 06.09.2021 Jiddische Wörter in der deutschen Sprache – DW – 06.09.2021 (abgerufen 23.08.2023)
4. Berstein, 2020, S. 561 (von Avraham Barkai zitiert nach Schwarz 2007)
5. Shoah, Holocaust, Churban – Was ist damit gemeint? – DemokratieWEBstatt.at (abgerufen 23.08.2023)
6. Ebd.
7. Causey, J.; Christensen, L., 08.2016 Christensen F-A05 CartoonCritiqueLearningtoReadCritically.pdf (wsra.org) (abgerufen 23.08.2023)
8. Ott, Monty, 18.08.2021 Film »Plan A«: Juden, die Deutsche töten | ze.tt (zeit.de) (abgerufen 23.08.2023)
9. Ebd.

Anti-Genderdiversity – Was wird es denn? Ein Mensch

1. Agentur der Europäischen Union für Grundrechte (2014): Leben als Trans* in der EU. Vergleichende Datenanalyse aus der EU-LGBT-Erhebung. Zusammenfassung, S. 3. fra.europa.eu/sites/default/files/fra_uploads/fra-2015-being-trans-eu-comparative-summary_de.pdf (abgerufen 23.08.2023)
2. LaGata/Balzer, 08.08.2018 Kulturelle Alternativen zur Zweigeschlechterordnung – Vielfalt statt Universalismus | Geschlechtliche Vielfalt – trans* | bpb.de (abgerufen 23.08.2023)
3. Säfken, 2007
4. Coming-out als Kind – Trans-Kinder-Netz e. V. (abgerufen 23.08.23)
5. Misgendern | Queer Lexikon (queer-lexikon.net) (abgerufen 23.08.2023)
6. Wir haben uns bei den Adjektiven trans und inter gegen die Verwendung eines Sternchens entschieden. Sprache ist im Wandel und es besteht ein aktueller Diskurs, mit guten Argumenten für und gegen die Verwendung des Sternchens. Beide Begriffe sollen inklusiv und weitgefasst verstanden werden.
7. Thörner, 2021, S.38
8. Inter* – was? (regenbogenportal.de) (abgerufen 23.08.2023)

9. Klöppel, 2016 Zur Aktualität kosmetischer Genitaloperationen (genderopen.de) (abgerufen 23.08.2023)
10. Intergeschlechtlichkeit – (k)ein Thema in der Kinder- & Jugendhilfe?, Hrsg.: Kompetenzzentrum geschlechtergerechte Kinder- und Jugendhilfe Sachsen-Anhalt e. V., 2017 171208-Statement-Inter.pdf (geschlechtergerechtejugendhilfe.de) (abgerufen 23.08.2023)

Bodyshaming – Nein danke: Du darfst so bleiben, wie du bist!

1. Dröscher, 2022, S. 38
2. Michelberger, 2021
3. Melodie Michelberger, Instagram, 12.09.2021 https://www.instagram.com/p/CTuj_L4o3Ha/ (abgerufen 23.08.2023)
4. Frisse, Juliane, 11.08.2019 Body Positivity: »Das Ziel ist nicht, seine Pickel schön zu finden« | ZEIT ONLINE (abgerufen 23.08.2023)
5. Högele, Tessa, 25.01.2021, Melodie Michelberger: »Als ich magersüchtig war, hatte niemand Sorgen um meine Gesundheit« | ze.tt (zeit.de) (abgerufen 23.08.2023)
6. 14.11.2022 Dick, fett, mehrgewichtig? Was sollte man heute sagen? | BRIGITTE.de (abgerufen 23.08.2023)
7. Dröscher, 2022, S. 39
8. Bauer, A.; Schneider, S.; Waldorf, M.; Adolph, D.; Vocks S., 2017 Familial transmission of a body-related attentional bias – An eye-tracking study in a nonclinical sample of female adolescents and their mothers | PLOS ONE (abgerufen 23.08.2023)
9. Engel, S. H., 25.08.2022 Körperbildstörungen: »Eltern sollten ihre Kinder nicht für ihren Körper loben« | ZEITmagazin (abgerufen 23.08.2023)
10. Silja Vocks, in: Julia Riedhammer, 22.09.2022 Soziale Medien verändern Blick auf den Körper – Alle glatt, strahlend, perfekt (deutschlandfunkkultur.de) (abgerufen 23.08.2023)
11. Michelberger, 2021, S. 12
12. wenigstenseinhuebschesgesicht, Instagram, 04.05.2021 Liken für Empörung. Liken für Mitgefühl. Danke fürs Teilen des Erlebnisses! ♡✊ #fatshamingeveryday #dubistnichtallein. Ich war als Kind … | Instagram (abgerufen 23.08.2023)
13. Rütten, Finn, 12.08.2018 TKKG: Warum die Helden unserer Kindheit heute ei-

nen veritablen Shitstorm verursachen würden | STERN.de (abgerufen 23.08.2023)

14. Wheatman Hill, L., 26.10.2021 ›Harry Potter‹: Problems With Fat Characters in the Series (insider.com) (abgerufen 23.08.2023)
15. Damiano & al, 2015
16. wenigstenseinhuebschesgesicht, 2021. Liken für Empörung. Liken für Mitgefühl. Danke fürs Teilen des Erlebnisses! ♡✊ #fatshamingeveryday #dubistnichtallein. Als ich mit ca. 6… | Instagram
17. Hamberger, Beate, 09.11.2021 Body Shaming – so schützt du dich | Die Techniker (tk.de) (abgerufen 23.08.2023)
18. Ingel, Marc, 16.10.2022 Theaterstück für Schulen richtet sich gegen »Bodyshaming« (rp-online.de) (abgerufen 23.08.2023)
19. Gommel, Martin, 18.02.2022 Diese Demütigungen haben Schüler:innen im Schulsport erlebt (krautreporter.de) (abgerufen 23.08.2023)
20. Rau, Luise, 03.10.2022 Schulsport: Notwendig und motivierend – oder purer Frust? – Utopia.de (abgerufen 23.08.2023)

Ableismus – Denkanstöße zum Barriereabbau

1. Mendel, 2023
2. Destatis Pressemitteilung Nr. 259 (22.06.22) 7,8 Millionen schwerbehinderte Menschen leben in Deutschland – Statistisches Bundesamt (destatis.de) (abgerufen 23.08.2023)
3. Aguayo-Krauthausen, 2023
4. jik, 13.09.2021 Acht Punkte: Kritik an Werkstätten für behinderte Menschen – JOBinklusive (abgerufen 23.08.2023)
5. Deutsches Institut für Menschenrechte, 2019, S. 36 Analyse: Wer Inklusion will, sucht Wege (institut-fuer-menschenrechte.de) (abgerufen 23.08.2023)
6. Hirschberg, 2022
7. Zayid, M.; Taptik, S., 10.08.2020 Warum ableistische Sprache so schädlich ist (refinery29.com) (abgerufen 23.08.2023)
8. Die Geschichte von Menschen mit Behinderungen – ZDFmediathek (abgerufen 23.08.2023)
9. Tümer, 2007

Klassismus – Gedanken zur Klassenreise

1. Wer sind Careleaver – Careleaver e. V. (abgerufen 23.08.2023)
2. Petitionen: Petition 148779 (bundestag.de) (abgerufen 23.08.2023)
3. https://de.statista.com/statistik/daten/studie/785520/umfrage/armutsgefaehrdungsquote-von-kindern-in-deutschland/ (abgerufen 23.08.2023)
4. Klassismus | Diversity Arts Culture (diversity-arts-culture.berlin) (abgerufen 23.08.2023)
5. Einnahmen und Ausgaben – Statistisches Bundesamt (destatis.de) (abgerufen 23.08.2023)
6. vgl. Chassé, Zander & Rasch, 2010
7. Simon & al., 2022
8. Kinderarmut in Deutschland Entwicklung bis 2022 | Statista (abgerufen 23.08.2023)
9. Lebenslagen in Deutschland – 6. ARB (Stand: 12.05.2021) (bmas.de) (abgerufen 23.08.2023)
10. Index der Entbehrungen 2012 M 02.08 Index der Entbehrungen von Kindern in 29 Ländern | Partizipation vor Ort | bpb.de (abgerufen 23.08.2023)
11. Shutts, Brey, Dornbusch, Slywotzky & Olson, 2016
12. Wir haben Kinder gefragt, wie es ist, arm zu sein (vice.com)
13. 28.06.2023 Neukölln streicht soziale Angebote wegen mangelnder Mittel (berliner-zeitung.de) (abgerufen 23.08.2023)
14. Burchard, Amory, 18.09.2009 Studie an Schulen: »Kevin ist kein Name, sondern eine Diagnose« | ZEIT ONLINE
15. https://idw-online.de/de/news333970 (abgerufen 23.08.2023)
16. El-Mafaalani, 2021

Schlusswort

1. El, 2023, S. 27

Literatur

Aguayo-Krauthausen, R. (2023). *Wer Inklusion will, findet einen Weg. Wer sie nicht will, findet Ausreden.* Hamburg: Rowohlt.

Ali-Tani, C. (07. 2017). Wie Kinder Vielfalt wahrnehmen: Vorurteile in der frühen Kindheit und die pädagogischen Konsequenzen. *KiTa Fachtexte*, S. 1–28. Von https://www.kita-fachtexte.de/fileadmin/Redaktion/Publikationen/KiTaFT_AliTani_2017_WIeKinderVielfaltwahrnehmen.pdf abgerufen

Arndt, S. (2021). *Rassismus begreifen – Vom Trümmerhaufen der Geschichte zu neuen Wegen.* München: C.H.Beck.

Awosusi-Onutor, T. (2021). *Begleitheft «Aven, Sikla Ketne! – Kommt, wir lernen zusammen!» für Pädagog:innen, Multiplikator:innen und Interessierte.* Berlin: RomaniPhen e.V.

Bauer, C.A., Job, V. & Hannover, B. (2023). Who gets to see themselves as talented? Biased self-concepts contribute to first-generation students' disadvantage in talent-focused environments. *Journal of Experimnatal Social Psychology*, S. 1–14.

Berstein, J. (2020). *Antisemitismus an Schulen in Deutschland.* Weinheim: Beltz.

BMI, U.E. (Juni 2023). *bmi.bund.* Von https://www.bmi.bund.de/SharedDocs/downloads/DE/publikationen/themen/heimat-integration/BMI23006-muslimfeindlichkeit.pdf?__blob=publicationFile&v=9 abgerufen

Carl, V. & Kolb, C. (2023): *Queere Kinder. Eine Orientierungshilfe für Familien von LGBTQIA+ -Kindern und -Jugendlichen.* Weinheim: Beltz.

Chassé, K., Zander, M., & Rasch, K. (2010). *Meine Familie ist arm – Wie Kinder im Grundschulalter Armut erleben und bewältigen.* Heidelberg: Springer.

Clark, K.B. (1955). *Prejudice and Your Child.* Boston: Beacon.

Cloerkes, G. (2001). *Soziologie der Behinderten.* Heidelberg: Universitätsverlag Winter.

Cramer, P. & Steinwert, T. (1998). Thin is good, fat is bad: How early does it begin? *Journal of Applied Developmental Psychology*, S. 429–451.

Damiano, S. & al. (2015). Dieatary restraint of 5-year-old girls: Associations with internalization of the thin ideal and maternal, media, and peer influences. *International Journal of Eating Disorders*, S. 1166–1169.

Deutsches Institut für Menschenrechte (2019). *Wer Inklusion will, sucht Wege. Zehn Jahre UN-Behindertenrechtskonvention.* Berlin.

Dian, M. & Triventi, M. (08.02.2021). *Plos One.* Von https://journals.plos.org/plosone/article?id=10.1371/journal.pone.0245972 abgerufen

Dröscher, D. (2022). *Lügen über meine Mutter.* Köln: Kiepenheuer & Witsch.

El, Meral (2023). *Diskriminierungskritische Analyse von Schulbüchern im Land Bremen. Exemplarische Begutachtung.* Bremen: Landeszentrale für politische Bildung Bremen.

El-Mafaalani, A. (2021). *Mythos Bildung. Die ungerechte Gesellschaft, ihr Bildungssystem und seine Zukunft.* Köln: Kiepenheuer & Witsch.

Fajembola, O. (2016). *Afrokids – Ein Ratgeber für die ersten Lebensjahre Schwarzer Kinder.* Münster: Unrast.

Fajembola, O. & Nimindé-Dundadengar, T. (2021). *Gib mir mal die Hautfarbe – Mit Kindern über Rassismus sprechen.* Weinheim: Beltz.

Gohring, D. (2022). *Ching, Chang, Stop.* Heidelberg: Carl-Auer Verlag.

Ha, K. N. (2021). *Asiatische Deutsche extended – Vietnamesische Diaspora and Beyond.* Berlin/Hamburg: Assoziation A.

Hirschberg, M. (2022). Modelle von Behinderung in den Disability Studies. In A. Waldschmidt, *Handbuch Disability Studies* (S. 93–108). Heidelberg: Springer.

Klöppel, U. (2016). Zur Aktualität kosmetischer Operationen »uneindeutiger« Genitalien im Kindesalter. *Bulletin Texte 42/Zentrum für Transdisziplinäre Geschlechterstudien/Humboldt-Universität Berlin*, S. 3–85.

Kong, J. (2021). *Inroads and Isolation: How Asian American Educators Work Toward Collective Liberation with Their Students and School Communities.* Von https://educationstudies.yale.edu/sites/default/files/files/Jessica_Kong_Final-Capstone.pdf abgerufen

Kuhl, J. & Walther, J. (2008). Die Einstellung von Studenten unterschiedlicher Studiengänge zu Menschen mit geistiger Behinderung. *Heilpädagogische Forschung*, S. 206–218.

Matias, C. E. (2016). Mommy, is being Brown bad?: Critical Race Parenting in a »Post-Race« Era. *Journal of Race and Pedagogy, 1 (3)*, S. 1–32.

Mendel, A. (2023). *WIR Geschichten aus dem Alltag mit behinderten Kindern.* Leipzig: brimborium.

Michelberger, M. (2021). *Body Politics.* Hamburg: Rowohlt.

Ogette, T. (2022). *Exit Racism.* Münster: Unrast.

Randjelović, I. & al, e. (2020). *Studie zu Rassismuserfahrungen von Sinti:zze und Rom:nja in Deutschland.* Von https://www.bmi.bund.de/SharedDocs/downloads/DE/veroeffentlichungen/themen/heimat-integration/antiziganismus/randjelovic.pdf?__blob=publicationFile&v=3 abgerufen

Ritz, M. (2008). Adultismus – ein (un-)bekanntes Phänomen. Ist die Welt nur für Erwachsene gemacht? In (P. Wagner, *Handbuch Kinderwelten. Vielfal als Chance. Grundlagen einer vorurteilsbewussten Bildung und Erziehung.* (S. 128–136). Freiburg i. B.: Herder.

Säfken, C. (2007). Transsexualität und Intersexualität in ethischer Perspektive. In D. e. Hrsg: Groß, *Transsexualität und Intersexualität. Medizinische, ethische, soziale und juristische Aspekte.* (S. 3–12). Berlin: MWV.

Sangrigoli, S. & de Schonen, S. (2004). Recognition of Own-Race and Other-Race Faces by Three-Month-Old Infants. *Journal of Child Psychology and Psychiatry 45 (7)*, S. 1219–1227.

Schulze, E. (2016). »… und dann heißt es, eure Kinder machen die Inklusion kaputt«. In W. Stender, *Konstellationen des Antiziganismus. Theoretische Grundlagen, empirische Forschung und Vorschläge für die Praxis* (S. 283–300). Wiesbaden: Springer VS.

Shutts, K., Brey, E. L., Dornbusch, L. A., Slywotzky, N., & Olson, K. (02.03.2016). Children Use Wealth Cues to Evaluate Others. *plos one.* Von plos one: https://journals.plos.org/plosone/article?id=10.1371/journal.pone.0149360 abgerufen

Siever, R. N. (2022): *Was wird es denn? Ein Kind! Wie geschlechtsoffene Erziehung gelingt.* Weinheim: Beltz.

Simon, I. & al, e. (2022). *Leitfaden für einen rassismuskritischen Sprachgebrauch: Handreichung für Journalist_innen.* Köln: AntiDiskriminierungsBüro (ADB) Köln/Öffentlichkeit gegen Gewalt.

Simon, S. & al. (2022). »In ner Kita gibt's erstmal keinen Stempel«. In G. al., *Heterogenität und Differenz in Kindheits- und Sozialpädagogik* (S. 63–89). Weinheim: Beltz Juventa.

Thörner, D. (2021). *Mädchen, Junge, Kind – Geschlechtersensible Begleitung und Empowerment von klein auf.* Berlin: Familiar Faces.

Tümer, S. (2007). *Die Krüppelbewegung – eine Emanzipationsbewegung der 1970er Jahre.* München: GRIN Publishing.

Über die Autorinnen

Olaolu Fajembola und **Tebogo Nimindé-Dundadengar** sind Geschäftsführerinnen des Onlineshops *Tebalou*, in dem vielfältige Spielwaren und Kinderbücher angeboten werden. Außerdem beraten sie Unternehmen und Institutionen bei der diversitätssensiblen Produktentwicklung und im Bereich rassismuskritischer frühkindlicher Bildung. Beide leben mit ihren Familien in Berlin.

2021 erschien ihr Bestseller *Gib mir mal die Hautfarbe – Mit Kindern über Rassismus sprechen* im Beltz Verlag.

Olaolu Fajembola ist Kulturwissenschaftlerin und Autorin diverser Bücher und zählte laut *Focus* zu den Top 100 Frauen des Jahres 2021.

Tebogo Nimindé-Dundadengar ist Psychologin und laut dem Magazin *Business Punk* Zukunftsgestalterin 2022.